여행에 미친 닥터부부 ②

이하성·이형숙 부부 공저

서평

여행은 그 말 한마디만으로도 가슴을 설레게 하며, 기대에 부풀게 한다. 여행은 새로운 것에 대한 도전이기도 하고 미지에 대한 신비로운 기대이기도 하다. 어떻든 여행은 우리의 시야를 넓게 하고 '나'를 생각하게 하며 우리의 삶을 보다 윤택하게 한다.

여기 여행에 미친 Dr. 부부가 있다. 이 책의 저자인 이하성 박사와 이형숙 여사는 신앙심이 깊고 남달리 호기심이 많은 부부로 남 돕기 좋아하고 부지런한 부부, 그리고 더할 나위 없이 사랑이 뜨거운 부부이다.
이 부부가 가보고 싶은 세계 여러 곳을 찾아 이것저것 그곳의 진면목을 보고, 느끼고, 직접 체험하고, 그 곳 사람들과 직접 어울리면서 세계인의 한사람으로 한 부부로 많은 것을 경험하고, 이제 생동감 넘치는 여행기를 꾸며 책으로 내놓은 것이다.

이 책은 아직 가보지 못한 분들을 위한 여행가이드로서 매우 흥미롭고 큰 도움이 되는 책이라 생각된다.
본문 안에 자리잡은 여러장의 사진 중, 이 박사 부부의 자연스럽고 구성진 모습을 보면 정겹고 푸근한 마음이 든다. 책을 읽어가노라면 이 박사 부부의 역사나 문화에 대한 높은 식견에 대해 다시 한 번 놀라며 이하성 박사의 사려 깊은 자세나 이형숙 여사의 발랄한 기지가 책 구석구석에 녹아들어가 있는 것을 느낄 수 있다.

이 책에서 이 박사 부부가 여행한 곳을 보면 역사나 문화흐름에 관심이 있는 사람들이 특히 가보기 원하는 실크로드, 오랜 역사의 신비가 자리 잡고 있는 이집트, 문명사적 관점에서도 흥미롭지만 특히 기독교인들에게 관심이 많은 터키, 불교도들에 관심이 높은 태국, 우리와 멀고도 가까운 베트남, 그리고 중국의 귀주성, 참으로 가보고 싶은 흥미로운 곳들이다.

『여행에 미친 닥터부부❷』는 이 박사 부부의 여행에 대한 욕심이나 부지런함으로 볼 때 이제 제 1 막에 불과한 것이라 생각된다. 앞으로 이 박사 부부의 여행에 대한 뜨거운 열정으로 제 2 막, 제 3 막이 계속해서 이어질 것이라 생각된다.

앞으로 사람들의 손길이 잘 미치지 못했던 신비스러운 곳을 더 열심히 찾아 그곳의 풍물과 문명 등을 생생하게 무대에 올려놓아 주었으면 좋겠다. 그러기 위해서는 건강을 잘 관리하시기 바란다.
이 책의 출판을 진심으로 축하하며 하나님의 가호가 이 박사 부부에게 가득하길 기원한다.

김우식
前) 연세대 총장, 부총리 겸 과학기술부 장관
現) (사) 창의공학연구원 이사장

서평

인생에 있어서 '여행이란?' 틀에 박혀 사는 사람들에게 새로운 영감과 넓은 시야를 주는 것이라고 생각한다. 하지만 모두들 바쁘다는 핑계로 또는 미지의 세계에 대한 두려움으로 선뜻 여행을 떠나지 못하는 경우가 많다. 그런 틀을 박차고 세계 곳곳 사람들의 발길이 잘 닿지 않는 미지의 세계로 여행을 떠나는 이하성, 이형숙 부부에게 찬사를 보낸다.

그들의 책을 보니 '참 다양한 나라들을 갔구나!' 하는 생각이 먼저 든다. 사막이 끝없이 펼쳐지는 실크로드에서부터 태국과 중국 귀주성, 베트남의 소수민족들과의 만남, 이집트의 피라미드와 미이라, 동서양의 문명을 모두 가지고 있다는 신비의 터키까지… 평범하지 않은 그들의 이야기는 끝도 없이 펼쳐지며 충분히 나를 즐겁게도 하고 놀랍게도 한다.

더욱이 젊지 않은 나이에 편의시설이 좋지 않는 오지 여행은 참으로 힘들었으리라. 문명을 비껴 살아가는 소수 민족들을 직접 만나 이야기하고 그들의 삶을 담담하면서도 친근하게 다가서서 경험하였다니 정말 믿어지지 않는 일이다.

과연 그들의 삶은 어떠했을까? 하는 궁금증마저 일고 책에는 나와 있지 않는 좀 더 재미난 이야기는 없는지 직접 그 부부에게 자세히 들어 보고 싶은 마음도 생긴다.
그 나라를 이해하려면 시장을 가봐야 한다는 말이 있듯이 꼭 그 나라의 시장에 들러 소소한 그들의 일상을 이야기 하듯 들려준다. 여행을 하면서 우리와는 다른 그 무엇인가를 보고, 듣고, 느끼는데 이러한 점들 때문에 우리는 늘 여행을 동경하는 것이 아닌가 하는 생각이 든다.
또한 저자들도 이런 이유로 유명한 관광지 보다는 소소한 재미와 감동을 느낄 수 있는 오지를 여행하며 그들의 문화와 일상에 녹아드는 것이 이들 부부의 여행 목적인 것 같다.

'여행에 미친 닥터부부 ❶'편에 이어 2편이 나오게 된 점을 진심으로 축하하며 세계 각 곳 구석구석을 알려 여행을 준비하는 사람들에게 좋은 지침서가 되기를 진심으로 바란다.
젊은 시절 맨주먹 하나로 미국으로 떠난 이 박사 내외는 낯선 땅에서의 고생과 노력을 마치 모험인 듯 씩씩하게 헤쳐나가 지금의 성공을 이루었듯 그들은 이제 다른 모험을 찾아 미지로의 여행을 떠나는 것이 아닌가 한다.

저자들은 아직 끝나지 않았다고 이야기 한다. 언제든 새로운 미지로 떠날 준비가 되어 있는 그들의 열정과 용기에 박수를 보내며 아름다운 여행으로 우리에게 새로운 세계를 보여주기를 진심으로 바라며 제 3편의 닥터 부부 여행기를 기대하며 감히 추천의 말씀을 마친다.

광운대학교 김기영 총장

서평

이하성, 이형숙 두 분의 "여행에 미친 닥터부부" 두 번째 책을 읽고

첫 번째 책을 받아 읽었을 때 저는 참 별난 제목의 책이라 생각했습니다.
"여행에 미친 닥터부부".
흠…, 이하성 이형숙 이 두 분은 어지간히도 여행을 좋아하시거나 두루두루 여행을 많이 하셨나 보군… 하는 생각이 들며, 표지 제목의 아홉 글자의 한글이 마치 세상을 향해 동서남북으로 뛰쳐나가려는 모습으로 보이기 시작했습니다. 고요하게 가라앉은 마음으로 앉게 되는 책상이나 편안한 소파와 같은 느낌과는 달리, 그야말로 보는 사람에게 들썩들썩하고 설렘을 불러일으켰었습니다. 그 설렘이 다 가시기 전에, 두 번째 책이 나왔습니다.

저는 여행기나 기행문을 읽을 때 세 가지 정도를 눈여겨보곤 합니다.
거기 왜 갔을까? 하는 것이 첫 번째입니다. 두 번째로는 거기서 뭘 생각했을까 하고 책을 들여다봅니다. 무엇을 보았을까가 아니라, 보면서 무슨 생각을 했는지 엿보고 싶습니다. 마지막으로는, 이 책을 읽고서 나는 과연 무엇이 더 궁금해질까, 무엇을 하고 싶어질까 하는 책이 저에게 끼친 영향을 따져보곤 합니다.

글쓴이는 첫 번째 책의 책머리에서 이렇게 우리에게 말을 걸고 있었습니다.
"여행을 한다는 것은 나 자신이 속해있던 일상생활에서 탈출해 전혀 다른 세계에 도전하여 새로운 환경을 접하며 전에 알았던 사실을 확인하고 또 새로운 사실을 배우는 것이라 생각한다."
이 짤막한 이야기를 통해서, 글쓴이 두 분이 "왜 여행을, 왜 거기를 갔을까?" 하는 의문이 자연스레 풀립니다. 전혀 다른 세계에 도전하여 새로운 환경을 접하는 것이 첫째요, 전에 알았던 사실을 확인하고 나아가 새로운 사실을 배우는 것이 둘째로 나옵니다. 이것은 저자들이 어려서부터 가슴 속에 품고 키워온 "미지에 대한 호기심과 꿈"의 다른 모습이기도 합니다. 더구나 저처럼 이 책의 저자들이 나그네로 다녀온 곳들이 제 일상과는 다른 새로운 곳으로 느껴질 때, 이 책은 바로 그러한 우리 독자들의 호기심을 살살 자극하기에 부족하지 않습니다.

이 책에는 실크로드, 태국, 베트남, 이집트, 터키, 중국에 이르는 유라시아와 아시아 구석구석이 소개되어 있습니다. 처음부터 그러했듯이 단지 백과사전의 지식으로서가 아니라, 글쓴이들이 직접 보며 찍고 그린 사진과 그림, 그리고 여행 중 그리고 여행 전후에 빼곡히 조사해서 채운 생생한 지식들로 가득 차 있습니다. 저는 이 사진과 그림을 보면서 저자들과 똑같은 눈으로 똑같은 눈높이로 그 세상을 바라볼 수 있었습니다. 꼼꼼히 책을 읽어 나가면서 저는 저자들이 세상을 바라보는 따뜻한 시선과 함께, 어린아이처럼 때 묻지 않은 세상에 대한 호기심을 함께 맛볼 수 있었습니다.

이제 저는 여러분들께 이 책을 권하면서 말씀을 마칠까 합니다. 괜스레 먼저 읽은 자랑으로 이것저것 읊다가는, 정작 여러분들께서 직접 맛보셔야 할 책과 글의 진정한 맛을 빼앗을까 걱정스럽기 때문입니다. 마치 저자들이 여행에서 찍어 온 동영상인 듯, 그림 그리듯이 상세하면서 재미있고 따뜻하게 글로 그려낸, 참 잘된 여행기 한 권으로, 깊어가는 가을에 독서 삼매경에 빠져 보기기를 권합니다.

끝으로 글쓴이 두 분의 건강과 앞으로 펼쳐질 또 다른 여행길이 평안하시기를 다시 한 번 기원합니다.

2011년 10월
서상규(연세대학교 문과대학 국어국문학과 교수)

p·r·e·f·a·c·e

이제 나의 둘째 아이(책)가 태어나려 합니다.
첫 번째 아이(책)가 세상에 나온지 만 2년이 지나서야 나오게 되었습니다.
첫 번째 책을 나의 큰 아들에 비유한다면 이번 책은 딸처럼 소수민족을 위주로 한 잔잔한, 그렇지만 가슴 뭉클한 여행지를 담았습니다. 그럭저럭 오지 여행을 시작한 지도 벌써 10여년이 지났습니다. 그렇게도 가보고 싶었던 실크로드, 히말라야, 에베레스트 그리고 티벹도 다녀왔습니다.
그리고 여행을 다녀와서 족히 3~4달은 끙끙거리고 앓았습니다. 이젠 아주 힘든 곳은 그만 가야겠다고 생각을 하고는 조금만 몸이 회복되면 또 다른 '오지'로 떠날 계획을 세우고 가방을 챙겨 여행지로 떠납니다.
칠레의 아타카마 사막 그리고 이스터(Easter)섬을 항생제와 해열제를 먹어가며 갔다 왔습니다. 칠레 북부의 고산 지대인 아타카마 사막을 떠나 이스터 섬에 도착해서 자주빛깔의 반점으로 얼룩져 있는 내 두다리를 보고서야 내가 '핸록샤인 펄프라(Hanock-Shaneine Purpura)'라는 병에 걸려있음을 알았습니다. 이제는 더 이상 약이 필요없고 시간이 가면 낳는다는 '명의?'인 남편의 처방에 마음 편하게 여행을 마치고 돌아왔습니다. 여행에서 돌아온 후에도 오랫동안 내 다리에 남아있던 반점들을 보며 아이들과 친구들은 어처구니가 없는 표정이였습니다.
여행을 하면서 매일매일 만나는 수 많은 사람들, 그들의 삶을 통해 나는 너무나 소중한 것들을 보고 배웁니다. 바로 그것이 나의 삶의 활력소가 되고 나의 가치관을 높여주며 나 자신을 변화 시킨

다고 믿습니다.

지금도 여행을 떠나기 전에 여행지에 대한 사전 지식을 준비하면서 가슴 설레며 행복해 하고 여행에서 돌아와 글과 사진을 정리하면서 즐거운 행복을 느낍니다. 아직도 찾아가 보고 싶은 곳, 가 보아야 할 곳이 너무나 많이 남아있는데…… 내년에는 나의 오랜 숙제였던 인류 문명의 발상지의 하나인 인도로 여행길을 돌려보려고 합니다. 그리고 파키스탄의 전쟁만 끝나면 카라코람도 가 보려고 합니다.

여행길에 항상 동행하는 든든한 남편, 여행지 정보를 알려주는 아들,딸, 사위 그리고 며느리들과 동생 옥이가 있어 즐겁게 여행을 계속할 수 있는것 같습니다.

흔쾌히 추천의 글을 써 주신 존경하는 전 연세대학교 김우식 총장님과 광운대학교 김기영 총장님, 연세대학 외국어 대학원 원장 서상규 박사님에게 다시 한번 지면을 통해 감사 드립니다.

이 책이 나오도록 많은 도움을 주신 예가 출판사 윤다시 사장님과 직원분께도 감사 드립니다. 이 책은 결식 아동을 돕는 재단 '함께 나누는 세상'이 펼치는 아름다운 일에 동참하기 위해 태어났고 이 재단을 통해 많은 아이들이 건강하게 자랄 수 있었으면 좋겠습니다. 그래서 그들의 동그란 작은 얼굴에 밝고 해맑은 웃음이 피어나기를 기대해 봅니다.

늘 나에게 용기와 격려를 주는 아름다운 나의 친구들에게 감사드리며 이책이 여러분의 여행에 조금이라도 도움을 주는 책으로 발돋음 되기를 바랍니다.

감사합니다.

2012년 1월

이 데레사 형숙

c·o·n·t·e·n·t·s

chapter 1 실크로드

첫발을 내딛으며 14 • 3천년 역사가 숨쉬는 시안 19 • 병마용갱 21 • 감숙성의 둔황 24 • 둔황의 막고 동굴 25
둔황의 명사산과 월아천 30 • 투루판 34 • 신강성의 우루무치 48 • 천산과 천지 49
우루무치의 이도교 시장 53 • 남산 초원 56 • 카시가 60 • 카라쿨 호수 68

chapter 2 태국

불교의 나라 태국 78 • 왕궁과 시장 80 • 치앙마이 90 • 치앙라이 98 • 태국에 사는 소수민족들 105
황금 삼각지 115 • 아유따야 121

chapter 3 베트남

북부 베트남으로 떠나며 130 • 하노이 132 • 하롱 만 137 • 라오까이와 깐까우 토요 시장 140
싸파 휴양지와 판시판 산 145 • 하장 148

chapter 4 이집트

이집트와 피라미드 168 • 카르낙 신전 171 • 룩소르 사원 175 • 하트셉수트 사원과 미이라 177
왕들의 계곡 180 • 투탕카멘 왕의 묘 183 • 왕녀들의 계곡 185 • 나일강 189 • 에드푸 사원 191
필라이 사원 194 • 아스완 196 • 아부심벨 사원 198

chapter 5 터키

이스탄불 204 • 성 소피아 성당과 블루 모스크 209 • 파묵깔레 214 • 에베소서 217
사도 요한의 교회와 아르테미스 신전 222 • 쿠스아다시 225 • 사르디스 227 • 페르가뭄 229 • 트로이 233

chapter 6 귀주성

서론 238 • 귀양 242 • 천룡 마을 243 • 안순의 용궁 246 • 안순의 황과수 폭포 248 • 안순의 천성교 251
포의족의 마을 254 • 수이족 256 • 칼리 260 • 묘족마을 - 청만 264 • 서강 267 • 단당 272
동족마을 - 용강 276 • 바사 묘목 281 • 동마을 자오싱 286 • 동족의 당안동 마을 292

chapter 1

실크로드
Silk Road

상인, 순례자, 유목민들이 희로애락을 수놓고 다녔던 바로 그 길!

화려한 비단, 향수, 향료, 약재, 보석, 도자기, 유리 장식품들 그리고 노예들이 이 길을 통해 공급되었다. 유럽의 호사가들의 기호에 걸맞는 중국 비단이 이 길의 주된 품목이어서 이름 마저도 '실크로드' 라 부른다고 하지 않는가?

비단을 흥정하는 상인의 모습

첫발을 내딛으며

중국, 산시성(Shaanxi)의 주도 시안(Xian)에서 시작하여 터키(Turkey)의 이스탄불(Istanbul)까지, 그리고 더 나아가 이집트를 비롯하여 유럽으로까지 연결되는 무역로, 남으로 파키스탄을 통해 인도까지 이어지는 장장 4,000마일에 이르는 이 실크로드는 고대 동·서양을 잇는 유일한 국제 무역 통로였다.

기원전 114년 한 나라때부터 시작되어 지난 2000년 동안 수없이 많은 상인, 순례자, 선교사, 병사, 유목민들이 희로애락을 수놓고 다녔던 바로 그 길!

화려한 비단, 향수, 향료, 약재, 보석, 도자기, 유리 장식품들 그리고 노예들이 이 길을 통해 공급되었다. 유럽의 호사가들의 기호에 걸맞는 중국 비단이 이 길의 주된 품목이어서 이름마저도 '실크로드'라 부른다고 하지 않는가?

그러나 우리가 생각하는 것처럼 중국의 시안에서 터키의 이스탄불까지 물건을 나르던 대상은 그리 많지 않았고, 중간 중간에 있는 오아시스를 기점으로 그곳 상인들에게 물건을 넘기고 또 필요한 물건을 사서 돌아오는 형식이었다. 그래서 오아시스 동네인 둔황(Dunhuang)이나 투르판(Turpan) 그리고 카시가(Kashigar)를 가보면 그 말이 쉽게 이해가 된다.

이 먼 역정의 실크로드는 시안에서 란죠우(Lanzhou), 둔황을 거쳐 카시가에 이르는 길을 '동 실크로드(East Silk road)'라 부르고 카시가에서 지금의 카자흐스탄(Kazakstan)을 경유해서 이란(Iran), 아라크(Irac)를 거쳐 이스탄불에 이르는 길을 '서 실크로드(West Silk road)'라고 불렀다.

'동 실크로드'를 가는 길은 사막을 지나야 하기 때문에 낙타가 중요한 교통수단이어서 그들을 카라반(caravan)이라 불렀고, '서 실크로드'는 높고 험준한 산악을 지나야 하는 지리적 요건으로 이에 잘 적응할 수 있는 야크(yak)를 사용했다고 한다.

시안을 떠난 대상들은 간수성(Gansu)의 란조우(Lanzhou)로 들어가서 그때부터는 황하(yellow river)와 산기슭을 따라 만든 1,000km의

시안에 있는 한 나라 왕묘 입구

한나라 왕족 묘역지 전시관

실크로드 15

1 타클리마칸 사막의 일부인 화염산과 현대식 포장도로
2 우루무치 북쪽 천지(天池)

좁고도 긴 길, 마치 복도같다 하여 하서주랑(Hexi corridor)이라 불렀는데 바로 그 길을 따라 둔황으로 들어온다.

둔황을 거친 실크로드는 다시 타클라마칸 사막을 두고 사막 북쪽에 있는 '천산북로'와 남쪽에 있는 '천산남로' 그리고 타클라마칸 사막을 가로지르는 길 중 하나를 선택했다. 또 많이 돌아가지만 우루무치(Urumqi)를 지나는 길도 이용했다.

사막을 가로지르는 길은 아주 위험하기 때문에 급한 경우를 제외하고는 별로 사용하지 않았지만, 그래도 꼭 그 길을 가야만 했던 일부 상인들이 오아시스(oasis)를 발견하지 못하거나, 신기루(mirage)를 보고 길을 잃어버려 거대한 모래바람(sand storm)으로 인해 변을 당하는 경우가 종종 있었다 한다.

타클라마칸 사막은 중앙 아시아에 있는 세계에서 가장 큰 모래 사막이다. 한반도의 7.5배가 되고 전 중국 영토의 6분의 1이나 되는 어마어마하게 큰 중국 신강(Xinjiang)성 남쪽에 자리잡은 타림 분지(Tarim Basin)에 있는 27만평방킬로미터 크기의 이 타클라마칸 모래 사막은 동서의 길이가 1,000km, 남북이 400km로 러시아에서 불어오는 차가운 바람으로 인해 겨울은 무척 춥고 여름은 더우며 바다와 멀리 떨어져 있어 매우 건조하다.

중국 전체 사막의 47%를 차지한다는 이 사막에 초속 300m로 불어대는 모래바람이 4개월 동안 불면 하늘은 온통 붉은 색으로 변해 버리고, 파란 오아시스 마을이 모래산으로 둔갑되어 버리는 것도 눈 깜짝할 사이에 일어난다.

위구르(Uygur)말로 '타클라마칸' 이란 "들어가면 결코 다시 돌아 나올 수 없다"란 뜻이라니 그야말로 걸어 들어가서 걸어 나오는 사람이 없다는 말이 아닌가? 메마르고 추운 사막의 여건 때문인지 이곳에서는 심심치않게 몇 천년 된 미이라가 발견된다. 그리고 이곳에서 발견된 미이라들의 상태는 아주 양호하여 연구에 많은 도움을 준다.

특히 1980년 발견된 미이라 '롤란뷰티(Loulan beauty)'는 3800년 전에 죽은, 중국인이 아닌 서양인 미이라라서 세상을 발칵 뒤집어 놓았다. 선지자 아브라함시대에 살았던 이 여인이 어떻게 이곳 중국까지 왔는지는 아무도 모를 일이지만 곱게 잠자는 모습은 금방이라도 깨어날 것만 같다는데 지금은 홍콩의 박물관에 전시되어 있다.

사막을 지나야 하는 많은 상인들은 그들의 짐을 나르기 위해 낙타를 사용했다. 그래서인지 지금도 이 오아시스 동네에서는 육봉이 두 개인 낙타가 눈에 띄었다. 지금은 낙타도 팔자가 좋아져서 관광객들만 나르고 있지만 말이다. 이렇게 어렵고 힘든 이 길을 통해 들어 온 수많은 진귀한 물건들은 동·서양의 많은 고대 사람들을 즐겁게 해주었을 것이다.

실크로드하면 꼭 나오는 이름이 있는데 그가 바로 마르코 폴로(Marco Polo)이다. 이태리의 부유한 베니스 상인의 아들로서 중국(원 나라)에 와서 살며, 보고 들은 진기하고 신기한 사실들을 적은 '동방견문록'을 쓴 탐험가이자 작가인 그는 아마도 서양인으로는 처음으로 실크로드를 지나간 사람이 아니었을까?

몇 년전 터키에서 조금은 서쪽 끝의 실크로드를 경험해 보았기에 이번에는 중국쪽에서 시작되는 동 실크로드의 여행을 시작 하려고 한다. 중간 지역은 지금 전쟁 중이라 위험하다니 전쟁이 끝나고 안전해야 가 볼 수 있을 것 같고 양쪽 끝만이라도 보려는 것이다. 이렇듯 실크로드는 나에게는 꿈을 안겨주는 곳이다. 아니 나뿐만이 아니라 여행을 좋아하는 사람이라면 한번쯤 가보고 싶은 곳이 아닐까?

중국 계림에 있는 '당 다이나스티(Tang Dynasty Travel)' 여행사의 레티시아(Leticia)와 함께 오랫동안 계획하여 2009년 4월 6일 새벽 12시 20분 비행기로 나성을 출발 서울 경유 4월 7일 점심 시간이 훌쩍 지나서야 산시성(Shaanxi)의 성도 시안(Xian)에 도착했다.

이번 여행은 산시성의 시안을 시작으로 감숙성의 둔황, 신강성의 투르판, 우루무치 그리고 카시가까지 중국 넓이의 약 3/4을 다니게 되는 여행이다. 이탈리아의 로마, 이집트의 카이로, 그리스의 아테네와 함께 세계 4대 고도(古都)로 불리는 중국의 시안에 도착하면서 실크로드 여행은 시작됐다.

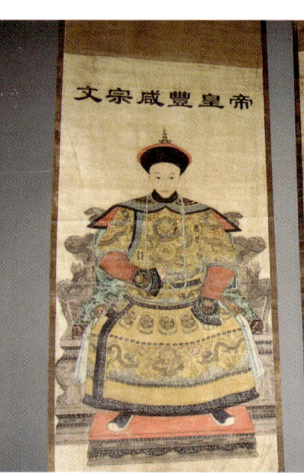

3천년 역사가 숨쉬는 시안(Xian)

2003년에 새로 준공했다는 시안 국제공항은 현대적 건물이어서 고도(古都)를 찾아온 나에게는 좀 어울리지 않는다는 느낌을 받았다. 시안 시내까지 50km나 떨어져 있다는 공항에서 시내로 들어가는 길은 마치 시골 할머니를 만나러 가는 고향길처럼 정겨웠고 길 양쪽에 흐드러지게 피어있는 분홍색의 복사꽃과 아지랑이가 먼 여행길에 시달려 피곤한 나의 몸과 마음을 편안하게 해 주었다.

삼국을 통일한 진나라부터 시작하여 명나라 중기 북경으로 수도를 옮길때까지 3000년 동안 고대 중국의 수도로서 수많은 나라의 흥망성쇠를 지켜 본 유서깊은 도시이며, 시안으로 명명되기 전까지 이 도시는 오랜 세월을 '장안'이라 불렀다. 8개 강으로 둘러싸여 있으며 기원 전부터

1 시안 시내 중심부에 있는 종각
2 시안 성벽   3 당나라 시대의 건물들

인간이 살았다는 시안은 세계 4대 고도(古都) 중에 하나이다. 7백 만의 인구 중 90%가 한족(Han), 그 다음으로 몽고족(Mongo), 무슬림(Muslim), 그리고 만주족(Manchu)이 이곳에서 함께 어울러 살고 있다. 중국에서 7번째로 큰 도시인 시안은 물이 넉넉해서인지 밀 농사가 제일 큰 산업이다.

두 번째로 비단을 비롯한 섬유산업, 마지막이 관광산업이라해서 나를 의아하게 만들었다. 사실 나는 시안에 진시황제의 병마용갱이 있어 관광산업이 으뜸일꺼라 생각했기 때문이다.

시안에 오면 꼭 구경을 해야한다는 진시황제의 병마용갱(terracotta warriors)을 비롯해 한 나라 왕들의 왕능(Han Yangling mausoleum), 시안이 고 도시일때 적의 공격을 막기 위해 쌓아놓은 성벽(city wall), 시내 한복판에 있는 종각(bell tower), 북을 달아놓은 고루(drum tower), 양귀비가 온천을 즐기던 화청지, 역대 많은 문필가가 쓴 비석을 모아놓은 비림(stone tablet museum), 현장법사가 인도에서 가지고 온 불경을 중국어로 번역하며 머무른 대자은사 그리고 그 절

1 현장법사
2 비림(중국 고대 비석들을 전시해 놓은 곳)
3 대안탑(big wild goose papoda)

안에 있는 대안탑(big wild goose pagoda) 등을 볼 수 있는 흥미진진한 곳이다.

병마용갱(Terracotta Warriors)

20세기에 들어서 가장 놀라운 고고학의 발견이라는 진시황제의 병마용갱! 1974년 한 농부가 우물을 만들기 위해 땅을 파다가 우연히 발견되어 세상을 놀라게 한 이 병마용갱은 시안에서 14km 동쪽에 있는 링통(Lingtong)이라는 조그마한 마을에 자리잡고 있다. 진시황제의 왕릉도 그곳에 있을 것이라는 사람들의 예상을 뒤집고 약 1.5km 떨어진 곳에서 진시황제의 능을 발견한 것은 뜻밖이었다. 현재 이 능의 봉분은 열지않은 채 일부 한 부분만 열어놓고 중국의 고고학자들만이 조심스럽게 발굴작업을 하고 있다고 한다. 20만 평방미터나 되는 대지에 자리 잡고 있는 이곳에서 발견된 5개의 병마

병마용갱의 관리와 병사들

용갱 중, 유물이 있었던 3개의 갱만을 1979년부터 관광객에게 개방하였다.

진시황이 어떤 사람이었기에 자기의 사후를 위해 이토록 어마어마한 사업을 벌인 것일까? 사마천의 기록에 의하면 기원전 246년 그가 보위를 물려 받은 그때부터 이 작업은 시작되었다고 한다.

13세의 어린나이에 보좌를 물려받아 10년 동안 어머니와 영의정의 수렴청정을 받아야 했던 나약하게만 보였던 진시왕. 23살이 되어서야 수렴청정에서 벗어나 10년 동안 자기를 돌봐주던 영의정을 귀양 보내고 왕으로서의 권력을 장악하며 한편으로는 군사를 키워 주위의 작은 나라들을 하나하나 정복하기 시작하여 39살이 될 무렵에는 벌써 7나라를 통합한 강한 군주로 변하였다.

그 후 그는 국호를 진(Qin)으로 바꾸었다. 진나라의 '진', 시작이란는 뜻의 '시', 황제라는 뜻의 '황'으로 그 자신의 이름을 '진시황'이라 불러 중국 역사상 처음으로 황제(Emperor) 라는 칭호를 썼다. 이 이후부터 진나라는 태평성세의 연속으로 국내적으로는 화폐와 문자를 만들었으며 또한 법규를 만들었다.

한편 몽고의 잦은 침입을 막기 위해 '만리장성'을 쌓았고 자기의 사후준비인 '병마용갱'을 만들었다. 늙고 병들어 죽을 것을 대비하기

멀리 보이는 산이 진시황릉임

위해 선남선녀 1,000명에게 불로초를 구해 오라고 동방으로 보냈건만 그들이 돌아오기를 기다리지 못하고 49세의 젊은 나이로 세상을 떠났다.

70만 인원을 동원해 37년에 걸쳐 만든 대작품으로 가장 먼저 발견된 1호갱은 전체 넓이가 14,200평방미터, 동서의 길이만도 230m이며, 깊이 5m, 너비 3m인 갱도가 11개나 있다.

그 갱 속에는 지금이라도 전장에 나가 싸울 준비가 되어 있어 보이는 실제 사람 크기의 도자기로 만든 창과 검을 들고 있는 병정, 마차, 그리고 말들이 밖을 향해 일렬로 서 있다.

얼굴 표정이 각기 다른 약 8,000명의 병정들과 130대의 마차, 그리고 520마리의 말이 1호 갱 안에서 발견되어 그 일부만 전시되어 있다. 붉은 흙을 빚어 만든 군인들은 신발 바닥 무늬에서부터 갑옷에 새겨진 무늬까지 마치 밀가루 반죽으로 만들어 놓은 듯 정교하였고 표정은 마치 살아있는 사람을 대하고 있는 착각이 들 정도였다.

진시황릉에서 발굴된 병마차 및 병사들

이집트의 투탄카멘(Tutankhamen)의 묘를 발견한 이후 세계 최대 유적이라는 병마용갱이 세상의 태양과 공기 그리고 습기로 인해 붉은색이 회색으로 변하고 진흙이 부스러져 코나 팔이 떨어져 나가는 일이 생기자 관리에 더욱 신경을 씀은 물론 현재 더 이상의 발굴 작업마저 미루고 있는 실정이다.

감숙성(Gansu Providence)의 둔황(Dunhuang)

둔황시내에 있는 타일 벽화

시안을 떠난 비행기는 약 두 시간 후 사막의 오아시스 동네인 둔황에 우리를 내려 놓았다. 비행기에서 내려다 보니 눈 덮인 하얀 산들이 촘촘하다가 갑자기 그 산자락에서 연결된 모래바다가 보이는 듯 하더니 다시 나무 한 포기, 풀 한 포기 없는 민둥산과 모래바다!

그 모래바다 속으로 동네가 나타나기 시작했다. 집도 땅도 온통 모래색이다. 실크로드의 가장 중요한 교역지 중 하나인 둔황은 감숙성(Gansu Province)의 북부에 위치하고 있는데, 감숙성을 흐르는 황하(yellow river)로 인해 비옥하게 돼 일찍부터 사람들이 살았다는 흔적이 발견되어 전시되고 있다. 발견된 석기와 동물의 화석, 불을 사용했던 흔적 등은 7000년 전 구석기시대 유물들인 것으로 증명되었다.

춘추 전국시대에는 여러 민족이 하서(Hexi) 지역을 중심으로 살며 발전되었다고 하며 그중에는 우리들 귀에 익숙한 흉노족들이 바로

1 둔황시를 표시한 고속도로 입구 2 하늘에서 내려다 본 둔황시내

이곳에 살았다고 한다. 감숙성은 동서가 1,655km 남북이 530km인 가늘고 긴 모양의 지형으로 산, 고원, 평야, 강 그리고 사막을 다 이 한 주 안에서 볼 수 있는 특성을 갖고 있다.

도시에 도착하면 온통 선녀 그림으로 가득 차 있다. 그래서 이 도시를 '선녀의 도시' 또는 '비천의 도시'라고 부른다. 이는 모두 이곳에서 멀지 않은 곳에 자리잡고 있는 막고 동굴(Mogao Grotto)의 벽화에서 많은 선녀들의 그림이 발견되었기 때문이다.

둔황시를 상징하는 '날아가는 선녀'

둔황의 막고 동굴(Mogao Grotto)

둔황에서 남동쪽으로 25km 가면 오른편으로 명사산이 나오며 그 뒤로 돌아가면 오른쪽으로 불상과 벽화를 그린 동굴들이 있는 막고 동굴 또는 천불동이 나온다. 지금 남아 있는 중국의 3개의 석굴중에 가장 규모가 크고 오래되었으며 가장 많은 유물이 발견된 석굴이 바로 이 막고 동굴이다.

북쪽에 벌집 같이 보이는 243개의 동굴은 이곳에서 일하던 승려들과 장인들이 살던 굴이다. 계속해서 남쪽으로 이어져 있는 500여개의 석굴 중 지금 남아 있는 492개는 모두 불상과 벽화가 그려져 있고 불경을 비롯하여 불교 유물을 보관했던 곳이다.

이곳에는 모두 735개의 굴이 있다. 이 굴들은 기원전 366년 한나라 때부터 당나라 후기까지 천년 동안 불심이 깊은 왕이나 왕족, 그리고 고관대작들은 크고 화려하게 만든 반면 가난한 사람들은 작고

볼품없지만 정성을 다하여 만들었다.

불교가 가장 흥했으며 통치 기간이 길었던 당나라 시기에는 총 492개의 굴 중 225개로 가장 많이 만들어졌고 수나라 때는 97개로 이 두나라 재임 기간 동안 모두 322개의 석굴이 만들어졌다.

명사산 동쪽, 깎아지른 절벽에 만들어진 이 굴들은 약 1,600m의 길이로 남에서 시작하여 북으로 연결되어 만들어져 있었다. 이 석굴 속에 그려져 있는 수많은 벽화를 1m 높이로 잘라 계산을 할 때 그 길이가 장장 45km나 되는 어머어마한 양의 벽화가 이 속에 있어 이

1 승려와 장인들이 살던 석굴
2 막고굴 속에 보존되어 있는 불상과 벽화
3 막고굴 벽에 건축된 사원

를 일명 '벽화 예술의 화랑(mural art corridor)'이라 부른다. 막고(Mogao)란 '나가지 말라(do not exit)'라는 뜻을 가졌으며 원래 수 나라때부터 있던 동네 막고의 이름을 따서 막고굴이라 명명했다 한다.

그러던 이곳이 송나라 말기 서하의 침입으로 불교가 쇠약해지고 몽고와 이슬람의 침입으로 많은 사람들이 이슬람교로 개종하기에 이르렀다. 그리하여 불교가 흥성하던 막고는 사양의 길로 접어들며 세간의 관심속에서 점점 사라져 잊혀져 갔다.

사막의 건조함과 작열하는 태양빛, 아주 적은 강우량과 높은 수분 증발율 등 이러한 지리적·자연적 요건으로 인하여 석굴에 그려 놓은 많은 벽화들이 옛 모습 그대로 보존될 수 있었다.

366년 동네사람들이 기부한 돈으로 승려 예중(Yue Zhun)은 동굴을 만들기 시작했고, 그 이후부터 줄이어 불심이 깊은 많은 사람들이 굴을 만들고 벽화를 그리고 불상을 날랐으며 경전도 이곳에 보관하였다.

1900년 초기 이곳 사원을 지키던 도교의 도사 왕원록(Wang Yaun Lu)이 청소를 하다가 발견한 동굴 속의 불상과 경전들을 중국의 여러 관계기관에 보고했지만 냉대를 받게되자 필요치 않는 물건들일거라는 생각으로 영국과 프랑스의 탐험가들에게 넘겨 버렸다. 그래서 신라의 혜초가 쓴 왕오천축국 등 80% 이상의 수많은 불경과 불상들이 외국으로 빠져나갔다고 한다.

이들은 지금 영국의 도서관 및 대영 박물관과 파리의 박물관, 일본 도쿄 국립 박물관에 보관되어 있다. 이후

1 막고굴 정문
2 막고굴의 옆 전경
3 기념품 가게안의 불상들

1 막고굴 속에 만들어 놓은 석가모니 좌상
2 막고굴의 천불상

문화혁명 때 또다른 위기를 맞았지만 이곳을 관리하던 관리 저우 언 라이(Zhou En Lai)의 은밀한 보호 지시로 파괴되는 것을 모면할 수 있었음은 얼마나 다행인가?

입장권을 사서 막고굴 입구에 세워놓은 문을 통과하면 왼쪽에는 기념품 가게들이 줄지어 있고 계속 직진하며 걷다보면 맞은편에 막고굴이 나즈막한 병풍처럼 마주보고 서 있다. 입장권 하나를 사서 들어가면 10개의 석굴만 관람할 수 있다.

우리는 이곳에서 장경동이라 부르는 제 17호와 16호굴을 시작으로 관람을 시작하였다. 퇴적된 황사를 청소하다가 발견되었다는 이 굴들은 서로 연결되어 있었다.

16호는 이곳에 있는 가장 큰 동굴이며 천정에 사용단봉이 그려져 있고 가운데는 석가모니 불상이 좌정되어 있으며 네 벽면에는 천불상이 그려져 있다. 사용단봉이란 네 모서리와 용과 천정 한 가운데 그려져 있는 한마리의 봉황을 뜻한다.

17호 굴에는 당나라 말기에 돌아가신 홍변 스님의 좌상이 그려져 있는데, 이 장경동 속에 가장 많은 장서가 보관되어 있고 왕오천축국전도 이곳에 보관되어 있었다고 한다. 당나라 말기 둔황의 고관 장씨가 만들었다는 94호 석굴, 그리고 높이가 35.5m나 되는 세계에서 세 번째로 큰 불상이 있는 구층루 속에는 96호 동굴이 있고 이곳의 불상만 유일하게 황제를 상징하는 용포를 입혀 놓았다.

148호 굴은 슬퍼하는 제자들에게 둘러싸여 열반하는 부처님의 누워계시는 모습이 있는데 부처님의 길이는 약 15m로 손, 얼굴, 발은

금색으로 장식했다. 이 누워있는 부처님의 모습은 라오스와 태국에서도 본 적이 있었는데 이곳에 있는 것이 더욱 아름다웠다.

237호 동굴에 그려져 있는 티벳 여왕이 각 나라의 왕자들과 걸어가고 있는 벽화에는 흥미롭게도 신라 화랑의 모자를 쓴 신라 왕자의 모습을 찾아볼 수 있었다. 이 방에 있는 벽화는 둔황이 781년부터 848년까지 티벳의 지배하에 있었을 때 만들어진 것이라 한다.

259호 동굴에는 동방의 모나리자라고 불리우는 유일하게 미소를 띄운 부처님이 입구 오른쪽에 있는데 이 사진은 막고굴의 포스터 카드로 만들어져 사용되기도 한다.

당나라 초기인 1300년에 만든 328호 동굴은 가장 완벽한 모습으로 남아 있는 불상이 있고 아직 한번도 보수한 적이 없는 동굴이다.

424호 동굴은 가난한 백성이 만들었는지 아무것도 없이 빈 공간만 있었고 그 옆에 있는 427호 동굴은 수나라때 만들어졌으며 불상을 돌며 기도할 수 있게 되어 있다.

428호 동굴은 인도의 왕자 사취태자(Shattva) 사신호라고도 부르며, 왕자가 어미 호랑이와 8마리의 새끼를 살리기 위해 자기 자신을 희생한 이야기가 벽화에 그려져 있다. 또한 시주한 사람들의 얼굴들이 벽 아래에 그려져 있고 이는 남북 조나라때 만들었다 한다.

사진이나 비디오 촬영이 엄격히 금지되어 있고 많은 관광객으로 인하여 훼손되는 것을 방지하는 장치가 곳곳에 설치되어 있었다.

예를 들어 습기가 많아졌다면 그 동굴은 정상으로 돌아올 때까지 잠시 폐쇄하는 방법을 쓴다고 한다.

둔황의 명사산(Mingsha Shan)과 월아천(Crescent lake)

명사산

둔황에서 남쪽으로 약 3마일 정도 가면 온통 모래로 뒤덮인 명사산이 나온다. 명사산은 막고굴(Mogao grotto)에서 시작되어 당상강(Dangxiang river)에서 끝나는데 남북이 20km, 동서가 40km, 넓이가 800평방미터나 되는 어마어마한 모래산이다.

고비사막의 작은 모래와 돌이 퇴적된 이 모래산의 평균 높이는 100m이지만 가장 높은 곳은 해발 1,715m나 된다고 한다. 바람이 부는데로 시시각각 모습이 변하는 이 사막의 모습과 더불어 바람이 불 때 모래가 움직이는 소리가 난다해서 '명사산'이란 이름을 갖게 되었다.

이 명사산은 하늘에서 보면 마치 큰 황금색 용이 하늘에서 하강하는 모습이라 한다. 입구에서 낙타를 타고 모래산 둔덕까지 갈 수도 있으며 어떤 이들은 그냥 걸어서 올라가기도 한다. 그러나 무릎까지 오는 발 덮개를 빌려 신고 가지 않으면 모래에 발을 다칠 수도 있어 신발을 감싸는 덮개를 신고 모래산으로 올라가기를 권장한다.

1 관광객을 기다리는 명사산의 낙타들
2 나무계단   3 명사산 정상에서

모래가 너무나 부드러워 모래산을 올라 갈 때 무릎까지 모래 속으로 빠지니 눈 속을 걷듯이 여간 힘든 게 아니다. 그래서 모래산을 쉽게 올라갈 수 있도록 만들어 놓은 나무계단을 이용할 수 있는데, 일인당 15인민폐를 지불하고서야 비교적 쉽게 모래산 정상까지 올라갈 수 있다. 이 비용은 내려올 때 이용할 대나무 썰매 사용료도 포함된 것이다.

어렵사리 모래산 꼭대기에 올라가면 강하게 불어오는 모래 바람 때문에 얼굴을 가리지 않으면 눈, 코, 귀 그리고 머리카락 속으로 모래가 마구 들어간다.

정상에 올라간 후, 내려올때는 대나무로 만든 썰매를 타고 양손으로 모래를 저어 방향을 조절하며 모래산을 내려올 수 있다. 올라갈 때는 힘들게 나무계단을 하나하나 밟고 올라갔는데 내려올 때는 대나무 썰매를 타고 너무 쉽게 내려왔다.

모래산에서 내려온 우리는 월아천으로 갔다. 이 명사산과 월아천에는 3가지의 명물이 있다. 첫째는 월아천에서 살고 있는 물고기(iron back fish), 둘째는 이곳 호수 속에서 자라고 있는 칠성초(seven star grass) 그리고 마지막은 오색 모래(wuesesha)다.

물고기와 풀은 보지 못했지만 기념품 가게에서 팔고 있는 오색 모래는 볼 수 있었다. 이곳 모래 색깔은 노란 색, 붉은 색, 파란 색, 하얀 색 그리고 검은 색의 5가지가 있다고 한다. 이 오색 모래를 조그만 병에 담아 그리 비싸지 않은 가격을 붙여 기념품으로 판매하고 있었다.

월아천(Crescent Lake)

'월아천'은 초생달 모양처럼 생긴 오아시스로서 천년이 넘도록 한 번도 마르거나 넘친 적이 없는 샘이라 일명 '만천'이라 한다. 길이가 100m, 넓이가 25m, 깊이가 평균 5m로 지금은 철조망으로 담장을 만들어 놓아 가까이 가서 물을 만져볼 수는 없다.

이 월아천에 얽힌 전설에 의하면 옛날 이곳 둔황 지역이 사막이 아닌 숲이 있는 아름다운 동네였는데, 어느날 갑자기 황량한 사막으로 변해버리자 한 예쁜 선녀가 이러한 갑작스러운 변화에 너무나 슬퍼 울었고, 그 눈물이 모여 샘이 되었다고 한다. 그리고 나서 그 선녀는 하늘에 떠 있던 초생달을 뚝 따서 샘에 던져 그 샘이 지금까지 초생달 모양으로 남게 되었다고 한다.

그러나 사실은 둔황 남쪽에 있는 곤륜(Kunlun)산의 눈 녹은 물이 지하로 흐르다가 지대가 낮은 이곳으로 솟아 나와 샘이 만들어진 것이다. 아무리 그렇다고 해도 사막 한 가운데 있는 작은 호수가 수천 년을 내려오며 마르지도 않고 거세게 불어대는 모래 바람에도 덮이지 않으며 초생달 같은 모양의 호수를 유지하고 있다는 것이 정말 신기하지 않은가?

물이 마르지 않는 월아천

그래서인지 이 호수 속에서 살고있는 물고기(iron back fish)와 더불어 자라고 있는 칠성초(seven star grass)는 영약으로 불리운다.

월아천 옆에는 오래 전에 곱게 단청을 칠한 몇 채의 사원이 있었다. 이는 당나라와 송나라 때 번성했던 도교(Taoist)의 사원으로 청나라 때 지었는데 그 후 훼손된 것을 1986년에 원형에 가깝게 복원했다.

월아천에 있는 도교사원의 모습

막고굴이 불교의 성지였다면 이 명사산과 월아천은 도교의 성지다. 조나라 부터 당, 송까지 수백 년을 내려오며 많은 사람들은 불교와 도교 이 두 종교를 숭상하며 살아 왔고 불교와 도교의 승려들은 천하의 명산에 수많은 사원을 지었다. 그러니 이 명당 오아시스가 빠질리가 있겠는가?

황량한 사막으로 둘러싸여 있으면서도 수천 년이 지나도록 마르지 않은 샘! 이 길을 지나간 수많은 카라반 상인들과 낙타들에게 쉼을 제공했던 오아시스! 도교의 중심지로 도교 행사를 행했던 곳! 그 월아천은 오늘도 예전의 오아시스 모습을 그대로 간직하고 있었다. 푸른 하늘 아래 거대하게 솟아있는 반짝이는 모래산, 그 속에 그림같이 놓여져 있는 사원과 호수 그리고 이를 둘러싸고 자라고 있는 나무들! 정녕 이 모두가 한 폭의 아름다운 수채화일 뿐이다.

뜨거운 모래 언덕에 누워 작열하는 태양을 온 몸에 받으며 뒹굴뒹굴 공짜 모래찜질을 해보는 재미도 쏠쏠하다. 모래찜질을 하니 피곤이 확 풀리는 것 같아 한결 몸과 마음이 가뿐하다.

트루판(Turpan)

투루판하면 중국 무협소설이나 역사 소설, 그리고 영화에서 심심치 않게 나오는 우리에게는 무척 귀에 익은 도시로 우루무치에서 200km 떨어져 있는 오아시스 동네다.

이스라엘의 사해(Dead Sea) 다음으로 낮은 해저 155m인 타림 분지(Tarim Basin) 안에 자리잡고 있으며 연중 강우량이 16mm라고 하니 거의 비가 오지 않는 셈이다. 그래서 안내인들 사이에는 만약 그들이 트루판에 왔을때 비가 온다면 당장 뛰어가서 로또부터 사라고 할 정도라 한다.

여름은 무척 더워 최고 화씨 131도 까지 올라가고, 반대로 겨울은 화씨 4도까지 내려갈 정도로 춥다고 한다. '움푹 들어간 땅(The Lowest Land)'이란 뜻을 가진 트루판은 실크로드의 북쪽으로 가는 행로인 천산북로에 있는 교역의 중심지이다. 이곳에 살고 있는 사람들의 분포를 보면 70%가 위구르이고, 20%가 한족이며, 나머지 10%는 후이, 몽골, 카작 등이다.

트루판에는 비행장이 없기 때문에 이곳을 오기 위해서는 꼭 자동차나 기차를 이용해야 한다. 둔황에서 밤기차를 탄 우리는 다음날 아침 일찍 이곳에 도착했다. 투르판의 기차역은 시내에서 약 45분 거리에 있었다.

위그로 말로 쓴 화염산 표시판

오는 길과 가는 길이 무척 넓었는데, 이는 강풍에 차가 날려 마주 오는 차를 다치게 할 수 있어 이를 방지하기 위해 길을 그리 만들었다고 한다. 얼마나 바람이 세게 불면 자동차가 다 날아갈까? 상상이 되지 않는다.

자동차 뒷꽁무니에 빨간천을 달고 시내를 다니는 자동차를 쉽게 볼 수 있는데 이는 행운이 이 자동차와 함께 있으라는 표시라 한다. 신강성에서만 볼 수 있는 풍경이다.

시내 작은 길의 가로수는 모두 포도나무를 마치 등나무처럼 올려놓아 아치 모양을 만들어 포도 나무 아래로 걸어다닐 수 있게 만들었다. 포도가 주렁주렁 매달리는 7~8월에 이곳을 왔다면 얼마나 보기가 좋았을까?

이곳의 많은 사람들은 관광과 더불어 농업에 종사하고 있는데 재배되는 포도와 멜론은 당도가 높아 최상품으로 팔리고 있다. 특히 이곳의 포도로 만든 건포도와 포도주는 옛부터 장안(지금의 시안)까지 판매될 정도로 인기 품목이었다고 한다.

교외에 사는 위구르인들의 집은 주로 흙담집이 많았고, 동네 언덕 위 벽에는 수백 개의 구멍이 있는 건포도 만드는 건조장이 군데군데 지어져 있었

1 포도나무 가로수로 만든 아치 모양   2 위구르인의 집

다. 이 건조장에 잘 익은 포도를 넣고 한 달 정도만 말리면 쫄깃쫄깃하고 맛있는 건포도가 만들어 진다. 전기와 열로 말리는게 아닌 태양과 바람으로 말리는 그야말로 천연 건포도이다.

포도와 더불어 이곳의 목화 또한 유명하다. 그런데 이렇게 농사를 지으려면 물이 많이 필요한데 비가 오지 않는 이곳에 어디서 물을 구하는 걸까? 알아보니 카레즈(Karez Well)라 부르는 수로를 이용하여 물을 공급받는 단다.

일명 '땅속의 만리장성'이라는 이 수로는 한나라(206BC~24AD)때부터 시작되었다. 눈 덮인 높은 천산으로부터 아래로 내려오며 얼마 간격으로 땅속 깊이 우물 파는 것처럼 큰 구멍을 파고 그 구멍 밑바닥과 밑바닥 사이를 모두 연결하여 물이 산위에서 아래로 내려 오도록 통로를 만든 것이다.

보통 우물의 깊이는 30~70m이지만 산의 높이에 따라 90m나 되는 깊은 우물도 있고, 높은 산에서 아래까지 내려오는 수로는 주로 3~8km 정도나 되며 어떤 것은 20km나 되는 긴 것도 있다고 한다.

눈 녹은 물이나 빗물이 땅속 깊이 스며들면서 자연적으로 이 수로를 통해 내려오는 동안 증발되지 않아 물의 손실을 막을 수 있고, 그 물을 요긴하게 사용하여 오아시스 트루판이 번창할 수 있는 배경이 되었다. 트루판을 지나는 수많은 사람들과 동물들이 필요한 물을 이렇게 끌어 와서 사용했던 것이다.

이곳에는 1,100개의 카레즈 수로가 있으며, 지금도 이를 통해 물을 공급받아 식수로 쓰고, 농사를 지으며 살고 있으니 2000년 전 선조들의 덕을 톡톡히 보고 있는 셈이다. 이 우물에 대한 자세한 설명과 실지로 흘러내려오는 물을 볼 수 있는 박물관이 있어 고대 선조들의 지혜를 엿볼 수 있다.

이 카레즈 수로(Karez Irrigation)는 만리장성(The Great Wall), 대운

카레즈 수로 박물관 내부와 투루판의 바쟈

하(Grand Canal)와 더불어 중국인들이 만든 위대한 걸작품 중 하나라고 한다.

투루판은 저녁을 먹고 밤 거리를 산책해도 절대 위험하지 않다. 시내에는 분수가 있는 인공 호수가 있어 더운 지방에 사는 시민들이 밤에 시원한 물가로 나와 가족끼리 휴식을 취하는 풍경을 쉽게 볼 수 있다.

보통 '바쟈(Bazzar)'라고 하면 옷이나 장식품 그리고 생필품을 주로 파는데 비해 이곳 바쟈는 음식만 파는 곳이다. 말하자면 일종의 포장마차들이 즐비하게 있어 식사를 하며 친구들과 어울려 저녁시간을 보낼수 있는 곳이다. 이슬람인들은 종교적인 이유로 술을 마시지 않기 때문인지 술을 먹고 시비를 거는 사람이나 술에 취해 고성방가하는 사람들을 전혀 볼 수 없었다.

실크로드 37

트루판의 화염산과 천불동
(Flaming Mountain & Bezklik Thousand Buddha cave)

트루판 시내에서 동쪽으로 약 40km 달리면 사막이 펼쳐지고, 갑자기 왼편에 마치 시뻘건 불이 훨훨 타고 있는 듯한 그리 높지 않은 붉은 산이 나온다. 길이가 100km 넓이가 10km인 이 산의 평균 높이는 약 500m 밖에 되지 않으니 중국에 있는 산으로서는 나즈막한 산에 속한다. 산에는 풀 한 포기, 나무 한 그루 볼 수 없고 아무 동물도 살 수 없어 보인다.

바로 이곳이 그 유명한 소설 서유기(journey to west)의 무대인 화염산이다. 5천만 년 전에 지형의 변화로 생성되었다는 화염산은 이를 둘러싼 여러가지 신화를 갖고 있다.

위구르의 전설에 의하면 옛날에 사람을 잡아먹는 용이 이 산속에 살고 있었단다. 그래서 그 동네에 사는 용감한 청년 크라코자(Krarghoja)가 용을 죽이기 위해 산으로 들어갔다. 격투 끝에 청년의 칼이 드디어 용의 목을 찔렀고 이 용은 피를 흘리며 하늘로 올라갔는데 그때 흘린 피로 인해 이 산이 이렇듯 붉게 되었다는 전설이 아직도 내려오고 있다.

붉은 사암으로 형성된 이 산은 세월이 흐르는 동안 비와 바람 등 자연현상으로 인해 군데군데 골이 파있어 이글거리는 태양아래 마치 불꽃이 이는 것처럼 보여 이름조차 화염산이다. 또한 이곳은 중국

1 화염산 앞에 있는 현장법사와 손오공의 동상
2 풀 한 포기 볼 수 없는 화염산

에서 가장 더운 곳으로 여름에는 날계란이 몇 분만에 구운 계란이 될 만큼 뜨겁다고 한다. 그러나 사람들은 이 산자락의 계곡에 포도, 살구, 복숭아를 재배하며 살고 있고 봄이면 복사꽃, 살구꽃이 만발하여 붉은 화염산과 어우러져 한 폭의 그림이 된다고 한다.

손오공이 부채로 화염산의 불을 꺼 당나라의 고승 현장법사가 안전하게 통과하여 인도로 향할 수 있게 했다는 전설로 인해 이곳은 중국 사람들이 가장 선호하는 관광지가 되었다.

화염산 박물관 입구 양 벽에는 서유기에 나오는 줄거리를 양각으로 해서 전시해 놓았고, 안으로 들어가면 이곳에서 많이 재배하는 포도에 관한 설명이 그림과 함께 진열되어 있다.

화염산 박물관의 내부

손오공의 축지봉 모양의 온도계를 만들어 이곳이 얼마나 더운지 알려주고 있다. 또한 서유기의 주인공 현장법사, 원숭이 손오공, 돼지 저팔계, 하천의 괴물 사오정의 동상과 선녀상이 화염산을 뒷 배경으로 세워 놓아 방문하는 많은 사람들이 이들과 함께 사진을 찍는다.

화염산 속 계곡에는 물이 흐르는 실개천도 있었다. 이 계곡에 동굴을 파고 벽화를 그려놓은 석굴들이 잘 보존되어 있음은 아마도 이곳의 건조한 기후 때문일 것이다.

그 중 5~9세기경 번성했던 가오창 왕국(Gaochang Kingdom)때 만들어지고 지금까지 보존이 잘 되어 있는 베제클리크 천불동(Bezklik)을 찾아 갔다. 입장료로 인민페 20위엔을 내고 들어간 이 천불동은 화염산 속 무토(Mutou)계곡에 있고, 77개의 석굴이 발견

손오공의 축지봉으로 만든 온도계

되었으며 그 속에는 불교의 벽화가 그려져 있었다.

오른쪽 낮은 계곡을 이용하여 굴을 파고 벽과 천정에 수많은 부처님 상을 그려 놓았고 그 아래 계곡으로 내려가면 승려들이 기거하던 곳, 야채밭, 포도밭들이 강 옆에 있다.

대부분의 석굴은 사각형의 방모양으로 천정은 둥근 아치모양으로 만들었으며, 천정을 비롯한 모든 벽에는 아름다운 색상을 사용하여 불상을 그려 놓았다. 그런데 안타깝게도 모든 불상의 얼굴 부분에

1 천불동 입구에서 특유의 악기를 연주하는 위구르 노인
2 천불동 속의 벽화
3 화염산의 천불동
4 이슬람교의 전형적인 무덤

진흙을 발라 훼손시킨 벽화나 칼로 그림이 있는 곳만 잘라 빈 벽만이 앙상하게 남겨져 있는 석굴이 제법 많았다.

그래서 화염산 박물관에 외국인이 벽화를 오려 훔쳐가는 동상을 만들어 놓아 그것을 보는 외국인들로 하여금 수치심이 우러나오게 해놓았나 보다. 어떤 벽화의 불상에는 금을 많이 사용했다는데 그 금이 있던 자리만 긁어간 흔적이 선명하게 남아 있는 곳도 있다. 그런 이유 때문인지 많은 동굴이 잠겨있고 단지 몇 개의 동굴만 관광객들에게 입장을 허락하였다. 이슬람이 번성하였던 당시에는 '사원 벽에는 인물을 그리지 않는다'는 종교상의 이유로 벽화에 그려진 석가모니의 얼굴들을 다 지워버리는 수난도 당했다고 한다. 그러고 보니 여러 번 이슬람 사원을 방문했지만 한 번도 술탄의 초상화를 사원에 그려놓았다거나 걸어놓은 것을 본 기억이 나지 않는다.

21번 동굴은 왕의 시주로 만들어진 동굴로 동굴들 중 가장 크다고 하였고 26번 동굴은 삼면 벽에서부터 천정에 그려져 있는 모든 불상의 얼굴을 다 긁어버려 얼굴없이 몸만 있는 불상들로 빼곡하였다. 27번 동굴은 불상의 얼굴이 일부는 긁혀나가고 일부는 진흙으로 발라 훼손 시켰다.

문화재 관리국에서 진흙 바른 곳에 진흙을 벗겨 원상으로 복귀하는 작업을 시도하여 복원 전과 비교해 보니 오히려 그대로 두는게 낫다는 결정을 내려 지금은 작업을 중단한 상태라고 한다.

천불동이라함은 꼭 천개의 불상이 있는 것이 아니고 '아주 많다'라는 뜻을 지녔으며 간혹 999개의 불상에 나의 불심을 합하여 천 불상이 될 수도 있다고 설명하는데 아주 그럴 듯 하다.

이곳에서도 낙타를 빌려 타고 화염산 꼭대기까지 올라가 산 위에서 그 주위의 경치를 볼 수 있다. 또 다른쪽의 화염산 속 포도계곡(Valley of Grape)에서는 약 13종류의 포도가 생산되고 있으며 이는 주로 포도주와 건포도를 만드는데 사용한다.

트루판 시내의 포도계곡

사실 이들 위구르족은 거의가 이슬람이므로 종교상의 이유로 포도주를 마시지 않는다. 그래서 이곳에서 만들어지는 포도주는 전부 다른 지방으로 팔린다고 보면 된다. 당도가 높기 때문에 포도주 또한 맛이 좋다고 하는데 포도주를 파는 곳 조차 없으니 맛을 볼 수도 없었다.

'약심세스'란 위구르 말로 '안녕하세요'란 뜻이 있어 이 말 한마디만 배우면 누구를 만나던지 '약심세스'라고 인사를 나눌 수 있다. 위구르 가족도 예전 우리네처럼 대가족 제도로 3대, 4대, 그리고 드물지만 5대가 한 지붕 아래 살고 있어 식구 수가 많게는 30명씩이나 되는 집도 있다고 한다.

또한 세상에서 사라져가는 경로사상도 이곳의 생활 속에는 그대로 살아 있었다. 집집마다 포도 나무가 없는 집이 없고 언덕에는 건포도 건조장이 세워져 있다. 만나는 사람들마다 모두 순박해 보였고 친절했다. 이곳에 머무는 동안 나는 마치 시계 바늘을 거꾸로 돌려 아득한 먼 옛 시절로 돌아간 듯한 느낌을 받았다.

해맑은 검은 눈동자의 어린 손주들의 재롱으로 할아버지의 주름진 얼굴엔 환한 웃음이 가득하다. 가장 무더운 도시(the hottest city), 가장 메마른 도시(the driest city), 가장 낮은 도시(the lowest city), 그리고 가장 달콤한 도시(the sweetest city). 이곳이 바로 투루판이다.

트루판의 교하 고성(Ancient city of Jiaohe)과 에민 미나렛(Ermin Minaret)

트루판에는 두 개의 고성이 있는데 하나는 고창(Gaochang)이고 다른 하나는 교하(Jiaohe)이다. 고창은 많이 파괴되어 별로 남아 있는 것이 없다 하여 우리는 교하 고성을 보기로 했다.

이 도시는 시내에서 서쪽으로 약 15km 떨어져 있다. 교하성은 두 강이 흐르는 사이에 있는 53에이커 정도 되는 땅에 도시를 만들었고 30m나 되는 높은 절벽 위에 있어 나 같은 무뢰인이 보기에도 난공불락의 요새였다. 마치 서울의 여의도 같은데 절벽 위에 있다고 가정하면 쉽게 이해가 가리라.

길이가 1,650m 넓이가 300m로 마치 갸름한 고구마 같은 모양으로 생긴 땅 덩어리다. 물론 절벽 위에 있으므로 다른 고성처럼 성벽을 세울 필요가 없었다. 차사(Chesi)전국의 도읍지로 시작하여 당 나라에 점령 당했을때 까지 1640년의 역사를 가진 곳이다.

일명 이 고성을 '야르허트(Yarkhoto)' 라고도 부르는데 '야르'는 위그루 말로 '절벽'이란 뜻을 가졌고 '허트'는 몽고말로 '도시'라는 뜻이니 '절벽도시'라는 뜻이 된다.

이 고 도시를 들어가는 관문으로 남문과 동문 이렇게 두 개의 성문이 있는데 남문은 지형이 낮아 쉽게 드나들 수 있지만 동문은 절벽으로 그 밑에 강이 흐르고 있어 딱 이 두 곳만 지키면 안전하다.

도시의 집들은 모두 지하로 땅을 파고 들어가서 방을 만들어 일종의 지하도시를 형성했다

1 교하 고성의 이모저모
2 지하방으로 내려가는 계단
3 동문에 있는 우물
  (지금은 우물을 막아 놓았음)

고 한다.

입장료 40위엔을 지불하고 들어가니 이곳을 보기 쉽게 설명해 놓은 도시의 안내도가 걸려있고 왼쪽 전시관 속에는 이 교하성의 모형을 만들어 놓아 전체를 한눈에 볼 수 있었다.

우리는 남문을 통하여 고성으로 올라 갔다. 지하 이층으로 땅을 깊숙히 파서 방을 만들었다는 군인들과 관리들의 사무실은 복원중이라 목을 길게 빼 위에서만 보는 것으로 만족해 했다.

남북으로 가로지르는 350m나 되는 길고 그리 넓지 않은 중앙통로를 중심으로 평민이 사는 곳과 귀족이 사는 곳, 그리고 사원이 있는 곳이 엄격히 구분되어 있었다. 중앙통로 제일 끝에는 옛 모습을 그런대로 유지하고 있는 대사원이 자리잡고 있었다. 서쪽은 귀족과 사원들이 동쪽은 평민들이 살던 집들이 보인다.

101개의 탑 중 유일하게 중앙에 한 개만 남아있는 파고다 삼림(Pagoda Forest)과 흔적만 남아있는 왕궁터는 화려했던 그 시대를 말없이 대변해 주고 있다. 8.4m 높이의 망루를 비롯하여 여러 개의 사원과 묘지, 특히 유아들의 묘지가 따로 만들어져 있어 인상 깊었다. 여자 수도승들만 기거했던 사원도 있었는데 그 안에는 여자 수도승들만이 사용했던 우물도 따로 파 놓아 그 당시 불교가 얼마나 번창했는지를 보여 주었다. 절벽과 강으로 연결되는 동문은 군사 요지로 사용되었고, 지금은 말라서 물이 없지만 그 당시 유용하게 사용했을 우물이 5개나 있었다.

보통 사원에는 한두 개 밖에 없는 우물이 이곳에는 5개나 있다니 그 5개가 모두 필요했을 만큼 군인의 수가 많지 않았을까 추측해 본다. 그러나 이러한 난공불락의 성도 아이러니컬 하게 티벳과 몽고에 의해 침략 당해 훼손되고 도난 당한 슬픈 역사를 가지고 있다.

특히 몽고의 징기스칸(Ghingiskhan) 군대에게 항복하지 않고 끝까지 대항하였지만 결국 그들의 말굽으로 초토화 되어버렸고 아직까지도 복원되지 못하여 언뜻 보기에는 베스비우스(Vesuvius) 화산의 폭발로 인하여 폐허가 되어버린 이태리(Italy)의 폼페이(Pompeii)를 연상케 하였다.

강 주위로 무성하게 자라고 있는 포풀라 나무들, 예전에도 지금도 흘러가는 강물, 강 건너 멀리 언덕에 지어놓은 포도 건조장들.. 지금은 고요한 정적만이 흐르고 이따금 이곳을 찾아오는 관광객들의 발길만 부산할 뿐이다.

고성을 나와 투르판에서 동쪽으로 약 2km 떨어진 작은 동네에 있는 '에민(Ermin) 미나렛(Minaret)'으로 갔다. 에민 미나렛은 에민 코자(Ermin khoja)의 둘째 아들인 쑬레만(Suleman)이 1777년 아버지를 기념하기 위해 만든 이슬람 사원 옆에 세워져 있는 첨탑이다.

입구에 세워놓은 에민 코자의 동상 뒤로 연한 갈색 아니 모래 색깔 사각의 각진 사원과 왼쪽에 높이 서 있는 둥근 첨탑이 한 눈에 들어온다. 일명 쑤공 타워(SugongTower)라고도 부르고 또는 투루판 타워(Turpan Tower)라고도 부르는 이 타워는 높이가 44m 밑 둘레가 10m이며 올라갈수록 폭이 좁아져 가는 항아리 같은 모형이고 제일 위는 돔처럼 둥글게 보였다. 중국에 산재해 있는 이슬람 사원의 첨탑 중 이 첨탑이 가장 높다고 한다.

햇볕에 바짝말린 흙 벽돌을 사용하여 한칸 한칸 쌓아 위로 올라가며 적당한 간격으로 15가지의 각기 다른 문양을 정교하게 새겨 놓았다. 터키나 이집트의 이슬람 사원에서 봐 왔던 어느 첨탑들과는 전혀 다른 느낌이 드는 첨탑이었다.

이 첨탑에는 14개의 환기 창이 있고 첨탑 꼭대기까지 갈 수 있는 72개의 계단이 있어 예전에는 올라가게 허락되었지만 지금은 지진으

에민 미나렛

로 인해 기울어져 관계자 외에는 올라가지 못하게 입구를 폐쇄하였다고 한다.
이슬람 사원은 주로 타일을 사용하는데 비해 나무를 많이 사용하였으며 문이나 천장은 중국건축 양식을 가미한 아주 독특한 사원이었다. 보통 사원에는 2개나 4개의 첨탑이 있는데 비해 이곳에는 첨탑이 오직 하나 뿐인것도 독특하였다.
현재 이 사원에서는 예배를 보지않고 단지 관광객들에게만 관람할 수 있게 하는데 원래의 사원은 너무 오래되어 무너져 버려 다시 복원하여 오늘에 이르고 있다고 한다.
사원 옆에는 시신이 없는 묘지도 있었다.
주위에 심어놓은 보라색 아카시아 꽃이 만발하여 사원은 온통 아카시아 향기로 가득하다.
사원을 마지막으로 투르판을 떠나 우루무치까지 자동차로 이동하였다.

신강성(Xinjiang)의 우루무치(Urumqi)

2000년 전부터 천산북로 실크로드 교역의 중심 오아시스 마을이였던 우루무치 시는 몽고말로 '아름다운 초원(beautiful pastures)'이라는 뜻을 가지고 있으며 신강성의 성도이다.

당나라의 당 태종은 이 마을을 룬타이(Luntai)라 명하고 지나다니는 카라반들에게 세금을 징수하는 관청을 설치하였다는 기록이 있다고 하니 그 당시에도 세금제도는 있었나 보다. 그 후 1950년에 와서야 우루무치로 이름이 바뀌어 오늘에 이른다.

약 2백만 명의 인구가 이곳에 살고 있는데 위구르 자치주인 다른 도시와는 달리 한족이 가장 많아 70%이고 나머지 30%는 13개의 소수민족들이다. 우루무치는 신강성의 성도로서 정치, 경제의 중심이며 해발 600~900m로 날씨의 변덕이 심해 마치 여자의 얼굴 같다는 표현을 서슴치 않고 한다.

신강성의 명물 옥돌

사실 여행 중 며칠 있는 동안도 어떤 날은 햇빛이 쨍쨍하였고, 어떤 날은 비가 억수로 왔으며 사풍이 불어 비행기가 떠나지 못해 공항에 발이 묶여 몇 시간이나 기다렸던 날도 있었다. 시내에 비가 올 때 산에는 눈이 온다니 잠시 머무는 사이에 그야말로 변덕스러운 날씨를 다 본 셈이다.

봄, 가을은 짧고 겨울과 여름은 길며 특히 겨울에 이곳에서 열리는 얼음 조각 페스티발(ice carving festival)은 볼만하다고 한다. 이곳을 여행하기엔 5~10월이 가장 좋다고 하지만 포도가 익을 무렵인 7~8월이 좋지 않을까 생각된다. 또한 바다로부터 가장 멀리 떨어져 있는 내륙 도시로 기네스 북(Guinness Book of records)에 올려져 있으며 바다에서 1,400마일(2,500km)떨어져 있다.

우루무치 역시 다른 여느 중국의 대도시처럼 고층빌딩이 숲을 이루

우루무치 시내의 이모저모

고 자동차로 인해 길이 막힐 지경이였다. 우루무치가 문명의 외곽 지대라고 생각했는데 급속도로 발달된 교통으로 인해 내가 보기엔 이젠 북경과 별 차이가 없었다. 많은 가정에서 석탄을 연료로 사용하기 때문에 매연이 많다는 이야기에 이곳의 맑은 하늘을 기대했던 나에게 적지 않은 실망을 주었다.

우리는 이곳에서 날씨가 허락한다면 천산과 천지, 박물관, 시장 그리고 남산 유목민들의 마을을 방문하려고 한다.

천산과 천지(Tian shan & Heavenly Lake)

천산 산맥은 길이가 약 2,800km 폭이 약 400km로 카자흐스탄, 키르기스스탄으로 연결되는 매우 높은 산이며 서쪽으로 갈수록 더욱 날카로운 봉우리와 빙하가 많아 험준하기가 이를데 없다. 그리고 이 산맥으로 인해 타림 분지와 타클라마칸 사막이 분리된다.

천산 산맥에서 가장 높은 빅토리(Victory)봉은 7,439m(24,406f)로 1943년 러시아의 탐험대의 의해 처음 발견되었고 그 외에도 보그다

(Bogda)봉을 비롯하여 높고 험준한 봉우리가 많이 있다.

사시사철 눈 덮인 천산에 둘러싸여 있는 천지는 마치 박처럼 생겼는데 수심이 깊어 어떤곳은 100m나 되는 곳도 있다고 한다.

눈 녹은 물로 가득 찬 호수에 비쳐지는 눈을 이고 서 있는 산들은 그야말로 한 폭의 그림 같다. 백두산의 천지, 천산의 천지, 뭉다산의 천지, 천목산의 천지 등 중국에는 7개의 천지가 있는데 이곳의 천지가 규모면이나 아름다움이 월등하게 뛰어나다고 하였다.

장백산에서 본 백두산 천지는 위에서 호수를 내려다 보게 되어있어 한눈에 쏙 들어오는데 비해 천산의 천지는 호수가에 서서 볼수 있어서인지 더욱 크게 느껴졌다.

우루무치에서 120km 북동쪽에 있는 천산과 천지를 가기 위해 아침 일찍 호텔을 나섰다. 강을 덮어서 만들었다는 길을 따라 차들의 홍수속에서 그냥 밀려가는 느낌이 들 정도로 차는 제자리 걸음이다. 출·퇴근 시간에는 늘 이렇다고 한다.

시내를 벗어나니 금세 한적한 시골길로 변했다. 멀리 강가에 서 있는 포풀라 나무는 아직 잎이 나지 않아 앙상하게 느껴졌지만 길 옆에 흐드러지게 피어 있는 복숭아 꽃은 봄을 재촉하는 듯 하다. 간혹 마차를 끄는 당나귀와 염소, 소떼들을 몰고가는 사람들만이 눈에 보인다.

숲속이나 강 옆에 만들어 놓은 여르트(yurt), 또는 게르(Ger)는 유목민이 살지 않고 관광용 즉 호텔 대용으로 빌려 주거나 음식을 파는 곳이다.

사진으로만 보아 온 몽고 초원에 세워진 게르는 매우 낭만적이였는데…. 그리고 한 번은 그런 낭만적인 게르에서 자보고 싶었는데….

어떤 여르트는 그냥 하얀색의 켄바스로 만들었고 어떤 것은 큰 몽고의 무늬가 있는 켄바스로 지었다.

관광용 여르트

그 위로 비닐을 덮어 비가 새지 않게 해 놓은 것도 있고 크기도 여러가지였다. 집집마다 말이 한 두 마리 묶여 있는 것을 보니 자기들이 탈 수도 있고 손님들도 탈 수 있도록 준비한 것 같다.

큰 돌로 만든 천산이라는 사인이 나오고도 한참 더 올라가서야 차를 세울 수 있는 주차장이 나왔다. 여기서 다시 버스를 타고 약 10여분 더 올라가 기념품 가게와 식당이 즐비한 곳에 내렸다. 이곳에서 다시 요금을 지불하고 다른 트램을 타고 정상까지 올라가던지 아니면 걸어 올라가던지 선택을 할 수 있다.

날씨가 제법 쌀쌀하고 소나무 숲 속으로 하얀 눈이 보인다. 길 옆에는 좁은 복도 같은 길을 나무로 만들어 놓아 걷기가 쉬웠다.

정상에 오르니 큰 돌에 붉은 글씨로 세겨놓은 천지라는 표시가 있고 그 뒤로 호수가 보인다. 호수물은 꽝꽝 얼어 있었고 유람선을 비

롯한 배들도 얼음에 발이 묶여 있었다. 둥둥 떠다니는 얼음을 보니 두께가 30~40cm는 족히 넘을 것 같다.

안내인 우샨샨의 얘기로는 보통 얼음 두께가 1~2m나 된다고 한다. 호수 주위에는 눈 덮인 산이 첩첩으로 둘러싸여 있다. 호수가 얼지 않았으면 보트를 타고 휙 둘러볼 수도 있겠지만 얼음 뿐이니 호수 주위로 만들어 놓은 산책로를 따라 걸어볼 수밖에 도리가 없어 두 시간만 걷기로 하였다.

산책로는 한 사람만 걸을 정도의 폭이었고 바위가 있는 곳은 난간으로 산책로를 만들어 놓아 운치가 있었다. 중국이 아니면 누가 이렇게 큰 호수가에 산책로를 만들 생각을 했을까? 역시 '산수(mountain and river or lake)'는 중국을 따라갈 수가 없다라는 생각이 이곳에 와서도 변하지 않는다.

한 두어 시간 걷고 나니 출출해서 위구르 사람들이 만드는 '난'이라 부르는 금세 화덕에서 구어낸 빵을 먹으니 얼마나 맛이 있었는지…. 한동안 서서 난을 굽는 것을 구경했다. 난은 넓이가 한 30cm 되는 피자 도우 같은 빵이다.

위에만 구멍이 있는 둥근 화덕속에 밀가루 반죽을 둥글고 납작하게 만들어 화덕 벽에 붙여 구운 다음 꺼내 무늬를 넣고 기름을 바른 후 다시 화덕에 잠깐 넣었다가 꺼내면 맛있는 난이 되는 것이다.

그 이후에도 우리는 베이걸(bagel)같이 생긴 빵과 난(Nan)을 사서 들고 다니며 배고플 때마다 뜯어먹으며 다녔다.

파란 하늘속으로 우뚝 솟아있는 높은 산 자락엔 하얀 점처럼 보이는 염소때들이 한가로이 풀을 뜯고 있다.

1 얼음에 발이 묶인 유람선
2 천지를 배경으로 세워 놓은 천지 표시판

우루무치의 이도교 시장 (Erdaogiao market)

이도교 시장은 우루무치에서 가장 큰 소매와 도매 시장이 함께 있는 소수민족의 시장이다.

130년 전통을 지니고 있는 이 시장은 위구르인들의 악기, 모자, 카페트, 칼을 비롯하여 말린과일, 견과류, 공예품, 옥돌을 비롯한 보석류, 골동품 등 없는 것이 없다.

난전으로 시작하였고 1982년에서야 시장에 지붕을 덮어 이제는 비가 와도 눈이 와도 상인과 손님들 모두 아무 불편함이 없다. 마치 서울에 있는 남대문 시장 안에 들어간 느낌인데 팔고 있는 상품들과 상인들만 이국적일 뿐이다.

시장 가운데 첨탑을 세워놓았고 첨탑 가운데로 구 이도교 시장과 신 이도교 시장이 나란히 있다. 흥정을 할 수 있는 시장이므로 여러군데를 다니며 비교하고 물건을 사면 싼 값에 좋은 물건을 구입할 수 있어 좋고 위구르족의 독특한 물건 그

이도교 시장안에 있는 이슬람 사원

리고 그들이 만든 공예품을 만나볼 수 있다.

골목길에는 좀 저렴한 골동품을 파는 가게들이 있고 빌딩 3층엔 진기한 골동품을 파는 가게가 있다. 3층의 한 골동품 가게에서 쇼윈도에 진열되어 있는 족두리 같은 물건이 눈에 띄었다. 한 나라 시대의 물건으로 각종 보석으로 장식된 여자 머리에 얹는 장식품으로 아주 예뻤는데 값이 자그마치 미화 20,000불을 호가하는 물건도 있었다.

한달에 골동품 한 개만 팔아도 될 만큼 비싼 물건들이 진열되어 있는 가게들이어서인지 주인들은 가게를 지키지 않고 옆 가게에 삼삼오오 모여 마작을 하는 모습도 쉽게 볼 수 있다.

시간이 허락하면 우루무치 시내에서 버스를 타고 다니는 것도 재미있다. 우루무치 시내에서 안내인 샨샨이와 버스(61번이나 63번은 이도교로 가는 버스임)를 타고 여기 저기 다녔는데 편안하게 보고 싶은 것 보고 길가에 파는 군고구마나 옥수수, 군밤 등을 사 먹으며 다니는 재미도 쏠쏠했다. 시내 버스 요금은 1위엔이다.

내가 우루무치에서 머문 미라지 호텔 옆에 아주 맛있는 국수집이 있었는데 번화가에 있는데도 아주 허름한 식당이다. 호텔 문을 나서서 오른쪽 길을 따라가면 길 건너 가기 바로 직전 오른쪽으로 빈 공터가 나오고 공터 뒷편으로 가게들이 있는데 그 국수집이 바로 여기에 있다. 수타국수를 한 그릇 시키면 둘이 나누어 먹을 수 있을 만큼 양을 많이 주는데 국수 한그릇 값이 중국돈 13위엔이며 식사 시간에는 손님이 많아 기다려야 한다.

국수 위에 얹는 고명에 따라 여러가지 종류의 국수를 주문할 수 있고 양고기, 소고기, 돼지고지, 닭고기, 야채 등이 있어 기호대로 주문해 먹을 수 있다. 이곳의 시시케밥도 맛이 있는데 하루에 정해진 양이 있어 그 양이 다 팔리면 더 이상 주문을 받지 않는다.

남산 초원(Nanshang Pastures)

남산 초원은 우루무치에서 남쪽으로 약 75km 떨어져 있는 카작 유목민이 사는 곳이다.

산에는 소나무가 울창하고 초원에는 푸른 풀과 야생화들로 뒤덮여 아름답다. 아주 예전에 카작 유목민들은 전 가족이 가축들과 함께 풀이 있는 곳으로 옮겨 다니다가 그 후엔 아이들, 여자 그리고 노인들은 집에 남겨놓고 남자들만이 목초가 있는 곳으로 양을 비롯하여 가축들을 데리고 다니며 방목을 했다고 한다. 그러나 지금은 아예

풀이 많은 곳에 자리잡아 농사도 짓고 방목도 하는 카작인들이 늘어간다. 부모들의 주선으로 결혼을 하는 풍습이 있고 첫날밤은 신랑의 어머니, 즉 시어머니가 신혼 부부와 함께 보낸다고 한다. 이들은 주로 양고기를 많이 먹는데 요리방법은 굽거나 케밥, 훈제를 해서 오랫동안 저장하여 먹을 수 있게 하고 우유와 요거트를 많이 먹는다. 지금도 땅 속에 굴을 만들어 야채를 저장한다.

기저귀를 찬 아기때부터 말을 타는 방법을 가르쳐 어린 아이들도 말을 잘 탄다. 이들의 일상 생활이 말과 매우 밀접하여 말은 가족 같으며 집 재산의 1호로 손꼽힌다.

약 10년 전부터는 이곳에 스키장을 개설하여 많은 스키어들이 찾아와 관광 산업에 서서히 눈을 뜨기 시작하였다.

어제 우루무치에는 비가 왔는데 이곳은 눈이 왔단다. 그래서 산이나 들이 온통 하얗게 눈으로 덮혀 있고 이곳에 도착했을때는 점심 시간이 지나서인지 눈이 와서인지는 몰라도 우리들 외 다른 관광객은 없었다.

길에 눈이 많이 쌓여 위험하기 때문에 안전하게 소가 끄는 달구지를 타려고 하였는데 인원이 적어 말을 탈 수 밖에 없었다. 서로 자기 말을 타라고 한다. 말 채찍을 내밀 때 그 채찍을 잡으면 채찍을 가진 사람의 말을 타게 되는 습관이 있는지 안내인 샨샨이가 잡은 말 채찍의 주인들이 각기 자기말을 가지고 왔다.

말몰이와 함께 말을 타고 산으로 올라 갔다. 높은 산이 병풍처럼 서 있고 얼음 밑으로 물 흐르는 소리가 들린다. 말몰이 총각의 구성진 카작 노래는 음이 간단해 금세 따라 부를 수 있었다. 눈이 없었다면 더 아름다울지는 모르지만 하얗게 눈 덮인 산도 흐르는 물도 모두 정겹게 느껴진다.

약 한 시간 반 정도 올라갔지만 눈 때문에 폭포까지 가는 것은 포기하고 내려왔다. 그리고 여르트(yurt)집으로 안내되어 그들이 사는 모습과 여르트 벽에 걸어놓은 여자들의 전통 의상도 볼 수 있었다.

부엌과 카펫으로 덮은 침상이 다 여르트 속에 있었다. 그 여인은 몸이 건강해 보이지 않는 남편과 아직 어린 두 아들과 함께 살고 있었다. 이 집안의 모든 생활은 이 가녀린 여인의 어깨에 매달려 있어 보였다.

'여자는 약하지만 어머니는 강하다' 라는 말이 생각난다. 씩씩하게 보이려는 가녀린 그 여인의 새빨간 두 뺨, 해맑은 눈, 웃음을 짓지 않는 동그란 얼굴에서 나는 또 다른 카작여인들의 억새풀 같은 삶을 엿볼 수 있었다.

카시가(Kashgar)

인구 400,000명 중 90%가 위구르이고 나머지 10%가 한족을 위시한 다른 소수민족이 산다는 독특한 인종분포를 가진 카시가는 타클라마칸 사막 끝 서쪽에 있다.

가장 많은 이슬람의 후예들이 선조들의 유산과 그들만의 문화를 지키며 대대로 살아가고 있어 중국이지만 마치 다른 나라에 온 듯한 느낌이 드는 곳이다.

천산북로, 천산남로 그리고 사막을 가로지르는 세 개의 실크로드가 합쳐지는 오아시스 동네일 뿐더러 '서 실크로드'로 떠나는 출발지이자 '동 씰크로드'의 도착지이기도 한 교역의 중심 도시인 이곳에는 터키의 이스탄불보다 규모는 훨씬 작지만 파키스탄, 아프카니스탄, 카작스탄, 키르즈기스탄, 우즈벡키스탄 등으로 가는 국제 버스 정류장이 있어 옛 오아시스의 명성을 유지하고 있다.

카시가(Kashgar)는 일명 카시(Kashi)라고도 부르며 위구루 말로 '백옥이 나는 곳(white jadeplace)'이라는 뜻을 가졌다. 사람들은 '카시가를 가보지 않았으면 신강성을 갔다라는 말을 하지 말라'라는 말이 있을 만큼 위구르의 문화와 역사를 한 눈에 볼 수 있는 곳이다.

시내를 다니는 택시는 초록색, 시외를 갈 수 있는 택시는 청색으로 구별되어 있고 아직도 길에는 자동차와 당나귀가 함께 다닌다.

포도, 복숭아, 살구, 석류 그리고 배 등을 재배하는 등 많은 사람이 농업에 종사하고 그 다음은 목재업, 관광업에 종사한다. 여자들은 머리에 모자나 수건을 쓰고 남자는 모자를 쓴다.

이들이 즐겨 먹는 빵 종류인 난(Nan)과 쌈사(Samsa)는 말하자면 양고기를 넣은 만두 내지 샌드위치 같은 것으로 주식으로 먹는다. 또 양고기에 홍당무, 쌀, 양배추, 건포도, 기름을 넣고 볶은 필라프(pilaf), 꼬치구이 시시케밥(shishicabob), 여러종류의 국수, 요거트(yogurt) 또한 그들이 선호하는 음식이다. 카시가 시내에 있는 미란(Miran)이라는 식당은 값도 그리 비싸지 않으면서 맛도 좋아 카시가 음식들을 다 맛볼 수 있다.

일요시장(Sunday market)은 주민들의 생필품과 공예품, 특히 가축시장으로 원근 거리에 있는 많은 주민과 관광객들로 발 디딜 틈 없이 복잡하며 볼꺼리가 많다고 한다. 지금은 그랜드 바쟈가 있어 매일 시장에 갈 수 있음에도 불구하고 여전히 일요시장의 인기는 식을 줄 모른다.

내가 특별히 이 도시를 선택한 이유 중 하나는 '카라코람 하이웨이(Karakoram Hwy)'에 대한 정보를 얻기 위해서였다. 카라코람 하

위그루 시장과 미란 음식점

실크로드 61

카라코람 하이웨이

이웨이는 이곳 카시가에서 출발하여 남쪽으로 내려가 파밀고원(Pamir Plateau)에 있는 쿤자랍 고지(Khunjarab Pass)를 지나 파키스탄(Pakistan)의 수도 이스람마바드(Islamabad)까지 가는 길이다.

중국쪽의 494km와 파키스탄쪽의 806km로 전 구간이 1,300km나 되며 아름다운 경치를 만끽할 수 있는 현재까지 만들어진 길 중에서 가장 높은 고지에 만든 길이라 한다.

중국의 자본으로 1966년에 시공하여 20년에 걸쳐 1986년 완공된 길인데 험준한 지형으로 인해 이 도로 공사에서 820명의 파키스탄인과 120명의 중국인이 생명을 잃었다니 얼마나 험준한 길인지는 상상이 된다. 1km의 길을 만드는데 한 명이 목숨을 잃을 만큼 힘든 공사였다고 한다. 그렇기에 산을 좋아하는 많은 여행객들에게는 환상의 여행지로 손꼽힌다.

특히 파키스탄 경계에서 남쪽으로 조금 내려가면 '훈자 계곡(Hunza Valley)'이 있는데 그곳이 바로 내가 꼭 가보고 싶은 곳이다. 세계의 장수촌, 세계의 유일한 샹그릴라로 소개되는 훈자라는 동네는 꼭 가보고 싶은 곳이였기에 그 곳을 가기위해 사전 조사를 할 수 있는 곳이 바로 이 카시가이다. 또 이번 여행에는 카라쿨 호수(Karakul Lake)를 가는데 카라코람 하이웨이로 지나가니 조금은 어떤 곳인지 볼 수도 있어 일석이조인 셈이다.

우리는 호텔에 짐만 던져 놓고 다시 차를 타고 시내로 들어가 먼저 중국에 있는 모스크(Mosque)중에서 가장 크다는 '이다카 모스크(Id Kah Mosque)'로 가기 위해 동네 변두리에서 내렸다. 이슬람 사원 광장은 차가 들어갈 수 없기도 하지만 가는 길에 위구르 재래 시장이 있기 때문에 구경도 할 겸 해서였다.

양의 껍질만 벗겨 통째로 걸어놓은 푸줏간, 구리로 그릇이나 장식물을 만드는 유기점, 5대째 대대로 위구르 전통 악기를 만드는 악기점, 나무를 예쁘게 모양나게 깍는 목공예집.

여자들은 갈 수 없고 남자들만이 들어간다는 목조 건물의 이층집 티 하우스, 요람처럼 흔들 수 있는 아기 침대만 만드는 가구점, 단도 같은 작은 칼만 파는 칼가게, 모자 안 쓴 사람이 없을 정도로 많은 사람들이 모여사는 동네에서는 꼭 필요한 모자가게. 길가에 석류주스 짜는 기계를 놓고 주문을 받아 석류 주스를 짜는 아저씨. 다 팔아봤자 몇 푼 안될 것 같이 작은 양의 야채를 파는 할아버지와 할머니.

이다카 사원

사과 궤짝 위에 옛날 동전이나 여행객이 쓰고 간 각 나라 돈을 교환 하기위해 전을 벌려놓은 아저씨들… 그 모두가 베니스의 상인 뺨 칠 실크로드 상인의 후예들이 아닌가?

맞은편에서 얼굴을 온통 천으로 다 가린 아녀자들이 삼삼오오 걸어온다. 시장이 끝나는가 싶더니 넓은 광장이 나오고 양 옆에 첨탑이 있는 노란 타일을 붙인 이다카 이슬람 사원의 입구가 보인다. 이 사원은 카시가의 가장 중심부에 자리잡고 있으며 이곳에 사는 이슬람인들에게는 매우 성스러운 곳이다.

1442년에 처음 작은 규모의 사원을 지었고 그 후 여러 번 증축을 하여 오늘날 우리가 보는 사원은 1872년에 마지막으로 증축한 모습이라 한다.

중국돈 20위엔을 내고 노란 타일로 장식된 입구를 거쳐 정원을 지나면 기도하는 곳이 나오는데 이슬람인들은 이곳에 와서 하루에 5번씩 기도한다. 그리고 금요일 기도 시간이면 보통 5~6,000명이 기도실은 물론 문 밖 광장까지 모여 무릎을 꿇고 기도한다고 한다.

특히 라마단(Ramadan)때나 코반 축제(Corban Festival)때는 인근 각지에서 4~5만명이 이곳에 모여 성스러운 축제를 지내며 이곳 사람들의 정신적인 지주 역할을 하는 곳이다.

이곳에서 멀지 않은 곳에 있는 아바크 호자(Abakh Hoja)의 무덤은 이 도시를 방문하는 관광객이 꼭 들리는 곳으로 일명 '향비의 묘'라고도 부른다. 이 사원 안에는 이슬람 학교, 묘가 있는 슈라인, 학생들이 거주하는 곳 등 부속 건물이 있다. 또 한때는 불교를 숭상했던 사람들이 기도 드렸던 사원이 왼쪽에 자리잡고 있다. 1640년에 지은 이 사원에는 14개의 둥근 나무 기둥이 천정을 바치고 있다. 그리고 이 포플라 나무 기둥에는 연꽃을 비롯하여 불교에 관련된 문양이 조각되어 있다.

1807년에 완공된 묘가 있는 슈라인은 녹색 타일로 장식했으며 나즈막한 네 개의 첨탑이 있다. 전해내려 오는 이야기에 의하면 아바크 호자의 아버지 우수프(Usuf)가 처음 중국으로 이슬람교를 전파하러 왔을 때 이곳을 다스리던 관리가 그를 매우 못마땅하게 여겨 아무일도 못하게 하자 하는 수없이 우루무치로 가서 몇 년 있다가 다시 카시가로 돌아왔다고 한다.

그 후 그의 진심을 이해한 카시가의 어느 부호가 땅과 돈을 희사하여 우수프는 1633년에 소원하던 이슬람 학교와 코란을 가르키는 학교를 세우고 선교에 박차를 가했다. 그의 뒤를 이어 이슬람 민족의 지도자로 아버지의 일을 이어받은 아들 아바크가 그의 형제들과 함께 청나라 황제 건륭이 이끄는 군대에 가담하여 전쟁에 혁혁한 공을 세워 명실공히 이곳의 군주가 되기에 이른다.

향비 묘지에 있는 불교 문양의 기둥

향비의 묘

이파란 향비의 사진

1693년 그가 죽자 사람들은 지금 이 자리에 묘를 만들었고 그 이후 5대에 걸친 그의 후손들 중 72명만이 이곳에 묘를 쓰게 됐는데 지금은 58개의 관만 남아 있다고 한다.

호잠(Hojam)은 남자를 일컫는 말로 관이 크며 파사(Pasha)는 여자라는 뜻으로 중간 크기의 관을 쓰고 아이들은 아주 작은 관을 썼다.

청나라 건륭황제는 전쟁이 끝난 후 공이 많은 아바크의 조카인 이파란(Iparhan)을 후궁으로 삼고 함께 북경으로 돌아갔다. 이파란 비는 북경에 있으면서도 멀리 이곳에 있는 그들의 동족들을 위해 많은 힘을 썼다고 한다.

카시가로 돌아가는 것이 마지막 소원이라는 것을 안 황제는 향비가 죽자 그녀의 시신을 카시가로 돌려보냈는데 자그마치 3년이나 걸렸다고 한다. 그녀의 몸에서는 늘 좋은 향기가 나서 향비로 불렀다고 하는데 정원에 있는 기념품 가게에 그려져 있는 그녀의 초상화를 보니 정말 아름다운 여인이었다.

도시계획에 의해 곧 철거 될지도 모른다는 카시가의 옛동네는 이다카 광장 왼쪽 언덕 위에 있었다. 좁은 골목길, 토담집, 작은문이 마치 아라비안 나이트 속으로 들어온 것 같다. 천진난만하게 웃는 아이들의 웃음소리, 검은 천으로 얼굴을 가려 앞이 보일까 염려되는 여인들, 화덕에 빵을 굽는 둥근 얼굴의 소년, 무엇을 고치는지 연신 망치질만 해대는 햇빛에 그을린 얼굴에 주름이 가득한 할아버지, 고색 창연한 빛바랜 사원, 왁자지껄한 재래시장을 들어가니 완전히 연희동 시장에 온 것 같다. 사람 사는 곳은 다 똑같다. 먹어야 하고 입어야 하고 살림에 필요한 것들을 마련해야 하는데 이곳에 오면 다 해결 된다. 우리네들은 많은 양의 식품을 사서 냉장고에 보관하고 매일 필요한 것들을 꺼내 먹지만 이

네들은 매일 매일 필요한 것을 그때 그때 시장에 와서 구입하는 듯 하다. 특히 양고기는 매일 아침에 잡아서 신선한 고기를 판다하니 적어도 고기하고 빵은 매일 신선한 것을 사다 먹는 것 같다. 골목길에서 베이글 같이 생긴 빵을 사서 먹어보니 화덕에서 금새 구운 빵이라서 쫄깃쫄깃한게 여간 맛있지 않다.

하루 종일 시장바닥을 헤메고 돌아다니면서 할아버지들은 많이 만나 볼 수 있었는데 할머니들은 별로 보이지가 않는다. 다들 어디로 갔을까? 얼굴을 수건으로 가려 내가 미처 알아보지 못한 것일까? 옛동네를 걸어서 구경하고 시장을 돌아 내려오면 다시 이다카 사원이 있는 광장으로 연결된다.

카라쿨 호수(Karakul Lake)

이 호수는 카시가에서 카라코람 하이웨이를 타고 약 200Km쯤 남쪽으로 달리면 천산과 곤륜산맥이 서로 연결되는 산 속에 자리잡고 있으며 위구르 말로는 '검은 호수(Black Lake)'라는 뜻이 있다고 한다.

해발 3,600m 약 12,000피트 고지에 있는 호수로서 크기가 380 평방키로이고 수심은 240m이며 물이 맑고 주위에 서 있는 눈 덮인 산들이 명경 같은 물에 비쳐 그야말로 절경이라 한다.

호수는 곤륜산맥에 있는 높이 7,546m나 되는 무스타 아타(Muztagh Ata Peak) 봉우리와 7,649m인 콩그르 타 봉(Kungur Tagh Peak) 그리고 7,530m인 콩그르 티베 봉(Kongur Tiube Peak)으로 둘러 싸여 있다.

자동차로 갈 때는 산 위로 계속 올라가기 때문에 약 3~4시간 걸리지만 올 때는 내려오기 때문에 약 반 시간은 절약할 수 있다. 그러

나 왕복 7~8시간이 걸리므로 하루 여정으로는 호수에서 구경할 수 있는 시간이 충분치 않아 가능하면 호수 주위에 있는 유목민의 천막에서 하룻밤을 지내는 것도 좋을 듯 하다.

칠흑 같은 밤하늘을 수놓은 별들의 속삭임을 가슴에 담고 눈 덮인 하얀 산들을 눈이 시리도록 바라보며 나도 모르게 내 자신도 자연의 한 부분이 된다. 자연과 함께 숨쉬며 대자연을 가슴으로 그리고 피부로 느끼는 하룻밤이 된다면 이 얼마나 소중한 나만의 추억이 될 것인가?

하지만 나이가 먹으면 잠자리만은 편해야 되는데 천막속에서 잔다는게 그리 편치만은 않으리라 생각 된다. 이것이 젊어서 여행을 해야되는 이유 중에 하나인 듯 싶어 씁쓸해 진다. 아무튼 다시 그곳을 가게 된다면 나는 꼭 그리할 것이라 다짐해 본다.

카시가의 도심을 떠난 우리는 금세 황량한 사막 한가운데로 난 길을 따라 달린다. 길 오른쪽은 황량한 사막이 왼쪽은 오아시스로 푸른 포풀라 나무가 하늘 높이 서 있다.

안내인 잭은 오늘 날씨가 괜찮아 보이는데 확실한 것은 아직 모르지만 그곳에는 기후의 변화가 대단하여 날씨가 좋지 않으면 구름으로 인해 호수 주위에 서 있는 산 봉우리들을 볼 수 없을수도 있다고 미리 귀뜸해 준다.

약 4km 정도 달려 시부(Shifu)라는 작은 마을에 도착했다. 이 도시에서 호수까지 가는 동안 마땅한 가게가 없기 때문에 여기서 과일과 빵 등 차에서 먹을 것들을 조금 샀다. 이 도시를 지나 약 한 시간 정도 달리니 완전히 다른 풍경이다.

오른쪽에 얕고 넓은 강이 흐르고 그 뒤로 서 있는 병풍 같은 산은 홍산이라 부르는데 이름에 걸맞게 붉은 흙산이었다. 이런 강가에는 백옥이 있다하여 강으로 내려가보니 어찌나 돌들이 아름다운

지…. 색깔도 벽돌처럼 붉은돌, 차돌처럼 하얀돌, 쑥처럼 파란돌 등이 강변에 흩어져 있었다.
계속해서 강은 왼쪽으로 길을 바꾸고 오른쪽은 풀 한포기 없는 민둥산으로 그 모습을 바꾼다. 그러나 그 민둥산과 강 뒤로는 눈 덮인 높은 산들을 볼 수 있다.
조그만 돌집이 몇 채만 있는 우팔(Upal)이라는 동네도 지났다. 이제는 사람들이 모여사는 동네도 없다고 한다. 산과 강 그리고 길만 있다. 이 곳을 흐르는 게이츠 강(Kezile river)은 만년설을 이고 있는 높은 산들과 호수가 있는 남쪽에서 시작하여 북쪽으로 흐른다.
풀 한포기 나무 한 그루 없는 민둥산이 아름답다고 느낀 것은 아마 이 곳이 처음인 것 같다. 나무가 없어도 매장되어 있는 광석에 따라 검은산, 붉은산, 모래산, 회색산, 누런산 등 완전히 도화지에 색깔을 칠한 듯 하다. 아름다운 경치에 혼이 다 빠진 우리들은 멍하니 입을 벌린 채 다물 수가 없었다.
길 한가운데 달랑 자동차 차단기 한 개만 배치되어 있는 게이츠 검문소(kezile Pass Point)에 도착한 우리는 일단 차에서 내렸다. 검문소는 2,000m 고지에 있었다. 두 시간 반 정도 왔다고 운전기사 마선생이 귀뜸을 해준다. 그러면서 5월이나

6월에 왔다면 이곳에 노랑, 보라, 분홍 색깔의 들꽃이 산을 뒤덮어 몹시 아름답다고 한다. 그러나 6월이 지나면 너무 더워 풀들이 다 죽어버려 다시 이렇게 황량하게 되니 5~6월에 구경 오는 것이 제일 좋다고 한다.

안내인 잭을 따라 우리는 검문소 안에 들어가서 여권을 보여주고 행선지와 목적지 그리고 돌아오는 날짜를 말한 후 중국 공안으로부터 허락을 받고 출구 표시가 있는 다른문으로 나가 다시 차를 타고 계속 목적지를 향해 갔다.

각 나라로 나가는 국경지대에는 이렇듯 여러 개의 검문소가 있어 불법으로 무기나 마약 등 법으로 금지하는 물건의 반입 반출을 막기 위함이라 한다. 특히 전쟁을 하고있는 아프카니스탄과 국경을 접하고 있는 나라이니만큼 더욱 검문을 강화하는 것 같았다. 돌아올때도 물론 이곳에 들려 똑같은 절차를 받아야 한다.

모두 차에서 내려 검문소를 향하는 주민들을 보니 이곳에 사는 주민들 마저도 예외는 없는가 보다. 여행을 하며 출입국을 할때는 늘 두렵고 마음이 편치 않았는데 이곳에서도 그런 느낌이 들었다.

아름다운 풍경을 사진으로 찍어 아이들에게 보여주고 싶어 자주 차를 세우라고 하니 이러다간 해 안에는 호수를 못 갈 것 같다며 잭은

일주일에 한번 정도는 이곳을 와서 좋은 곳을 알고있으니 자신이 알려주는 곳에서만 사진을 찍으라고 한다. 그러더니 이 카라코람 하이웨이에 하나밖에 없다는 모래산에서 차를 세웠다.

오른쪽으로 보이는 높은 산이 바로 모래산이란다. 모래산이지만 누런색이 아닌 회색 모래산이었고 그 산 밑의 호수물들은 다 얼어있었다. 길에는 몇 명의 기념품을 파는 상인들이 있었고 그 옆에는 돌로 지은 집들이 몇 채 눈에 띄었다. 이곳 유목민들의 집이다.

추운 산 위에서 살기 때문인지 집으로 들어가는 조그만 문과 그 옆의 작은 창문외에는 모두가 돌로 만들어졌다. 물론 음식도 그 안에서 만들어 먹고 잠도 그곳에서 잔다. 우리가 들어간 돌집은 3대가 방 두칸인 집에서 살고 있었다.

할아버지, 할머니, 아들, 며느리 그리고 손녀딸이 살고 있고 갓 새끼를 낳은 고양이 식구에다가 밖에 있는 염소, 개 등 대가족을 이루

고 있다. 며느리는 석탄 스토브 위에 냄비를 얹고 양고기, 감자 그리고 양파 등을 넣어 요리를 하고 인심좋은 할머니는 처음보는 우리에게도 차 대접을 한다.

가축을 위해 집 주위를 돌로 담을 쌓아 놓았다. 기념품을 파는 장사꾼들은 털 모자에 두툼한 외투까지 입었으니 완전히 한 겨울옷을 입었다. 이곳에서 석류석 목걸이 몇 개를 샀다. 석류알처럼 생겼는데 가넷(garnet) 보석 같은 색깔이다.

이제는 언덕을 다 넘어 왔는지 좀 평평한 길을 달린다. 어느새 회색 강물이 초록색으로 변했고 수정처럼 맑다. 아마 호수가 가까운가 보다. 차가 큰길에서 벗어나는듯 싶은데 앞에 호수가 보이고 호수 주위로 눈 덮인 산이 서 있다. 드디어 카라쿨 호수(Karakul Lake)에 도착했다.

차에서 내리니 호객꾼들이 몰려와 서로 "말을 타고 호수를 돌아라" 아니면 "모터 씨이클을 타고 돌아라" "이것 사라" "저것 사라" 정신 없게 만든다.

그들의 말을 종합해 보면 걸어서 호수를 한 바퀴 돌려면 3시간 반 내지 4시간이 걸리는데 비해 모터 싸이클을 타면 약 한 시간이면 다 돈다고 한다. 그리고 말을 타면 쉽게 호수를 한 바퀴 돌 수 있어 이

곳을 찾는 많은 사람들이 이용한다는 것이다.

호수 옆에는 식당 및 관리 사무실이 있고 그 뒤로 뜨문 뜨문 임대하는 여르트(yurt)가 세워져 있다.

바다같이 큰 호수의 가장자리는 잔잔한 물결이 일었지만 가운데는 얼어 보인다. 걸어가 보니 가장자리는 맑은 물로 바닥이 훤히 다 보인다. 검은 호수란 아마 물이 깊어 검게 보여서 그리 불렸나 보다.

낮게 내려깐 구름은 좀처럼 걷힐 줄 모르고 사라지는 듯 하다가도 다시 몰려오기를 반복한다. 오후 3시 반이 지나자 바람이 일어 추워지기 시작한다.

아! 바람이 부니 구름이 다 없어져 이제는 구름에 가려졌던 산을 볼 수 있겠구나하는 희망도 잠시 다시 검은 구름이 나의 시야를 가려 버린다. 호수 주위로 만들어 놓은 나무 난간을 걸으면서 호수에 손도 담그고 사진도 찍으면서 약 1시간 45분, 그곳에 머무르는 동안 내내 행운의 여신은 나의 편이 아니였다.

결국 무스타 아타(Muztagh Ata)의 봉우리를 보지 못한 채 우리는 호수를 떠나야 했다. 얼음이 얼마나 두껍게 얼었을까? 라는 물음에 안내인 잭은 얼어붙은 호수 속으로 저벅저벅 걸어간다.
머리가 띵(?)하는 느낌이다. 아마 고산 증세가 서서히 오는지도 모르겠다. 그런데 숨쉬기는 아무 문제가 없다. 일단 숨을 쉴 수가 있고 걸을 수도 있으니 걱정할 필요는 없는 것 같다.
호수 옆에는 소금밭이 있었는지 허연 소금자국이 있고 사람들이 살았던 흔적도 보인다. 돌아오는 길에는 내가 차 앞좌석에 탔는데 길이 얼마나 가파른지 마치 롤러 코스트를 타는 것 같다. 그렇게도 높게 올라갔던가? 이곳까지 오는길도 이토록 아름다운데 훈자로 가는길은 얼마나 더 아름다울까? 꼭 가봐야겠다고 다짐해 본다.
카라코람 여행은 아프카니스탄이 전쟁 중이므로 무기한 연기를 한 상태이지만 전쟁이 끝나는데로 그곳으로 달려갈 것이다.

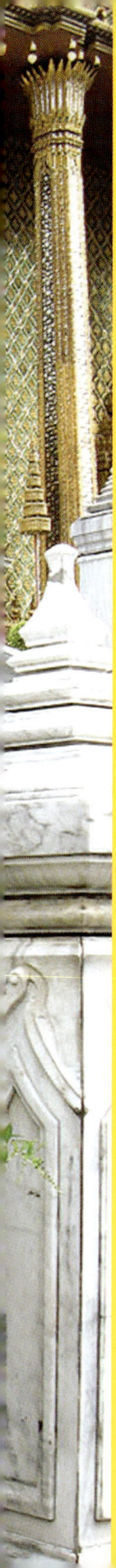

chapter 2

태국
Thailand

**인도차이나 반도에 있는 나라들 중
유럽 강국의 속국이 되지 않았던 유일한 나라 태국!**

평화를 사랑하는 사람들이 사는 나라
전쟁이 없었던 나라
불심이 깊은 나라
인도차이나 반도에서 가장 잘 사는 나라
욕심 없이 항상 따뜻한 미소를 가진 사람들이 사는 나라
코끼리가 대접받는 나라
이름이 아주 긴 사람들의 나라
좋은 보석이 많은 나라
이 정도가 내가 아는 태국의 대부분 이었다.

불교의 나라 태국

태국의 문화는 인도, 중국, 그리고 캄보디아의 영향을 많이 받았다고 하는데 잠시 방문하는 나로서는 별로 그런 느낌이 들지 않았고 다만 인구의 95%가 불교를 믿어서인지 불교를 중심으로 발달한 문화를 엿볼 수 있었다.

태국은 1200년경 세워진 쑤코타이(Sukhothai)왕국에서 시작하여 14세기 중반에 세워진 아유타야(Ayutthaya)왕국으로 연결되지만 1767년 버마에 의해 멸망했다.

그 후 탁신(Taksin)왕에 의해 세워진 돈부리(Thonburi)왕국은 라타나코신(Rattanakosin)으로 이어지고 1782년도에 라마 1세에 의해 세워진 챠크리(Chakri Dynasty) 시대가 열려 오늘에 이른다. 인도차이나 반도에 있는 나라들 중 유럽 강국의 속국이 되지 않았던 유일한 나라이기도 하다.

자유의 땅이란 뜻으로 '타이(Thai) 랜드(Land)'라고 이름지어졌으며 현재는 라마 9세가 통치를 하고 있다. 내가 태국을 방문한 2006년은 라마 9세가 즉위 60년을 맞는 해로서 태국 어디를 가나 국왕의 사진이 걸려 있었고 국민들은 왕의 만수무강을 기원하는 팔찌들을 끼고 다닌다.

내가 만난 모든 태국 국민들은 한결같이 '나의 왕(My king)'이라며 진심에서 우러나는 왕에 대한 존경심을 보여주고 있었다.

태국의 관문인 방콕의 수바나후미(Suvarnabhumi) 국제 공항은 깨끗하고 잘 정돈되어 있어 태국을 처음 방문하는 이들에게 좋은 인상을 주었다.

공항 내에 장식되어 있는 수호신들은 내가 태국에 온 것을 실감나게 해 주었다. 풍부한 볼거리와 대부분의 나라에서 오는 관광객들이 무비자로 입국 할 수 있는 장점이 있어서인지 공항은 만원이였다.

우기가 끝나 가는 9월 말인데도 여전히 무더웠고 간간히 소나기가 내린다. 우리는 마중 나온 여행사 주인의 예비 며느리인 눈(Noon), 운전기사 그리고 눈의 시어머니 되실 분과 함께 호텔로 갔다. 이번 여행은 주로 아편의 최대 생산지였던 북부 태국을 중심으로 미얀마, 라오스 그리고 태국의 국경을 접한 골든 트라이앵글(Golden Triangle)을 비롯하여 치앙마이(Chiang Mai)와 치앙라이(Chiang Rai) 주위를 돌면서 이곳에 사는 소수민족들을 만나 보려고 한다.

바로 이 산악 지대에 몽족(Mong)을 비롯하여 야오족(Yao), 파동족(Padong), 리수족(Lisu), 라후족(Lahu) 그리고 아까족(Akha)들이 여기저기 흩어져 살고 있다. 특히 파동족이나 아까족은 태국에서만 살고 있기 때문에 태국 북부에 오지 않으면 만나 볼 수 없다.

공항에서 시내로 들어오는 길에 지금은 살고 있지 않지만 왕이 살았던 왕궁을 보니 참으로 평화스러운 나라라는 느낌이 들었다.

수바나후미 공항

태국

왕궁과 시장(Grand Palace and markets)

방콕에서 꼭 보아야 할 것들 중에 단연 첫 번째가 바로 왕궁이다. 라마 1세(Rama 1)가 1782년 약 60에이커 대지에 3년 동안 심혈을 기울여 지은 이 왕궁은 왕족들의 주거를 위한 건물을 위시해 왕족 전용 사원 그리고 업무를 볼 수 있는 건물들로 구성되어 있다.

라마 1세는 과거 화려했던 아유타야(Ayutthaya)시대의 영화와 번영을 재건하기 위해 이곳 방콕으로 도읍지를 옮기고 차오 프라하 강 옆에 궁을 짓기 시작하였다. 바로 이 왕궁에서 왕은 대관식을 갖고 챠크리(Chakri)왕조 즉 지금 태국의 시작을 선포했다.

왕족 전용 사원에는 그 유명한 에메랄드 불상이 안치되어 있다고 한다. 몇 년 전 라오스의 루앙 프라방에서 에메랄드 불상이 없는 에메랄드 사원을 방문했을 때 바로 이 에메랄드 불상에 대해 들은 많은 이야기들이 기억난다.

불상을 태국에서 전리품으로 가져가버려 지금은 다른 불상으로 대처해 놓고 사원의 이름만 그대로 에메랄드 사원이라고 부르고 있어 무척 실망했었다. 사실 에메랄드라는 보석은 희귀한데 사원에 안치시킬 만한 크기의 불상이라면 도대체 얼마나 큰 덩어리의 에메랄드일까? 궁금하기 짝이 없었다.

그런데 바로 그 불상이 이곳에 있는 것이다. 드디어 오늘 그 불상을 만나 볼 수 있다고 생각하니 나도 모르게 흥분이 된다. 게다가 길에 다니는 많은 택시조차 꽃분홍색이어서 나를 더욱 흥분시켰는지도 모른다.

왕궁 정문 초소를 지나 매표소에서 우리는 작은 문제가 생겼다.

날씨가 더워 무릎 밑까지 오는 쫄바지를 입었는데 이런 복장으로는 왕궁에 들어갈 수 없다는 것이다. 우리는 하는 수 없이 입구에서 태국 싸롱치마와 바지를 빌려 입고서야 들어 갈 수 있었다.

입구 정면으로 보이는 챠크리 마하 프라삿(Chakri Maha Prasat) 건물이 아취모양의 문 뒤로 보이고 왼쪽에는 눈부시게 찬란한 거대한 황금 탑(Golden Chedi)이 위용을 드러내고 당당히 서 있으며 그 탑 옆으로 뾰죽뾰죽하고 날아갈 듯한 지붕 모양의 태국 고유 건축물들이 빼곡히 서 있는 게 보인다.

우리는 왼쪽에 있는 사원부터 구경하기로 했다. 어차피 오늘은 토요일이니 왕궁이나 집무실 안은 볼 수 없을 것이다.

입구에 각국 언어로 번역된 안내책자가 비치되어 있었다. 한국어로 번역 된 것도 있어 영어 책자와 함께 집어 들었다.

사원입구를 통과하자마자 양쪽에 유리조각으로 모자이크를 해서 만든 수호신들이 서 있었고 태국 고유 건축 양식으로 지은 여러 개의 건축물들이 화려한 자태를 뽐내고 있다. 도자기로 만든 꽃들을 장식해서 만든 거대한 사원들, 라마 4세가 지었다는 둥근 황금 탑(Stupa) 등은 단연 돋보였다. 일년에 단 한번 4월 6일 문을 열어 일반인들에게 공개한다는 Royal Pantheon, 도서실, 앙코 왓(Angkor Wat)의 모형도도 볼 수 있었다.

그러나 뭐니뭐니해도 에메랄드 불상이 안치된 사원은 아주 특별했다. 신발을 벗고 올라가서 법당으로 올라가면 정면에 3개의 문이 있는데 왼쪽은 법당으로 들어가는 문, 가운데 문은 에메랄드 불상을 직접 볼 수 있도록 만들어 놓은 문이고 오른쪽 문은 법당 밖으로 나가는 문이다.

법당 안은 얼마나 경계가 삼엄한지 사진은 절대로 찍을 수 없고 또 관광객이 자신도 모르게 불경스러운 행동을 하는지를 살피는 안내원들 때문에 행동하기가 몹시 조심스러웠다.

법당 앞에는 성수가 있고 그 옆에 연꽃이 놓여 있어 연꽃을 성수에 담근 다음 자기 머리나 몸에 뿌리면 모든 아픔이나 질병이 사라진

다고 하여 많은 사람들이 줄을 서서 기다리고 있었다. 사원 안에서는 사진을 찍을 수가 없어 밖에서 에메랄드 불상을 찍으려는 사람들로 초만원이었다.

가운데 문을 통해 법당 안을 보니 금색 법의를 두른 에메랄드 불상이 법당 한 가운데 높은 곳에 좌정하고 있었다. 들어가는 문은 자개로 용 무늬를 박아 넣었고 법당의 마루는 대리석으로 깔려 있었으며 벽에는 석가모니의 전생에 관한 그림이 정교하게 그려져 있었다. 높이가 66cm 폭이 49cm 크기의 에메랄드 불상은 1434년 태국의 북부 치앙라이(Chiang Rai)에 있는 한 사원의 무너진 탑 속에서 발견되었다고 한다.

발견 당시 하얀 석고 같은 것으로 쌓여 있어 보통의 평범한 불상이라 여겼는데 이 탑에 벼락이 떨어져 석고가 벗겨졌고 푸른색 광채가 보이자 그것을 발견한 스님이 들고 들어와 소문이 나면서 그 진가가 알려지게 되었다고 한다.

이 불상은 사실 한 조각의 옥으로 만들어졌는데 처음 발견한 주지스님이 이 녹색의 돌이 에메랄드인줄 알고 그리 명명해 지금까지 그리 부른다고 한다. 이 에메랄드 불상은 발견 이후 3번이나 옮겨졌는데 처음 불상을 발견한 후 람팡(Lampang)이라는 도시로 옮겨졌다.

라오스(Laos)의 왕과 란나타이(Lannathai) 왕국(지금의 치앙마이(Chiang Mai)가 란나타이 왕국의 수도였음)의 공주 사이에 태어난 차이제타(Chaichettha) 왕자가 처음에는 라오스의 루앙 프라방(Luang Prabang)지역을 다스리는 왕이 되었다.

그 후에 란나타이 왕국의 왕으로 추대되어 그곳에서 왕정을 펼치고 있다가 선왕이 서거하자 다시 라오스로 돌아가게 되었다. 차이제타 왕이 라오스로 돌아갈 때 자신이 아끼던 이 에메랄드 불상도 함께 가지고 가서 약 226년이나 라오스의 에메랄드 사원에 있게 된 것이다. 그러다가 1778년 라마 1세가 왕으로 등극하기 전 태국과 라오스와의 전쟁때 태국이 비엔티엔(Vientiane)을 점령한 뒤 전승 기념 전리품으로 이 에메랄드 불상을 가지고 방콕으로 돌아와 지금 이 자리에 안치 좌정하였다고 한다.

이 불상에게만은 일년에 3계절 하기, 건기 그리고 우기의 계절이 바뀔 때마다 다른 색상의 법의를 갈아 입히는데 이는 꼭 태국 국왕이 특별한 예식을 통해 손수 입힌다고 한다.

나는 눈이 짓무르도록 오랫동안 이 에메랄드 불상을 보며 라오스와 태국 두 나라가 서로 자기 불상이라고 한 이유를 조금은 알 것 같았다. 지금의 라오스는 태국보다 국력이 약하지만 앞으로 강해지게 되면 다시 찾아 오려고 하지 않겠는가? 더 이상 이 불상 때문에 전쟁이 일어나지 않았으면 하는 마음뿐이다.

이 사원 외에도 국왕의 대관식을 할 때 사용되는 파이사 탁신(Paisal Taksin), 외국 사신들이 태국 국왕을 알현할 때 접견 장소로 사용되는 아마린드라 위니차이(Amarindra Winitchai), 라마 1, 2, 3세가 차례로 기거를 하였기에 그 이후부터 대관식 날 국왕이 꼭 이곳에서 하루를 지낸다는 차크라팥 피만홀(Chakraphat Phiman hall) 등이 있다.

이 무더운 날 왕궁을 관람하러 온 사람들 중에는 검은 색의 옷을 입고 온 단체들이 제법 많았다. 알고 보니 국왕의 누나가 몇 달 전에 돌아가셔서 지금 시신이 두씻 마하 프라삿(Dusit Maha Phrasat)에 안치되어 11월이나 되어야 화장을 한다고 하니 그때까지 이렇게 문상객을 맞는 것이다.

이 건물 역시 태국 고유의 형식으로 라마 1세가 자기가 죽으면 화장할 때까지 시신을 안치할 목적으로 지었는데 지금은 왕, 왕후 그리고 왕실 가족들의 사망 후 시신을 안치하여 국민들로 하여금 조문 할 수 있도록 배려하였다.

이 건축물 앞에는 정자가 하나 있는데 태국에는 이와 똑같이 생긴 정자가 3개 있었다고 한다. 그런데 하나는 아유타야(Ayutthaya)에 있는 여름 별장으로 옮기고 하나는 벨기에(Belgeum)로 보내고 나머지 하나만 이곳에 그대로 남아 있다.

이 정자를 몹시 갖고 싶어하던 텍사스(Texas) 휴스톤(Houston)에 사는 백만장자에게는 이것과 똑같이 생긴 모조품을 만들어 주어 비록 모조품이긴 하지만 똑같이 생긴 정자를 미국도 하나 갖고 있다고 한다.

유럽을 방문했던 라마 5세는 1882년에 유럽 건축 형식에 태국의 지붕을 가미한 건물 챠크리 마하 프라삳(Chakri Maha Prasat)을 지었고 이곳에서 외국 사신 접견 및 접대를 한다. 이 왕은 유럽 문물과 전기를 태국으로 들여왔으며 노예를 해방시킨 성군으로 자크리 왕조에 기록되고 있다.

또 그의 아들 라마 6세를 위해 1903년에 지었다는 보롬 피만 맨숀(Borom Phiman Mansion)은 문이 닫혀 있었고 경호원이 지키고 있어 들어가 볼 수 없어 밖에서 보는 것만으로 만족해야 했다. 정원의 나무들은 동물모양으로 다듬어 깔끔한 느낌을 주었고 화단에 핀 꽃들과 어우러져 좋은 분위기를 자아냈다.

방콕 시내는 국왕과 왕후의 사진이 거리마다 걸려 있고 푸른 색의 리본과 노랑 색의 리본이 많이 걸려 있었다. 태국인들은 월요일은 노랑, 화요일은 분홍, 수요일은 녹색, 목요일은 주홍, 금요일은 청색, 토요일은 보라 그리고 일요일은 빨강으로 정해 자기가 태어난 날의 색을 기념하고 애용하고 있다. 국왕이 12월 5일 월요일에 태어났으므로 노랑색, 왕후는 8월 2일 금요일에 태어나서 푸른색을 많이 걸어 놓았던 것이다.

이들에게 국왕은 정치계·종교계의 지도자요, 어버이요, 신이다. 그래서 신의 상징인 쟈스민 꽃으로 만든 '꽃걸이'를 차에 매달고 다니고 팔목에도 걸고 다닌다. 국왕은 백성을 사랑하고 자애로 돌보며 국민은 그런 국왕을 따르고 순종한다. 이 얼마나 아름다운

가? 마치 이조 시대의 이야기 같지만 난 그런 그들이 부럽기만 하다.
왕궁 구경을 마치고 차투챹(Chatuchat Weekend Market) 시장으로
갔다. 토요일과 일요일만 여는 시장이며 없는 것이 없는 가게들이
줄지어 서 있었다. 이 시장은 길들이 비슷하여 잘못하다가는 십중팔
구 미아가 되기 쉽상이다.

일층만 있는 남대문 시장 같다. 음식골목, 골동품 상점, 옷 가게, 장
난감 가게, 그릇 가게, 천 가게, 액세서리 가게, 살아서 팔딱팔딱 뛰
는 새우, 생선 한 마리를 통째로 꼬챙이에 끼워 시뻘건 숯불에 굽는
생선 파는 아가씨, 벌이 왱왱대는 벌집을 채로 들고 와서 꿀 벌집을
파는 아낙네, 정말 없는 것이 없다.

혹시 이 시장에서 내가 모으고 있는 수놓은 조각들을 구할 수 있다면
더욱 좋고 예쁜 소수민족 의상이라도 발견하면 횡재가 아니겠는가?
길에서는 각종 과일, 얼음 과자, 견과류를 팔고 있는데 물어보니 방
콕의 물건값은 만만치 않았다. 잘못하다가는 바가지를 쓸
수도 있을 것 같아 조심해야겠다.

또한 태국에서 빼놓을 수 없이 봐야 하는 곳이 이 플로팅 마켓
(floating market)이다. 전통 재래 시장이였던 것이 007시리즈
영화 덕분에 많은 사람들에게 알려져 이제는 관광객이 더 많이
오는 시장으로 변했다고 한다.

여러 곳이 있지만 가장 오래되고 큰 플로팅 마켓은 방콕에서
약 두 시간 거리에 있는 담눈 사둑(Damnoen Saduak) 시장이
다. 이 시장은 새벽 7시쯤 시장이 열려 8시 정도가 되면 가장 분주하
고 오전 10시~12시 정도에 파장을 한단다.

강에서 이루어지는 시장이므로 장사 하는 모든 사람들이 좁고 긴 배
를 타고 와서 물건을 팔고 사는 시장이다. 손님들은 배를 타고 다닐
수도 있고 물 위에 마련해 놓은 장 마당 같은 곳에서 배를 향해 물건

을 주문하여 살 수도 있다.

내가 간 방콕 근교에 동네 사람들 위주로 장사하는 탈링 챤(Taling Chan) 플로팅 마켓에서는 주로 먹거리를 구입할 수 있었다. 그 조그만 배위에서 못하는 요리가 없이 벌건 숯불에서 구워내는 생선구이에서부터 국수, 밥, 음료수, 야채, 꽃, 과일, 고기, 간식 등 그야말로 없는 것이 없다.

주문을 받은 아줌마들이 배위에서 척척 요리하는 솜씨는 과히 일류급이다. 어느 유명한 식당의 음식보다 더 맛이 있는 것 같고 양도 많아 일인분으로 둘이 넉넉히 먹을 수 있을 만큼 인심도 후하고 값도 저렴했다. 무엇보다도 요리하는 것을 직접 볼 수 있으니 일석이조이다.

음식을 파는 배 옆에는 제법 큰 고기들이 떼를 지어 돌아 다닌다. 빵 조각을 물에 던지면 고기떼들이 새까맣게 몰려와 빵을 먹는 모습도 빼놓을 수 없는 구경거리이다. 강 위에 지어놓은 초라한 판잣집, 양철집조차 로맨틱 하게 보인다.

방콕 중심지를 가로지르고 흐르는 챠오 프라야 강에는 여러 종류의 유람선이 있다. 유람선을 타고 여유롭게 강 옆에 서 있는 사원들과 높은 빌딩들을 감상하는 것도 방콕을 잘 볼 수 있는 좋은 방법이다.

파리에 가서 세느강 유람선을 타지 않으면 파리의 50% 밖에 보지 못한다는 말이 있듯이 이 방콕도 강에서 보는 야경이 정말 아름답다.

거리와 서비스에 따라 여러 종류의 유람선이 있는데 낮 시간을 관광에 할애를 해야 하는 우리들은 저녁 시간에 이용 할 수 있는 유람선을 선택했다. 한 시간 반 동안 강을 오르락 내리락 하며 방콕의 야경을 구경할 수 있다. 어두운 챠오 프라야 강 위에는 전기불로 요란스럽게 장식한 여러 척의 배들이 강변에 줄 지어 서 있어 관광객을 맞을 준비로 부산하였다.

선착장에 도착하자 비가 부슬부슬 내리기 시작한다. 예약된 배를 타자 친절한 안내인은 예약된 자리로 안내하였다. 원래 우리는 유람선의 갑판으로 신청했는데 안으로 데리고 가서 의아해 물었더니 오늘 저녁 일기예보에 비가 많이 온다고 하여 모든 예약된 갑판의 손님들을 안에다 모신다는 것이다.

배로 들어가니 한 가운데는 둥글게 상을 놓아 뷔페식 요리를 차려 놓았고 입구에는 해산물이, 다른 곳에는 과일을 포함한 후식이 또 갑판으로 나가는 이층에는 즉석 요리를 만들어 주는 곳과 음료수가 준비되어 있었다.

배 앞쪽에는 무대가 있고 악단이 음악을 연주하여 분위기를 고조시켜 주었다. 해산물 코너에는 쪄 놓은 큰 랑고스타, 구운 오징어, 찐 모시조개를 작은 그릇에 담아놓고 그 옆에는 식초, 설탕, 잘게 다진 풋고추, 간장으로 만든 매운 소스를 준비해 놓았는데 많은 사람들이 줄을 서서 기다리고 있었다. 흰 쌀밥과 볶은 밥은 물론 일본 사람들이 관광을 많이 오는지 스시와 사시미까지 준비되어 있었지만 김치는 없어서 서운했다.

태국 사람들이 잘 먹는 양념 사라다는 강에서 잡은 듯한 작은 게를 절구에 넣고 빻은 다음 씰란트라(cilantro)를 비롯한 여러 가지 야채와 야채 뿌리, 고추 가루, 식초, 작은 마른 새우를 함께 비벼 그릇에 담아 주는데 나는 맛을 볼 용기가 나지 않아 주문을 못하고 그 옆에서 구워주는 코코넛 팬케잌이라 부르는 우리나라 호두과자 비슷한 것을 주문하여 먹어보니 아주 맛이 좋았다.

또 타피오카와 망고를 채 썬 듯 하여 코코넛 주스에 넣어 만든 후식은 그야말로 일미였다. 뷔페 음식이기 때문에 따로 돈을 내지 않고 여러 가지 태국 요리를 맛 볼 수 있어 좋았다.

비가 와 바깥 구경을 잘 할 수는 없었지만 잠시 비를 맞으며 갑판에 나가 야경을 보기도 했다. 계속되는 배 안에서의 공연은 태국 고전 무용, 노래와 화려한 의상, 장식들로 보는 이들에게 즐거움을 선사하였다.

어둠 속의 강을 오르내리는 유람선들은 차오 프라야 강을 꽃처럼 수놓았고 시원하게 내리는 밤비는 캘리포니아 사막에서 간 우리들에게 잊지 못할 좋은 추억을 안겨 주었다.

치앙마이(Chiang Mai)

치앙마이(Chiang Mai)는 방콕에서 435마일 북쪽에 위치해 있으며 북부 태국에서 가장 크고 오래 된 도시이다. 자동차로 10시간, 비행기로는 한 시간 반 정도 걸리는 거리이다.

치앙은 태국말로 '도시'라는 뜻이고 마이는 '새로운(new)'이라는 뜻이니 '신 도시'라는 뜻이 된다. 이곳에 사는 70%의 사람들은 쌀 농사를 짓고 야채나 꽃을 기른다.

1296년 멩그라이(Mengrai) 왕이 란나(Lanna) 왕국을 건설할 때 바로 이곳을 도읍지로 정했다. 그러나 북쪽에는 버마가 남쪽에는 아유따야(Ayutthaya)가 시도 때도 없이 공격해 와 도시 중심으로 사각의 성벽을 쌓아 방어를 하고 성 밖에는 물길을 만들어 성을 보호했던 흔적이 아직도 남아 있다.

버마의 속국이 되었던 란나 왕국을 1774년 태국의 탁신(Taksin)왕이 버마로부터 빼앗아 씨암(Siam)에 합병시켜 결국 태국령이 되었다.
그래도 란나(Lanna)의 고유 문화와 글을 간직하고 있어 이곳을 다니는 동안 여기저기서 그 당시의 건축물과 장식 등을 쉽게 접할 수 있다. 지금 이 고성 안에는 자동차를 통제하여 들어갈 수 없으며 저녁에는 일요시장이 열려 관광객들을 불러 모으고 있다.
이곳에서는 고 도시를 비롯하여 사원, 코끼리 농장, 호랑이 동물원, 나비 농원, 보석 가공 공장, 실크 직조 공장, 종이 우산 만드는 곳 등을 가 볼 수 있다.

프라탓 도이 쑤텝 사원(Prathat Doi Suthep Temple)

이 도시를 중심으로 약 300여 개의 불교사원이 있는 것으로 보아 얼마나 이들의 불심이 깊었는지를 엿볼 수 있는데 그 중 가장 유명한 사원이 바로 이 프라탓 도이 쑤텝(Prathat Doi Suthep)사원이다.
프라탓이란 부처님의 유품이 있다는 뜻으로 사원 이름에 이 프라탓이 붙으면 우리사원에는 부처님의 유품이 있다라는 것을 암시한다고 한다.
'도이'란 산이란 뜻이고 '쑤텝'은 은둔자 또는 속세를 떠난 사람이란 뜻이므로 이 사원은 '부처님의 유품이 있는 속세를 떠나 부처님만 믿는 사람들이 있는 산'이란 뜻이다.

이 사원은 치앙마이 도시에서 북쪽으로 약 15km 떨어져 있는 1,250m 높이의 도이 쑤텝 산에 세워져 있는데 이곳에 절이 세워진 데 관한 여러 전설 중 하나만 소개

하자면 이렇다.

불심이 깊은 란나국의 왕이 가까운 인접 국가의 여러 스님들을 초청했는데 쑤코타이에서 오신 스님이 왕께 드릴 예물로 부처님의 유품 두 점을 가지고 왔단다.

왕은 하나는 자기 정원에 그 유품을 묻어 절을 세웠고 나머지 하나는 어디에 절을 지을지 고심 끝에 왕궁에서 신성시하며 기르던 하얀 코끼리 등 위에 그 유품을 담은 상자를 매달아 놓고 코끼리가 마음대로 가도록 내버려 두었다고 한다.

코끼리는 도이 쑤텝 산으로 올라가더니 산 중간쯤 올라가 세 바퀴를 돈 후 크게 세 번 소리 내어 울고는 그 자리에서 죽었다고 한다. 왕은 이것을 부처님의 계시로 받아들여 그곳에서 조금 더 높은 곳에 유품을 안치하고 바로 그 자리에 이 절을 지었다고 한다.

1383년에 탑을 세우는 것을 시작으로 하여 1935년까지 조금씩 조금씩 증축하여 오늘날의 사찰이 되었다. 절로 올라가는 306개의 계단 양쪽에는 머리가 7개 있는 나가(naga)가 산에서 아래로 내려오는 형상으로 만들어져 있다.

어린이나 노약자는 케이블카를 사용할 수 있는데 관광객은 사용료를 내지만 내국인들에게는 무료로 운행된다. 높은 산에 지어진 절은 시내가 한눈에 다 내려다 보였고 절 주위에는 신도들이 기증한 많은 종들을 매달아 놓아 내국인은 물론 관광객들도 종을 쳐 볼 수 있었다.

마침 보수 공사 중이어서 부처님의 유품 위에 지어놓은 아름다운 황금색 탑(chedi)의 진면목을 자세히 볼 수 없어 참으로 안타까웠다.

우리가 절에 도착하자마자 내리던 장대비는 좀처럼 멎을 기미를 보이지 않는다. 비를 피해 절 안에 있는 찻집에 앉아 커피를 한 잔 시켜 마시니 기분이 야릇하다.

원래 절에 와서는 향을 음미해 가며 녹차를 마셔야 제격이 아닐까? 이곳 절의 사진을 찍어야 할 텐데 안개에 습기까지 동원되어 사진이 엉망이 될 것 같다.

사원 제일 중심부엔 황금빛 찬란한 탑이(chedi) 있고 그 주위에 여러 모양의 불상이 세워져 있었다. 누워있는 불상, 좌정하고 있는 불상, 서 있는 불상 등 다양한 것은 말할 것도 없고 또 불상의 손 모양도 모두 달랐다. 재료 또한 다양해 대리석으로 만든 불상, 녹색유리로 만든 불상, 동, 철 그리고 그냥 돌로 만드는 등 가지각색이다.

또 불상의 머리가 동글동글하게 되어있는 불상이 석가모니의 불상이고 그렇지 않은 것은 다른 유명한 고승의 것이라는 것도 처음 듣는 이야기다.

사원 안에 들어 올 때는 꼭 신발을 벗어야 하는데 비가 와서 고여있는 빗물 속을 걸어 다니니 발이 편하여 피곤이 사라지는 것 같아 기분이 좋다.

지금은 절까지 올라오는 길이 잘 포장되어 있어 자동차로 쉽게 올라올 수 있지만 예전에는 코끼리를 타거나 걸어 올라왔다고 한다. 그것을 1934년 라나 타이(Lanna Thai)의 유명한 고승 크루바 스리위차이(Kruba Sriwichai) 스님이 절로 올라 가는 길을 만들어 많은 신도들로 하여금 쉽게 이 절을 올 수 있게 만들었다. 그래서인지 이 동네의 여러 곳에 그 스님의 동상을 세워 놓고 그 앞에서 사람들이 합장하며 기원 드리는 모습을 쉽게 볼 수 있다.

사원 구경을 끝내고 내려오는데 또 비가 한바탕 들어 붓는다. 아마 우기에는 이런 비가 계속 오나 보다.

메타만 코끼리 농장(Mae Taman Elephant camp)

치앙마이시에서 약 56km 북쪽에 있는 메타만 코끼리농장(Mae Taman Elephant Camp)을 찾았다. 치앙마이에는 이곳 외에 대여섯 군데의 코끼리 농장이 있지만 이곳이 가장 규모가 크다고 한다. 정글을 가로질러 흐르는 메탕강(Mae Taeng River) 기슭에 자리잡고 있는 이 코끼리 농장에는 약 60여 마리의 코끼리와 소를 기르고 있었다.

오전 9시 30분부터 시작하는 코끼리 쇼는 약 한 시간 동안 정글에서 어떻게 코끼리의 힘을 이용하여 나무를 나르는지를 보여주고 또한 온갖 재주를 선 보이더니 코끼리가 화폭에 그림을 그리는 것으로 끝났다.

그리고 손님들에게 다가와 관람객 중 누구든 돈을 들고 있으면 어떻게 알아보는지 긴 코를 내밀어 그 돈을 받아 자기 주인에게 가져다 준다. 또 우리들을 자기 코와 등에 태워 주기도 하며 사례비를 챙긴다. 어떤 종이가 돈인지도 정확히 알고 돈을 준 손에는 자기의 긴 코를 한참 얹고 있어 답례를 한다.

쇼가 끝난 후 코끼리들이 그린 산수화, 정물화, 코끼리 인물화 등은 값이 붙여져 관광객들에게 판매 되며 관광객들은 코끼리를 타고 강을 건너 산 속에 있는 리수(Lisu) 소수 민족들이 살고 있는 곳까지 간다. 그곳에서 리수족들의 살고 있는 동네를 잠시 돌아본 후 다시 소달구지를 타고 돌아온다.

이 프로그램은 점심 식사도 포함되어 있어 그곳의 식당에서 점심 식사를 한 후 대나무로 만든 뗏목을 타고 메탕 강 하류로 내려오며 주변 경치를 감상하였다. 조용한 산 속에 물 흐르는 소리만 들리고 끼억대는 새소리만이 고요한 정적을 깬다. 잠시 속세를 떠나 자연과 더불어 함께하니 신선이 부럽지 않다. 장마 끝에 여행하는 관계로 강물이 썩 맑지 못해 유감이지만 관광객이 적어 홀로 강을 전세 내다시피 내려오며 산새들의 지저귐과 흐르는 물소리를 벗하고 뗏목을 타는 재미는 그 무엇과도 비할 바 아니다.

호랑이 동물원

또한 치앙마이에는 호랑이 동물원이 있다. 깊은 산속에 사는 영물인 호랑이를 가까이서 볼 수도 있고 또 돈을 더 내면 만져 볼 수도 있는 절호의 기회이므로 이 기회를 놓칠 수가 없었다.

나에게는 늘 사자보다는 호랑이가 더 친근감이 가

태국 95

는 동물이었다. 사자는 아시아에서는 볼 수 없는 동물이고 서구나 아프리카에서 사는 동물인데 비해 호랑이는 동양적이며 수없이 보아 온 호랑이 그림과 더불어 할머니들이 손주들에게 들려주는 '호랑이와 곶감', '할멈, 할멈 떡 하나 주면 안 잡아 먹지', '호랑이 수염', '호랑이 이빨' 등 전래동화에 빼놓을 수 없는 주인공이며 우리 곁에서 살아온 친숙한 동물이 아닌가?

그런 호랑이를 바로 이곳에서 만나게 된다. 호랑이들은 아주 어린 아기 호랑이와 청·장년 호랑이 두 종류로 구분하여 큰 우리에 가두어 두었다.

표를 살 때 두 곳을 다 보던지 한 곳만 보던지, 또 어떤 종류의 호랑이를 보는지를 미리 정해서 표를 구입해야 한다. 우리는 청·장년 호랑이를 보기로 하고 들어갔는데 우리 속에 들어 가서 호랑이를 만져보려면 우리 입구에서 돈을 더 내야 한다는 것이다.

밖에서만 보려면 어느 동물원이나 호랑이가 있는 곳은 다 볼 수 있지만 이곳은 무엇가 좀 다를 것이라고 생각했기 때문에 여간 실망이 아니었다.

게다가 환전한 태국돈이 얼마 없어 우리 안에 들어갈 만큼의 액수가 되지 않아 포기를 해야 했다. 멈칫거리며 서 있는 우리들에게 맘씨 좋게 생긴 젊은이가 다가와 어떻게 도와 줄 수 있는지 물었다. 사실 이곳에서 호랑이를 만져 볼 수 있다고 해서 왔는데 돈을 더 내라고 하니 가진 돈도 없고 우리 안내인은 동물원 밖 차에 있어 당황스럽다고 말했더니 그 젊은이는 한국말로 핸드백을 밖에 놓고 들어오라며 호랑이 우리 문을 열어 주었다.

누이가 한국인과 결혼을 하여 매형한테 한국말을 배웠다며 친절하게 호랑이에게로 데리고 갔다. 그 우리 안에는 4마리의 호랑이와 3명의 조련사가 있었다. 우리들은 15분 동안 우리 속에 있는 호랑이

와 함께 있을 수 있다고 한다.

호랑이에게 다가가기 전에 잠시 주의사항을 주는데 절대 호랑이 얼굴 있는 곳으로 가지 말고 꼭 꼬리 쪽으로 가라는 것, 안내원과 함께 행동할 것, 그리고 호랑이 머리는 절대로 만지지 말라고 한다.

겁도 나고 두려워 만지지 못하고 있는 나에게 호랑이 뒷다리 쪽 엉덩이를 만져 보라며 안내원

이 먼저 만진다. 멈칫거리다 그를 따라 살며시 만져보니 꼭 목욕을 잘 하지 않은 개털을 만지는 느낌이랄까! 조심스럽게 호랑이 꼬리를 잡아 들어보니 아주 무거워 만일 이 꼬리로 한대만 맞아도 쉽게 넘어질 것 같았다.

플래시를 사용하지 말고 사진은 찍을 수 있다고 하여 가능한 많은 사진을 찍으려고 해 보았지만 좋은 사진은 몇 장 밖에 나오지 않아 아쉬웠다. 4마리의 호랑이를 다 만져보느라 시간이 훌쩍 지났는지 아니면 호랑이가 자꾸 입맛을 다시는 것이 위험하게 느껴졌는지는 모르지만 조련사가 나가자고 하여 그를 따라 우리 밖으로 나왔다.

우리 밖을 나와 생각해보니 꿈인지 생시인지 모르겠다. 그리도 사나운 호랑이를 내 손으로 쓰다듬고 만져 보았으니 말이다. 이곳에 있는 호랑이들은 모두 이곳 동물원에서 태어나 날고기를 먹이며 키우고 있다고 하지만 조련사들의 팔에 남겨진 수많은 상처들을 보니 여전히 야생동물일 수밖에 없다는 생각을 떨칠 수가 없었다.

와! 그 사나운 호랑이를 내가 만졌다. 내가 호랑이를 만졌다면 아무도 믿지 못하겠지만 말이다. 누가 뭐래도 나는 호랑이를 정말 만져 보았으니까.

치앙라이(Chiang Rai)

이 도시는 1262년에 멩그라이(Mengrai) 왕이 란나타이(Lanna Thai) 왕국을 세울 때 도읍으로 정한 곳이다. 방콕에서는 북서쪽으로 839km 떨어져 있으며 자동차로는 14시간 걸리는 곳이다.
이곳은 해발 2000피트로 방콕보다 약 10도 정도 기온이 낮고 밀림과 나지막한 산들로 둘러 싸여 자연 경관이 아주 아름다운 곳이다. 치앙(Chiang)이란 '도시'라는 뜻이며 라이(Rai)는 '왕'이라는 뜻으로 이 도시는 '왕의 도시'라는 뜻이 된다. 그러나 몇 년 후 란나타이 왕국이 수도를 신도시인 치

앙마이(Chiang Mai)로 옮겨 지금은 그냥 치앙라이 주의 주청 소재지로 남아 있다.

북으로는 버마와 북서쪽으로는 라오스가 메콩강을 경계로 국경을 접하고 있어 이곳을 일명 골든 트라이앵글(Golden Triangle)이라 부른다.

골든 트라이앵글(Golden Triangle)이라 부르는 이곳은 오래전부터 양귀비를 재배하여 아편을 수출하기도 하여 악명이 높았으나 지금은 태국 정부의 단호한 정책으로 양귀비는 볼 수 없고 그 당시의 상황을 설명해주는 박물관만이 남아 있다.

이 도시에 사는 인구 60,000명 중 약 13%가 소수민족으로 파둥, 야오, 아까, 리수, 라후 등이 살고 있고 중국 특히 운난성에서 이주해 온 사람들, 미얀마에서 온 사람들이 함께 어우러져 살고 있다. 태국에서는 가장 많은 소수민족이 이곳에 살고 있기 때문에 그들을 쉽게 만나 볼 수 있었다.

우리는 방콕에서 치앙마이까지는 비행기를 이용했지만 치앙마이에서 이곳까지는 자동차로 이동하며 볼만한 구경 거리가 있는 곳은 들러 구경을 하며 왔다. 삼분(Samboon Travel) 여행사 사장님의 동생인 팥(Pat)이 운전을 맡았다. 한 40세쯤 되어 보이는데 이슬람교를 믿는 분으로 얼마나 눈치가 빠른지 영어로 말은 잘 못해도 우리들이 불편하지 않게 챙겨준다.

1 지금은 사라진 양귀비 들판의 사진
2 치앙라이에 있는 한 스투파

롱쿤사(Wat Rongkhun)

롱쿤사(Wat Rongkhun)라고 부르는 이 사원은 42세의 찰럼차이(Chalermchai)라는 젊은 예술인이 부처님과 태국 왕을 위해 1997년부터 짓기 시작했다고 한다.

약 100여 년 전에 이 동네를 반 롱쿤(Ban Rongkhun)이라 불렀기 때문에 동네 이름을 그대로 따와 사찰 이름을 붙였고 8년이면 완성시킬 수 있을 거라고 생각했는데 내가 방문한 2008년에도 아직 완성 되지 못했다. 왜냐하면 계획이 자꾸 수정되고 더 많은 건물들을 지어야 하기 때문이란다. 이 사찰 안에는 스님들이 사는 집도 지을 계획이라고 귀뜸해 주면서 사원 전체가 모두 흰색을 사용하였기 때문에 '흰 사찰'이라 부른다고 했다.

수많은 수식어를 사용하여 장황하게 한 설명만으로는 상상이 가지 않았지만 막상 내 시야에 나타난 하얀색으로 단장 된 사찰의 건물들을 보는 순간 '아!' 하는 탄성소리와 함께 신비의 도가니로 빠지게 했다. 푸른 하늘에 떠 있는 하얀 뭉게구름과 어우러져 여기가 천국이 아닌가 하는 황홀한 느낌이 들 정도였다.

차에서 내려 들어가는 입구쯤에서 청색 재킷에 사파리 모자를 쓰고 운동화를 신고 가는 중년 남자와 마주쳤다. 안내인이 내 옆으로 다가와 귓속말로 저분이 바로 이 건축물을 짓는 설계자이자 건축가며 화가인 찰럼차이씨라고 하였다.

나는 얼른 그에게 되돌아가 왜 이렇게 건물을 지을 생각을 했느냐고 물었더니 그는 친절하게도 나를 기념품 가게 안에 있는 책방으로 데리고 들어가서 한 권의 책을 주더니 여기에 자세히 썼으니 읽어보라고 대답하였다.

그곳에서 몇 권의 책을 산 후 입장료를 내고 사원을 관람하기 위해

태국 101

내부로 들어갔다. 건물 하나 하나는 그리 크지는 않았지만 많은 조각으로 장식하여 분위기가 신비스러웠고 드문드문 흰 거울조각 장식을 벽에 박아 마치 동화의 나라, 아니 환상의 나라에 와 있는 느낌이 들었다.

우리는 아직 미완성이지만 방문객을 위해 열어놓은 법당으로 발길을 돌렸다. 보통 사찰의 법당은 유리창이 없고 약간 어둡고 무거운 느낌이 나는 것에 비해 이 법당은 교회나 성당처럼 벽 높은 곳에 유리창문을 만들어 그곳을 통해 들어오는 빛으로 인해 아주 환하고 밝았다. 또한 법당 안에는 대리석 비슷한 기둥이 마루 바닥에서 천장까지 높게 세워 전통적인 법당 같은 느낌이 전혀 들지 않는 완전 개혁적인 현대판 법당이었다.

단 한 곳 열려 있는 문을 통해 법당으로 들어가면 마주 보이는 정면 벽에 금색으로 그려놓은 큰 자비로운 부처님의 좌정하신 모습이 있고 그 부처님의 가슴이 있는 곳에 또 하나의 다른 부처님을 흰색으로 그려놓았다.

그리고 그 밑에 하얀 부처님 보다는 조금 작은 금 불상을 앉혀 놓고 그 앞에 원래 이 사원의 스님이 앉아있는 모습을 밀랍 인형으로 만들어져 방석 위에 앉아 있었다.

그러니 제일 뒤에 있는 큰 부처님의 그림부터 점점 작아져 마지막 스님 밀랍인형에 이르는 네 단계의 부처님과 스님은 모두 상석에 있고 줄을 매어놓고 구분하여 방문객이나 신도는 그 상석 밖에서만 예불을 하거나 구경할 수 있었다.

입구 양쪽 벽에는 현재 이 세상에서 일어나고 있는 사실을 풍자하여 코믹하면서도 추상적인 그림을 그려 놓았는데 미국의 9·11때 비행기가 무역 센터에 부딪치며 검은 연기를 내뿜는 악몽의 그림도 그려져 있었다.

아직 실내의 벽화는 완성이 되지 않아서인지 앞으로 그릴 그림에 대한 연필 스케치만 그려져 있었다.

이 법당만이 유일하게 문을 열어놓아 속을 볼 수 있었지만 사진은 찍지 못하게 경비원이 지키고 있어 내부 사진은 찍을 수가 없었다.

이 법당으로 들어가는 입구는 현재 공사 중이어서 자세히 볼 수가 없어 책에 있는 그림으로 대신해야 했다.

이 안에 있는 모든 건축물이 다 비슷한 형태로 지어졌고 정원에 세워놓은 장식물이나 석등, 정자 등도 다 같은 형태로 짓고 있었다. 단지 기념품 가게 옆에 지어놓았으나 현재 사용하지 않는 화장실과 그 옆의 건축물만이 금색과 노랑색의 거울 조각을 사용하고 무늬를 넣어 다른 흰색의 건축물 속에 단연 독특한 분위기를 자아냈다. 뒤편에는 이 건축물을 위한 장식품을 만드는 작업장이 있고 많은 분들이 작업장에서 작업하는 모습을 직접 볼 수 있었다.

아직은 완성 되지 않아 이곳이 어떠한 모습으로 완성될지는 모르겠지만 분명한 것은 머지않아 태국의 명물이 되어 모든 태국 국민이 자랑하는 사원이 될 것이란 확신이 들었다.

내가 다시 태국을 찾아오게 된다면 꼭 이곳에 다시 와서 완성된 사찰의 모습을 보리라 다짐해 본다.

이 동네에 사는 사람들 거의 모두가 이곳

에서 일한다해도 과언은 아닐 정도이다.

자기가 태어나고 자라난 고장을 위해!

존경하는 국왕 폐하를 위해!

또 그가 믿는 자비의 부처님을 위해!

혼신의 힘을 기울여 이 사찰을 완성하려 한다는 찰럼차이씨.

영원히 남을…. 온 국민이 자랑스러워 할…

그래서 이곳을 찾아오는 많은 상처받은 영혼과 육신이 부처님의 자비로운 손길에 위로받고 치료되기를 원한다는 그의 기원이 다 이루어지길 바랄 뿐이다.

구경을 마치고 나오면서 그의 그림을 파는 화랑에 잠시 들려 그가 그린 그림을 감상하였다. 예술을 보는 안목이 없는 나로서는 무어라 평을 해야 할지 모르겠지만 그의 그림을 보고 있노라면 그림 속의 어딘가에 열려있는 환상의 세계로 빨려 들어가 내 마음이 평안해지는 느낌이 들었다.

태국에 사는 소수민족들

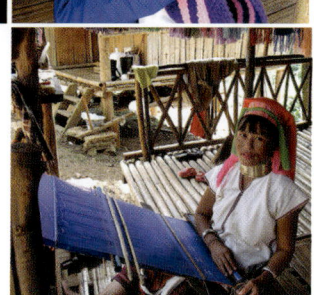

파동(Paduang)족

아련한 마음을 뒤로 하고 우리들은 소수 민족들을 만나기 위해 발걸음을 재촉했다. 이곳은 여러 소수 민족들이 모여 살고 있어 입장료를 내고 들어가면 여러 소수민족을 한 곳에서 만날 수 있게 되어 있어 좀 실망을 했다. 이때까지는 이들을 만나기 위해 그들이 사는 동네를 방문했기 때문이다.

말로만, 그림으로만 듣고 보아왔던 기린처럼 목이 길다는 파동(Paduang)족, 은으로 요란스럽게 장식한 모자를 쓰고 까만 색으로 이빨을 칠한 아까(Akha)족, 진짜 우리 한국사람처럼 똑같이 생긴 인물 좋은 야오(Yao)족, 유난히도 큰 귀걸이를 하고 있는 파롱(Palong)족, 대나무 공예품 등 손재주가 많은 라후(Lahu)족, 붉은 쟁반 같은 모자를 쓰고 다니는 리수(Lisu)족 등이 이곳에서 살고 있다. 이들 소수 민족들은 자기 종족끼리만 모여 살며 다른족과 절대 결혼을 하지 않는다는 것은 불문율이다.

나는 목이 길다는 파동족이 제일 보고 싶었다. 이 파동족은 카렌(Karen)족의 일부로 주로 버마에서 살았었는데 17세기쯤 많은 사람들이 북부 태국, 즉 황금 삼각지(Golden Triangle)쪽으로 넘어와 살고 있다. 그래서 파동족을 일명 '목이 긴 카렌족(Long Neck Karen)'이라 부르며 약 7,000명 정도가 이곳에 살고 있다. 독특한 목걸이를 오랫동안 착용해 목이 길어져 그리 불리는데 이 목걸이를 하게 된 동기에 얽힌 여러 이야기가 사실인지 아닌지 진위 여부는 알 수 없으나 아직도 그들 사이에 구전으로 내려오고 있어 소개하려 한다.

첫 번째 이야기는 원래 파동족의 선조 할머니는 반은 여자이고 반은

용의 몸을 가진 반려반용 이었는데 이 용은 목이 길어 아주 예뻤다고 한다. 파동족들은 그 긴 목을 가진 선조 할머니처럼 아름답게 보이기 위해 목걸이를 하기 시작했다는 설이다.

두 번째 이야기는 옛날 산 속에 살던 파동족 중 특히 여자들이 맹수들에게 목이 물려 죽는 일이 비일비재하게 일어나자 이 마을 족장께

서 인명을 구할 방법을 강구하기 시작하여 만든 것이 바로 이 목걸이이다.

세 번째 설은 여인들의 목을 길게 만들어 예쁘게 보이지 않게 하여 다른 부족 사람들이 여인들을 잡아 노예로 팔지 못하도록 하기 위해 목걸이를 했다는 이야기이다.

마지막 설은 긴 목을 갖는다는 것이 이들에게는 미의 척도가 되고 금속 목걸이는 부의 척도가 되므로 더 좋은 배우자를 만나기 위해 여인들이 자신 스스로 했다는 것이다.

이곳의 여자 아이들은 5세가 되면 1cm 두께의 넓이로 만든 금목걸이 2개를 코일(coil)처럼 목에 딱 맞게 만들어 채운다. 아이들이 자라면서 목도 길어져 2~3년 마다 코일 링처럼 만들어진 목걸이를 2~3개씩 더 추가하여 목에 건다.

이렇게 계속 하다 보니 성년이 된 여자들은 25개 내지 28개의 목걸이를 하게 되고 15파운드나 되는 무게를 하루 종일 목에 걸고 다니게 된다. 지금까지 발견 된 가장 긴 목걸이는 약 30cm이고 무게는 25kg 이라고 한다.

이렇게 긴 목걸이를 하는 여인일수록 자기들의 지위가 올라간다고 생각하기 때문에 자랑스럽게 이 목걸이를 하고 다닌다고 하였다. 어깨에서 턱 밑까지의 목은 모두 이 쇠목걸이 속에 있어 우리처럼 고개를 숙인다거나 뒤로 젖힌다는 것은 상상할 수도 없을 것 같다. 그래서 물을 마실 때도 빨대를 이용하며 힘든 농사일은 할 수가 없다.

성년의 여자들에게 이 목걸이를 떼어 버린다면 목뼈는 머리의 무게를 지탱할 수 없어 목이 부러지는 일이 일어날 수도 있다고 한다. 또 양팔과 양다리에도 이 굵은 코일 링(coil ring)을 하는데 이 금속의 무게 역시 만만치 않다.

한쪽 팔과 다리에 각각 6개 정도의 코일 링을 하고 양쪽 다리까지 하면 모두 24개를 하게 되는 셈이다. 그래서 한 여인이 평균 25파운드 정도의 무게를 일평생 지니고 살게 된다.

한 번 끼운 목걸이는 제거할 수 없고 평생 이것을 착용하여 견장 뼈가 눌려 목이 길어 보이는 것이지 사실 목이 늘어난 것은 아니라고 설명한다. 그러나 불륜을 저지른 여인들은 이 목걸이를 제거하여 죽을 때까지 양 손으로 머리를 붙들고 살아야 하는 고통스러운 벌을 주었다고 한다.

목걸이를 한 여인들이 이야기를 할 때는 금속 목걸이가 성대와 함께 울려 우물 속에다 소리 지를 때 들리는 공명 같은 소리가 들린다고 하였다. 예전에 사용하던 금은 값이 비싸서 어느 때부터인지 금 대신 놋(brass)을 사용하였으며 지금은 이 목걸이를 만들어 끼우는 장인마저도 몇 명 밖에 남아 있지 않다.

옛날에는 모든 여자들이 목걸이를 해야 했지만 지금은 선택할 수 있다. 그러나 자기 종족의 상징적인 목걸이를 선택하는 어린 아이들이 의외로 많음을 보고 놀랐다. 힘든 일을 할 수 없어 주로 베틀에 앉아 베를 짜서 예쁜 숄이나 스카프를 만들어 팔았다.

이 부락 한쪽에 세워진 학교 입구에는 기부금통이 매달려 있는 것을 보아 이곳을 방문하는 사람들의 기부금으로 학교가 운영되고 있는 것 같다.

영롱하고 선한 눈망울, 사슴처럼 긴 목 그리고 너무도 당당해 보이는 파동족! 노천명 시인의 '모가지가 길어서 슬픈 짐승이여'로 시작하는 '사슴'이란 시 때문인지 그들의 눈망울이 더 슬퍼 보였는지도 모르겠지만….
우리들은 눈시울을 적시며 무거운 마음으로 그들과 작별했다. 그곳을 떠난 후에도 나를 빤히 쳐다보던 단발머리 소녀의 맑은 눈동자는 오랫동안 내 가슴 속에 남아 있었다.

아까(Ahka)족

아까족은 티벳, 미얀마, 라오스, 그리고 북부 태국에 흩어져 살고 있고 지금 태국에는 약 20,000명 정도의 아까족이 치앙마이, 치앙라이 부근에 흩어져 산다.
그들의 상징인 나무 대문을 들어서니 몇 명의 아까족 할머니들이 그들 고유의 의상을 입고 독특한 모자까지 쓰고 처마가 낮은 집마루에 걸터 앉아 있었다.

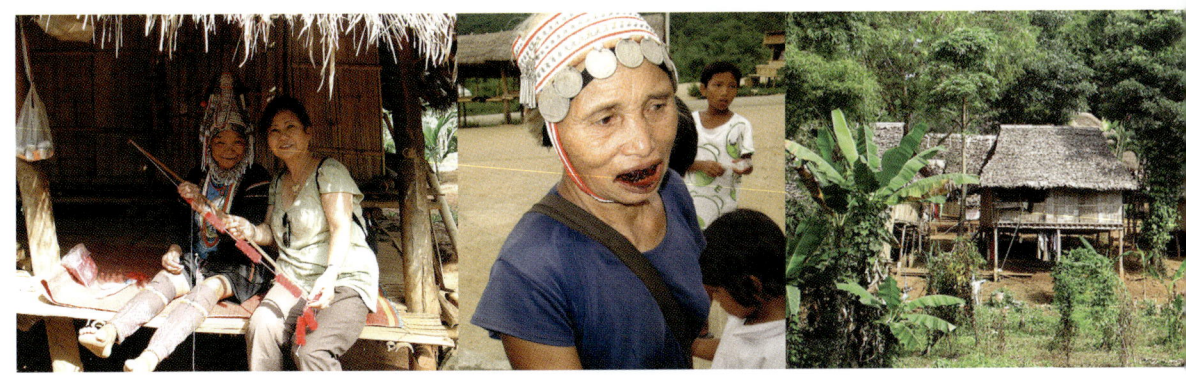

그들은 닭의 부드러운 털을 가지고 여인들이 쓰는 모자에 장식할 장식품을 만들고 있었다. 나를 보고 웃는 그들의 모습에서 놀랍게도 치아가 모두 까만색으로 물들어져 있음을 보았다. 아마 무엇을 씹어 그리 물들어진 것 같았다. 그 이유는 안내인도 모르겠다고 한다.

태국 109

그들은 한결같이 예쁘게 수놓은 검은 재킷에 통이 넓은 반바지를 입고 다리에는 팔에 끼는 토시 같은 것을 하고 구슬과 동전 등으로 빈틈없이 장식한 모자를 쓰고 있었다.

이들은 이 모자를 벗으면 악령이 머리를 통해 몸으로 들어온다고 믿어 평상시는 물론 잘 때도 모자를 쓰고 잔단다. 이들의 체격은 너무 작아 함께 서 있는 나는 완전히 거인이 된 것 같다.

몇 집을 지나 동네 사람들이 함께 모이는 공동 회당으로 안내되어 벽 쪽으로 마련된 관람석에 앉았다. 이 회당에서는 여러 명의 남녀 아까족들이 방문하는 사람들을 위해 회당 가운데 서서 고유 노래와

악기를 연주하며 환영해 주고 짧은 공연이 끝난 후에는 아까족들이 만든 기념품을 진열해 놓은 곳으로 안내되어 그들의 고유 의상과 장식품, 공예품을 구경하고 살 수도 있다. 나는 이곳에서 모자와 핸드백을 샀다.

물건을 팔아주어 고맙다고 덥석 내 손을 잡던 할머니의 거친 손이 유난히도 정겹게 느껴졌다. 마치 허리가 휘어지게 농사일에 매달려 거칠어진 우리네 할머니의 손처럼….

야오(Yao)족

야오(Yao)족은 체격도 우리와 비슷하고 생김새도 비슷하여 말만 통한다면 마치 한국의 시골 동네 아주머니들과 함께 있는 느낌이 들 정도였다.

이들은 글을 가지고 있는 유일한 소수 민족인데 이곳에 약 60,000명의 야오족이 살고 있다. 긴 검은 천에다 밝은 색상의 실로 십자수를 놓은 쪽이 앞으로 오게 접은 멋들어진 터번같은 모자며 온통 십자수를 빼곡히 놓아 자세히 보지 않으면 프린트 한 것 같은 통이 넓은 고쟁이와 같은 바지 위로 하와이의 레이처럼 목 둘레를 빨간 털실로 장식한 검은색 두루마기 비슷한 윗옷을 입고 있다.

물론 이들은 다 자기가 길쌈을 하고 물감을 들이기 때문에 검은 색상의 천에다 예쁘게 수를 놓고 은구슬이나 은동전 등을 옷에 장식하여 멋을 낸다.

여자들은 어려서부터 자수를 배우고 남자들은 수를 잘 놓은 여자를 결혼상대자로 선호한다고 한다. 십자수의 달인들이라고 하더니 역시 기념품 가게에 있는 많은 물건들도 거의 모두 십자수를 놓은 수예품이었고 값도 만만치 않았다.

옷 몇 가지가 걸려있어 만지작거리니 입어보라고 부축인다. 기왕에 이곳까지 왔으니 야오족의 옷도 입어 보고 모자도 한번 써 볼 생각이다. 옷은 온 식구가 나누어 입어도 될 만큼 큼직하게 만들어져 누가 입어도 허리만 묶으면 되게 만들어져 있었다.

나는 그냥 입은 옷 위로 야오족의 옷을 입은 후 모자를 씌워 달라고 하자 자기 모자를 풀고 다시 메는데 시간이 오래 걸린다며 간단하게 만들어 놓은 모자를 쓰라고 하여 하는 수 없이 그 모자를 써 보았다.

지금 나의 모습은 누가 봐도 영락없이 야오 여인이다. 자기들도 웃으며 나를 보고 "야오" "야오" 한다. 이참에 이곳에서 이들과 어울려 살아도 좋을 것 같다. 아예 이곳에 눌러 앉아 볼까?

라후(Lahu)족

라후(Lahu)족은 중국의 한족을 많이 닮은 듯 하였다. 약 200년전 부터 티벳에서 중국으로 그리고 미얀마, 라오스, 월남, 태국 등지로 흩어져 높은 산 속에서 쌀, 강냉이 농사를 지으며 자기들끼리만 모여 살고 있다.

라후족은 붉은 라후(Red Lahu), 노랑 라후(Yellow Lahu) 그리고 검은 라후(Black Lahu)족으로 나뉘며 약 20,000명이 북부 태국에서 살고 있다.

넓적하고 둥근 얼굴로 인심이 후덕해 보이는 아저씨, 아줌마의 인상이었다. 대부분의 소수민족들은 여자들이 많은 일을 하는데 비해 라후족은 남녀가 서로 도우며 집안일을 분담해서 하고 있다.

의상은 아까족과 비슷하지만 아까족의 화려한 의상에 비해 수를 놓

은 것이나 장식물이 매우 단조로워 독특한 느낌은 없었다. 그들의 대나무 공예는 특출한데 특히 대나무 컵은 친환경 시대를 살고 있는 우리들이 애용하면 좋을 것 같다.

대나무 컵은 뜨거운 물을 담아도 그리 뜨겁게 느껴지지 않고 또 오랫동안 그 온도를 유지하여 커피잔으로도 손색이 없다. 어린 아이들은 부모님들과 같은 의상을 입고 옆에서 놀고 있었는데 그들만의 고유관습을 지키고 있는 듯하여 보는 이의 마음도 흐뭇했다.

소수 민족들은 자기들의 고유 토속 신앙을 갖고 있는데 이 라후족은 외국 선교사들의 선교에 힘입어 많은 사람들이 크리스천으로 개종한 소수 민족 중 하나라 한다.

파롱(Palong)족

유난히도 큰 귀걸이를 해서 다른 소수 민족과 구별이 되는 족이 파롱(Palong)족이다. 빨간 색상의 쓰랑(Salons) 같은 치마에 붉은 색상의 깃을 단 남색 상의를 입고 넓은 은(silver) 벨트를 매고 많은 소수민족들이 쓰는 모자 대신 그냥 스카프를 썼다.

다들 나가고 텅 빈 파롱 동네에는 두 여인과 몇 명의 아이들만이 대나무

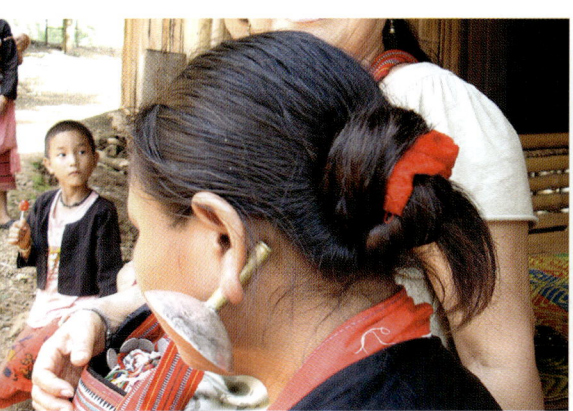

로 만든 집을 지키고 있었다.

파롱족 여인들의 귀에는 술잔 크기의 귀걸이가 매달려 있었고 이 은술잔 같은 귀걸이는 너무나 크고 무거워 귀 밑으로 쳐져 있다. 궁금해하는 나에게 자세히 보도록 귀를 보여주는데 귀에 뚫린 구멍이 어찌나 큰지 새끼 손가락 굵기만 하다.

아직도 애기티를 벗지 못했는데 벌써 두 아이의 어머니란다. 로션 한번 발라본 적이 없는지 까무잡잡한 얼굴에 생긴 기미가 안스럽다. 나는 쓰던 로션을 꺼내 딸 같기도 한 아기 어미의 얼굴에 발라주며 매일 바르라고 하니 여인의 얼굴에 웃음이 가득하다.

리수(Lisu)족

리수족은 이 소수민족이 사는 동네에 살고 있지 않아 그들을 만나기 위해서는 코끼리를 타고 그들이 살고 있는 산 중턱 마을로 올라가야 했다.

동네로 갈 수 있는 자동차 길이 없음은 물론이다. 쟁반같이 둥근 틀에 굵고 빨간 수실로 엮어 매운 다음 한 두 곳에 나머지 수실을 내려뜨리고 둥근 부분을 구슬과 꽃으로 장식한 독특한 모자를 쓰고 있다. 마치 꽃을 머리에 이고 다니는 듯 하였다.

은 조각으로 장식한 아이들의 모자도 귀엽고 독특한 장식의 은 목걸이도 눈길을 사로 잡는다. 이들 역시 티벳과 버마 쪽에서 건너 왔다고 하는데 현재 약 55,000명이 태국 북부에 살며 주로 농사를 짓는다.

황금 삼각지 (Golden Triangle)

내가 이곳에 간다고 친구들에게 말하였을 때 친구들은 그곳에 가면 나지막한 산등성이엔 양귀비 꽃이 만발하고 길거리에서나 집에서 아편을 피우는 사람들을 쉽게 볼 수 있으며 아편도 손쉽게 구입할 수 있을 거라고 하였다.

이 황금 삼각지는 1950년부터 세계 최대의 아편 생산지였기에 그 말은 사실이었을 수도 있다. 그러나 현재는 태국 정부의 강경한 정책으로 아편꽃이 피어있던 자리는 농경지로 또는 티크나무가 빼곡히 들어선 삼림으로 변했고 아편 꽃을 키우던 사람들과 어른이 된 그들의 자녀들 일부는 도시로 이주했고, 어떤 이들은 그곳에서 농사를 짓고 있었다.

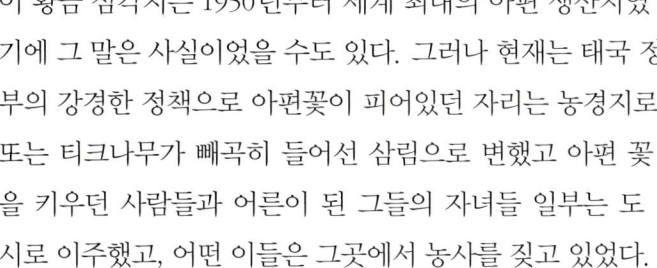

태국과 미얀마 국경 검문소

350,000평방 킬로나 되는 면적을 차지하는 이 황금 삼각지 중심부는 미얀마, 라오스 사이로 흐르는 메콩(Mekong)강과 미얀마와 태국 사이로 흐르는 루악(Ruak)강이 합류하는 장소이다.

히말라야의 눈 녹은 물이 티벳 고원을 지나 강물이 되어 흘러내려와 시작된 메콩 강은 중국, 버마, 태국, 라오스, 월남 그리고 캄보디아 이렇게 6개국을 거치며 흐르는 사이에 아시아에서는 제일로 긴 강이 되었다.

미얀마와의 국경 검문소가 있고 황금 삼각지를 볼 수 있다는 삽루악(Sop Ruak)에 들어오니 작은 도시인데도 활기가 넘친다. 큰 길 양 옆에 빼곡히 들어있는 기념품 가게와 난전상들이 그야말로 문전성시를 이루고 있다.

이곳은 미얀마로 들어가는 국경 경비소가 있어 비자가 있는 사람들만 이 다리를 통과할 수 있는

삽루악의 중심지

태국 115

데 고작 20여 미터도 되지 않는 다리만 건너면 미얀마다. 다리 건너로 마얀마의 국경 동네가 한눈에 보인다.

모양새로 봐서는 태국사람과 미얀마 사람의 구별이 쉽지 않았다. 사람들은 이 다리를 지나 왔다갔다하며 장사를 한다니 이 도시에도 미얀마에서 온 상인이 제법 많이 있을 터인데 내 눈에는 구별이 되지 않는다.

국경 검문소 왼쪽으로 난 길을 따라 내려가니 다리가 더 잘 보인다. 사람들이 걸어 다니기도 하고 자전거를 타고도 다니지만 자동차는 눈에 별로 띄지 않았다.

왼쪽으로 폭 좁은 강이 국경 다리 밑으로 흐르고 약 10m 폭의 강을 사이에 두고 두 나라가 마주보고 있는 것이다. 나는 1,000바트($1=30baht)의 요금을 지불하고 배를 빌려 황금 삼각지의 시뻘건 황토물이 흐르는 강으로 나갔다.

이 배는 한 사람밖에 앉을 수 없을 만큼 좁고 길어 배의 선두에는 남편이 두 번째는 안내인이 세 번째는 내가, 배 뒤쪽에는 뱃사공이 앉았다. 배 모양은 태국 전통형식이지만 배 뒤에 모터가 달려있어 편리하다.

이 배는 모두 5명이 탈 수 있지만 사람이 많으면 큰 배를 빌려 탈 수도 있고 사람 수에 따라 배를 선택할 수 있다. 엔진을 걸으니 쌩~하고 황토빛 강물을 가르며 미얀마 쪽으로 날라간다.

강 건너편 미얀마 쪽에는 파라다이스라는 호텔이 있고 호텔 안에 '윈 윈(win win)'이라는 카지노가 있다. 호텔에서 카지노를 하기

원하면 태국 국경에서 간단하게 패스만 받으면 된다.

그러나 이 패스는 꼭 윈윈 카지노에만 갈 수 있기 때문에 카지노 호텔 측에서 손님을 국경에서 호텔까지 직접 차로 모시고 가고 또 다시 모시고 온다고 하였다. 그러니 우리를 태운 배는 잠시도 머물 수 없다는 것이다. 단지 배를 댈 수 있는 선착장 가까이에서 잠시 섰다가 다시 뱃머리를 돌리는 수 밖엔….

붉은 지붕에 현대판 란나(Lanna)식의 건축양식으로 지어진 호텔이 메콩(Mekong)강과 루왁(Ruak)강 사이에 자리잡고 있고 이 호텔 부지 끝에서 두 강이 합류하여 메콩 강으로 이어진다. 호텔에서 일하는 사람들이 손을 흔든다.

이렇게 간단하게 미얀마를 둘러보고 배는 다시 라오스 쪽으로 내려갔다. 미얀마와 달리 라오스에서는 비자 없이도 내려서 다닐 수 있지만 시간 제한도 있고 입국비도 일인당 20바트를 내야 했다.

우리가 내린 곳은 라오스의 북서부 메콩 강 옆에 있는 돈사오(Donsao)라는 동네다. 그곳에는 뱀술, 장식품, 라오 담배 등을 파는 기념품 가게가 즐비하고 특히 상아로 만든 아편을 피우는 담뱃대도 팔고 있었다. 라오 여인들만이 만든다는 이불 덮개를 사서 배로 돌아 왔다.

지난 두 번에 걸친 라오스 방문 때 구입해 사용 해보니 값도 저렴할 뿐만 아니라 순면에 손수로 만든 것이라 여름 이불로 사용하기 좋아서 기회가 있으면 더 사고 싶었던 물건이였다.

몇 시간 만에 두 나라를 보고 다시 태국으로 돌아왔다.

배를 타고 있을 땐 그래도 강바람에 시원했는데 배에서 내리니 얼마나 더운지 온 몸이 땀으로 목욕한 것 같다. 얼굴에 땀이 많이 흐르는 남편은 아예 수건을 이마에 매어 땀이 눈으로 들어가지 못하게 하고 다녔다.

우리는 아편 박물관으로 갔다. 바로 절 옆에 박물관이 있고 예외 없이 태국 국왕과 왕비의 사진이 걸려 있었다. 박물관 안에는 양귀비와 황금 삼각지 그리고 소수민족 특히 파동족 목걸이에 대한 자료가 전시되어 있었다. 그리고 양귀비에서 축출한 아편, 즉 헤로인에 대해 자세하게 설명하였다.

기원전 350~323년즈음 알렉산더 대왕(Alexander The Great)이 양귀비를 중국과 인도에 들여왔다고 한다. 특히 영국은 아편을 가지고 중국으로 들어와 막대한 부를 축적했고 이 아편은 중국의 부유층들 사이에 전유물이 되다시피 해 영국과 중국은 '아편전쟁'을 치러야 했다.

물론 이 전쟁에서 중국은 패했고, 결국 아편이 중국을 파멸로 이끌어 간 원인이 된 것이다. 이렇게 중국 전역으로 퍼진 아편바람은 중국에 살던 소수민족들에게도 예외는 아니었다. 그래서 그들이 옮겨 다니는 지역으로 양귀비를 들고 다니며 재배하여 의료 시설이 없는 소수 민족들의 비상약으로 또는 기호품으로 자리매김을 했다.

사실 이 헤로인은 '만병통치의 약' 또는 모든 '약의 아버지'라 부르지 않는가? 중국에서 살던 소수 민족들이 여러 가지 사정으로 인해 남쪽으로 내려와 미얀마를 비롯하여 태국, 라오스 경계 지역인 산 자락에 자리잡고 살게 되었다. 그리고 그들은 이 양귀비를 재배하여 생계에 보태고 담배 대용품으로, 비상약으로 사용하게 된 것이다.

당나라 현종의 왕비 '양귀비'가 그리도 아름다워 현종을 사로 잡았고 그로 인해 멸망했다는 이야기와는 전혀 다른 아까족들 사이에 내려오는 양귀비 꽃의 전설을 소개하려 한다.

옛날 옛적 어느 마을에 마음씨 곱고 아주 예쁘게 생긴 처녀가 살았는데 이 인근 동네의 7명의 총각들이 모두 이 여자와 결혼하기를 원했다.

그러나 어찌 7명의 남자와 결혼을 할 수 있겠는가? 그렇다고 한 명을 선택하면 다른 6명의 남자들은 어떻게 할 것인가? 나머지 남자들이 질투심에 서로 죽이거나 하지 않겠는가 라고 생각한 이 처녀는 나만 죽으면 이 남자들이 다 잘 살 수 있을 것이라고 생각했다. 죽을 결심을 한 후 식구들에게 만일 자기가 죽게 되면 묘를 잘 관리해 달라 부탁하고 스스로 목숨을 끊었다고 한다.

그런데 그 이듬해 무덤 위에 예쁜 꽃이 피어난 것이다. 그리고 누구든 이 꽃의 수액을 먹으면 자꾸 더 먹고 싶어지고 또 괴로움을 잊을 수 있기에 끊을 수 없는 마력이 있는 것을 알게 되었다.

그래서 지금도 중독성이 강한 헤로인을 하게 되면 쉽게 끊지 못하고 패가망신하는 예가 다반사다. 이에 많은 나라에서는 헤로인 사용을 금하고 있는 반면 통증을 잊게 하는 진통제로 사용하고 있다.

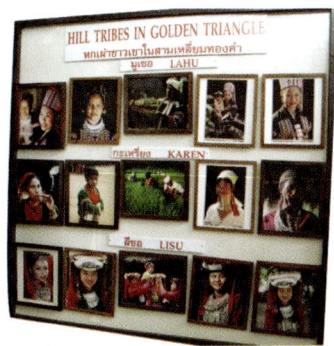

또 다른 전설은 얼굴이 아주 예쁜 처녀가 살았는데 몸에서 고약한 냄새가 나 어떤 총각도 구애를 하지 않아 스스로 목숨을 끊었다. 그런데 그녀의 무덤에 양귀비가 피어났다라는 비슷비슷한 전설이 내려오고 있다. 또 길가에 묘를 쓴 할머니의 묘에서 피어난 꽃이라는 이야기도 있다.

동남 아시아를 여행한 사람들은 쉽게 접할 수 있는 것 중에 하나로 크기가 작은 것부터 조금씩 크게 만든 5마리의 코끼리나 소를 만들어 작은 쟁반에 담아 파는 것을 볼 수 있다.

처음에는 장식품인 줄 알고 사왔는데 이 박물관에서 그것들이 아편이나 금·은 등을 다는 저울추인 것을 알게 되었다. 그리고 예쁘게 조각한 물소뿔이나 상아로 만든 조그만 이쑤시게 같은 통은 아편을 넣는 통인 것을 이곳에 와서야 알게 되었다.

사실 양귀비 꽃이 들판에 흐드러지게 피어 있을 것을 기대하고 왔을 많은 관광객들은 물론 나 자신도 한 송이의 양귀비 꽃조차 볼 수 없다는 것에 대한 실망이 이만저만이 아니었다.

아편을 재는 여러 종류의 저울

지금 미얀마는 세계 제 2의 아편 생산 국가라는 오명을 씻지 못하고 있다. 반정부 세력들이 자금을 확보하기 위해 양귀비를 재배한다니 빨리 정부가 안정되어 아편 공급이 줄어 들었음 하는 바람이다.

점심 식사를 하러 들어간 식당의 이층 발코니에 매달아 놓은 장식물이 귀엽다. 나무를 깎아 벌레 모양을 만들고 그 꼬리 부분에 3개의 새 깃털을 달아 프로펠러처럼 바람에 돌아가게 만들었다.

생강과 배추, 무, 버섯을 넣어 끓인 시원한 맛이 나는 맑은 야채국, 빨간 피망에 버섯과 견과류를 넣어 볶은 야채 요리, 튀긴 두부로 한 요리, 하얀 쌀밥을 배불리 먹고 붉은 황토 물이 흐르는 메콩 강가로 갔다.

강 둑에 앉아 강물에 손과 발을 담그니 시원한 물이 살에 닿아 좋은 느낌을 준다. 메콩강을 따라 치앙샌(Chiang Saen)이라는 동네에 들려 유서 깊은 사찰을 구경하고 다시 치앙라이로 돌아왔다.

아유따야(Ayutthaya)

아유따야는 방콕에서 86km 북쪽에 있는 유서 깊은 역사를 간직하고 있는 도시로서 1350년에 세워 1767년 버마와의 전쟁에서 패해 몰락하기까지 417년 동안 34명의 왕이 계승되어 온 아유따야 왕국의 중심지였다.

우리 나라 경주에서 많은 신라의 유물과 유적을 만나볼 수 있는 것처럼 이곳 또한 많은 유적이 남아 있어 그 당시의 생활과 문화를 쉽게 접할 수 있는 곳이다.

천연두가 창궐해 많은 사람들에게 전염 되기 시작하자 병을 피하기 위해 이곳으로 피신 온 우통왕(king U-Thong)에 의해 1350년에 세워진 도시라 한다.

이곳에는 방파인(Bangpa In)이라는 왕족들이 여름 피서를 오는 왕궁이 있고 여러개의 고 사찰들이 있으며 누워있는 부처님의 조각이 있는 공원 등 많은 유적이 있어 유네스코에서는 이곳을 역사적 유적지로 지정하였다.

태국을 방문하는 많은 관광객은 방콕에서 아침 일찍 자동차로 출발하여 이곳을 구경한 다음 다시 자동차를 타고 돌아 가기도 하고 또는 이 도시를 흐르는 차오 프라야(Chao Phraya) 강을 따라 배를 타

고 배에 준비된 저녁을 먹으며 강 주변에 있는 사원이나 유적들을 보고 방콕으로 돌아오는 디너쿠르즈 코스를 이용하기도 하는데 우리도 자동차로 갔다가 배로 내려오는 코스를 이용했다.

아유타야 방문에 같이 동행한 안내인 와스나(Wasna)는 '대장금', '마이걸' 등 한국 드라마를 무척 좋아하는 40살의 체격이 조그마하고 야무진 노처녀이다. 살아있는 역사책처럼 태국의 역사를 줄줄이 꿰고 있어 1000년을 지켜온 쑤코타이전(Pre Suchkothai 시대라 함)에 있었던 나라에서부터 타이의 글을 만든 쑤코타이(Suchkothai) 왕국(1238~1479), 아유따야(Ayutthaya) 왕국(1350~1767), 한 명의 왕밖에 없었던 돈부리(Thonbri) 왕국(1767~1782) 그리고 1782년에 세워진 챡크리 왕조의 라마 1세부터 시작해 라마 9세로 계승된 현재의 타이왕국까지 자세하게 설명할 뿐 아니라 년대까지 빼지 않고 이야기해 주어 태국을 아는데 많은 도움을 주었다.

나는 여행하는 도시마다 그 도시를 잘아는 안내인을 이용한다. 사실 방콕에서 왕궁을 갈 때도 불교 문화와 역사, 정치, 타이 건축에 대해 많이 알고 있는 왕궁 전담 여행 안내인이 우리와 함께 했었는데 여행객들에게는 그 나라를 아는데 많은 도움을 준다.

옛날의 타이랜드(Thailand)는 여러 왕국이 있던 나라였기에 간혹 년대가 중복 되어 혼동이 올 수도 있다. 예를 들어 1569년 쑤코타이가 버마의 침략을 받아 15년을 속국으로 지낸 적이 있는데 그 당시 쑤코타이 왕의 누이 동생인 공주는 정략적으로 버마 국왕의 아내가 되었고, 왕의 동생인 왕자는 버마로 끌려가 인질로 15년을 살다 후에 고국으로 돌아와 버마와 싸워 아유따야 왕국을 되찾은 역사를 들려 주었다.

이렇게 서로 다른 왕국이지만 그 당시에는 왕족들간의 근친 결혼으로 서로 서로가 형제이므로 싸움을 하지 않고 자기들의 왕국을 잘 지켰다고 한다. 이들은 버마와 수많은 전쟁을 해왔기 때문인지 지금도 버마와 사이가 좋지 않다고 귀띔해 주었다.

오랜 세월 동안 이루어졌던 왕족들의 근친 결혼으로 인해 왕자나 공주에게 이상한 질병이나 정신 질환이 많이 생기게 되자 라마 6세 때부터는 근친 혼인을 하지 않는다고 한다.

방파인 여름 궁전(Bang Pa In Summer Palace)

방콕을 떠난 지 한 시간 남짓 걸려 우리는 아유따야 시대에 지은 방파인 여름 궁전(Bang Pa In Summer palace)에 도착했다. 이 궁은 17세기에 차오 프라하 강 안에 있는 방파인이란 섬에 지었다.

입장료 100바트($3)를 내고 정문으로 들어가니 왼쪽으로 시원하게 뿜어내는 분수가 있는 직사각형의 호수가 있고 호수와 길 사이에 돌로 지어놓은 아주 작은 사원이 있다.

한 두명 밖에 들어갈 수 없는 이 작은 사원은 캄보디아, 씨엠릿(Siem Reap)에 있는 앙코르 왓트(Angkor Wat)와 매우 비슷한 건축 형식이었다. 강물을 끌어들여 와서인지 건축물 주위가 모두 물로 둘러 싸여 있었다.

계속해서 들어가면 정사각형 모양의 호수가 나오고 그 호수 한 가운데에는 타이 전통 건축양식으로 지어진 정자가 있는데 방콕 왕궁에 있는 정자와 같은 모양이라 한다. 그 정자 안에는 라마 5세의 동상이 있고 계속해서 더 들어가면 오른쪽으로 왕족들이 살던 집들이 나오는데 관람인들에게는 개방하지 않았다.

궁 뒤편으로 중국 상인들이 1877년 모든 재료를 중국에서 가지고 와서 태국 왕을 위해 지었다는 황금색 기와를 얹은 중국식 2층 건물이 보인다. 1938년 화재로 전소된 것을 라마 9세가 왕비를 위해 1996년에 다시 재건하였다고 한다. 이 목조 건물의 아래층은 문을 열어놓았지만 안

으로 들어 갈 수 없고 밖에서만 볼 수 있게 하였고 이층에 있는 여러 개의 침실은 개방되어 있었다.

이 왕궁을 위한 망루도 있었는데 마치 노트르담 성당의 종각을 올라가는 계단처럼 계속해서 빙빙 돌며 올라가게 지었다

중국식의 건물과 유럽풍의 건물이 란나 타이의 건물들과 어우러져 있는 이 별장은 큰 호수와 물길을 만들어 왕족들이 뱃놀이를 할 수도 있게 만들어졌다.

방콕과 아유따야는 차오 프라야 강으로 연결되어 있어 그 당시엔 배로 이곳을 다녀가곤 했다고 한다. 그러나 배를 타고 이곳으로 오던 왕후와 세 아이들이 물에 빠진 익사 사고가 나서 왕은 그들의 죽음을 애통해 하며 아내와 아이들의 석상을 만들어 이곳에 세워 놓았다.

넓은 정원에는 아름답게 손질된 코끼리를 비롯해 동물 모양을 한 정원수들로 가득했다. 물과 잘 다듬어진 정원 그리고 예쁜 집들이 마치 한 폭의 그림 같았다.

마하탈 사원(Wat Maha That)

아유따야의 심장부에 자리잡고 있고 과거 600여 년 동안 아유따야 백성들의 정신적 지주 역할을 해 왔던 마하탈 사원(Wat Maha That)으로 갔다. 1767년 버마와의 전쟁에서 거의 다 파괴된 사원을 보수 하지 않은 채 그대로 관광객들에게 보여주었다. 1374년 라자티랄 1세(Rajathirat 1)가 이 사원을 짓기 시작하여 라메수완(Ramesuan) 왕 때 완성됐다고 한다.

이 사원은 예불을 하는 부처님을 모시는 법당은 물론 아유타야 시대의 불교계 제일 높으신 스님을 비롯하여 다른 스님들이 기거할 수 있는 집도 있었다고 한다.

입장료로 30 바트($1)를 지불하고 들어가니 얇은 빨간 벽돌과 벽돌 사이에 시멘트를 사용해서 지은 크메르(Khmer) 식의 건축물들이었다. 언뜻 보기엔 앙코르 왓트(Angkor Wat)에 있는 건물들과 비슷하다는 느낌을 받았.

부처님의 유물을 안치하려고 지은 프랑(prang)이라고 불리는 파고다(Chedi)는 아직도 그 위용을 나타내며 서 있었지만 다른 건축물, 장식품 그리고 조각품들은 어느 것 하나 제대로 남아있지 않았다. 좌정한 부처님의 석상도 사원 중심부쯤에 있는 것 하나만이 온전하고 사원 주위로 안치한 불상들의 얼굴은 물론 팔, 몸 윗부분이 다 떨어져 나가 모두 없

어진 채로 조금씩 남아 있었다.

그나마 습한 기후 탓인지 불상의 색깔이 검게 변한 모습으로 남아있어 슬프기조차 하였다. 여기를 가도 저기를 가도 전쟁으로 인해 부서져 버린 사원의 조각들이 복원 될 날들을 기다리며 땅에 뒹굴고 있다.

모아놓은 벽돌들이 여기 저기 눈에 뜨인다. 구름 한 점 없는 푸른 하늘 아래 폐허가 되어 버린 이 아름다운 사원은 언제 다시 소생될까? 허물어진 붉은 벽만 남아있는 그래서 사원인지 조차 알아볼 수도 없게 된 사원만이 한 시대의 영화를 말없이 대변해 주고 있었다.

사원 앞에는 커다란 보리수 나무 한 그루가 자라고 있었다. 그리고 그 나무 뿌리 속에 돌로 만든 불상의 머리가 박혀있었다. 신기하게도 얼굴 정면은 하나도 파손되지 않았고 뿌리도 얼굴 주위로만 둘러 싸여 있어 자비로운 부처님의 얼굴을 생생하게 볼 수 있다. 관광객들은 이 불가사의한 부처님의 머리 앞에서 사진을 찍으려고 긴 행렬을 만들었다. 그 부처님 얼굴 앞에서는 모든 사람이 앉아서만 사진을 찍을 수 있다. 서서 사진을 찍으려고 하면 불경스럽다고 옆에 있는 경비에게 주의를 받는다. 정말 신기하다. 무성하게 자라는 나무 조차도 부처님의 머리는 피해 가는가 보다.

로까야쑤타람 사원(Wat Lokayasutharam)

이곳에도 여러 개의 사원이 있지만 서로 비슷비슷하여 조금 색다르다는 사원으로 옮겼다. 바로 '누워있는 부처님'이 있다는 로까야쑤타람(Wat Lokayasutharam)사원이다. 허허벌판에 절의 형태가 없이 다만 허물어진 붉은 벽돌담 만이 여기 저기 남아 있는 곳이었다.

시멘트로 만들어 그 위에 회가루를 입혀 만들었다는 '누워있는 부처'의 형체는 오랜 세월을 지나는 동안에도 의외로 보존이 잘 되어 있었다. 언제 누가 왜 이 불상을 만들었는지는 자세히 모른다. 아마 아유따야 왕조 초기에 만들어졌을 거라는 막연한 추측만이 난무할 뿐 아직도 이 부처님 상에 관한 정확한 문헌은 찾을 길이 없다고 한다.

불공을 드리는 우보소(Ubosot)의 유적지인 이곳에 '누워있는 부처님'상의 길이는 29m나 되며 온 몸을 노랑 천으로 씌어 놓고 얼굴과 발만 내놓아서 마치 이불을 덮고 있는 것 같았다. 몇 사람이 그 앞에서 절을 하고 있어 자세히 보니 부처님의 얼굴이 또렷이 보인다. 연꽃처럼 만든 베개일지도 모르는 것에 머리를 두고 오른팔을 머리 밑으로 넣고 누워 있었다.

부처님이 누워있는 맞은편으로 조그마한 기념품 가게들과 간이 식당이 있을 뿐 너무 초라해 보여 관광지 같은 느낌이 전혀 들지 않았다. 아마 관광객들이 없어 썰렁해서 더욱 더 그런 느낌이 들었는지도 모르겠다. 몇 년 전 라오스(Laos)의 수도 비엔티안(Vientiane)을 방문했을 때 도시 근교에 있는 부다 공원(Buddha Park)에 가서 바로 이 누워있는 부처님 상을 본 적이 있었다.

그때 안내인은 "태국에도 이런 '누워있는 부처님'의 상이 있다"라고 한 말이 기억났다. 그런데 오늘 바로 그 오리지날 '누워있는 부처님'의 상을 이곳 아유따야에서 만나 보게 된 것이다.

chapter 3

베트남
Vietnam

베트남은 54개 종족이 살고 있는데 88%가 킨(Kinh)족 즉 월남족이고
5만명 정도의 흐몽(H'Mong) 소수민족이 산악지대에 살고 있다고 한다.
원색적인 색으로 화려하게 단장한 H' Mong 여인들을 보는 순간
옛날 나의 어린시절을 방불케 했으며
우리 조상들이 사용하던 물레방아, 절구, 맷돌은 그들의 농기구이며
물소나 황소로 밭을 갈고 있는 모습이
우리 나라 60~70년대와 흡사한 모습이었다.

북부 베트남으로 떠나며

남편과 함께 Dr. Allen Singer(이비인후과 의사)의 강의에 참석할 기회를 가졌었는데 강의를 마친 Dr. Singer는 한국 사람들과 비슷한 흐몽(H'Mong) 민족들이 살고 있는 북부 베트남에서 찍은 슬라이드를 보여 주었다.

원색적인 색으로 화려하게 단장한 흐몽(H'Mong) 여인들의 사진들을 보는 순간 나의 가슴은 뜨거워졌고 색동옷을 입고 있었던 어린 시절의 내가 그들과 함께 있는 듯한 착각에 빠지면서 그들을 만나보고 싶은 강한 욕구를 느꼈다. 현대문명의 물결이 그들을 더욱 변

화시키기 전에 본래 그들의 삶을 직접 내 눈으로 보고 싶었다.
아마도 그들 속에서 나와 연관되는 그 무엇을 찾을 수 있을 것만 같았고 형제자매처럼 느껴지는 그들의 손이라도 한번 만져보고 얘기

하고 싶었으리라.

몇 달 동안 하노이에 있는 비도 관광 여행사(Vido tour) 와 연락하여 일정을 세웠다. 베트남을 여행하기에는 비도 오지 않고 무덥지도 않은 12월, 건기가 좋다는 여행사의 이야기에 12월 30일 오후 12시 10분 인천공항을 거쳐 베트남으로 가는 비행기에 몸을 실었다. 긴 여정 후 베트남 노이바이(Noibai) 공항에 도착하니 비도 여행사 직원이 우리를 반갑게 맞이하여 주었다.

베트남은 국토의 넓이가 33.4 만평방 km이고 인구는 8천만 명이 되며 남북의 길이는 1,800km, 4,500리가 되는 셈이다. 우리나라보다 길고 넓은 셈이다. 국토는 크게 북부 고원지대, 홍강 삼각주의 통킹 삼각주, 안남 산맥, 해안저지대, 메콩강 삼각주 이렇게 다섯지역으로 이루어졌다.

먼저 파란만장한 베트남의 역사를 살펴보면 BC 189년부터 AD 939년까지 중국의 지배하에 살았으니 그 생활 풍습과 언어가 중국의 영향을 많이 받을 수밖에 없었다. 그 예로 하노이(Hanoi)는 물 안에 있는 도시라는 뜻의 한문 '하내'이고 하롱 만(Halong Bay)도 룡이 하늘에서 내려왔다는 뜻을 가졌으며 국경도시 박하 역시 '강북' 이라는 뜻의 표기를 하고 있다.

그 후 999년부터 1860년 까지는 독립된 왕국이었지만 곧 프랑스 영토(1860~1945)로 식민지의 설움을 다시 받고 지내다가 1945년 9월 2일 나라를 되찾아 독립기념일로 선포하면서 북부 베트남은 호치민이 초대 대통령으로 선출된다. 그러나 1954년에서 1973년 미군이 베트남을 철수 할 때까지 남과 북이 20년간 동족간의 전쟁을 계속한 나라이다.

1975년 5월 1일 다시 월맹으로 통일 되었고 1986년에 자유경제체제로 개방하면서 오늘에 이르게 되었다. 베트남 역사에서 흥미로운 사실은 11세기말 안남(오늘의 월남) Ly(李)왕조 4대 왕인 Ly NhanTong(1072-1128)의 셋째 아들 Ly Duong Con이 고려 16대 왕 예종(1079-1122) 때 고려에 귀화하여 정선(旌旋)이씨의 시조가 되었다는 것이다.

베트남에는 54개 소수 민족이 살고 있는데 88%가 킨(Kinh)족 즉 월남족이고 5만명 정도의 흐몽(H'Mong) 소수민족이 산악지대에 살고 있다고 한다. 그들은 산악지대에서 재래식, 계단식 농사와 사냥 등 자급자족을 하면서 문명의 혜택을 맛보지 못하고 살아가고 있다.

우리 조상들이 사용하던 물레방아, 절구, 맷돌은 그들의 농기구이며 물소나 황소로 밭을 갈고 있는 모습도 똑같았다. 대부분의 처녀들은 15~20세 사이에 일찍 결혼하며 조부모님을 비롯하여 3~4 대가 한 집에 살고 있는 대가족 제도이다.

하노이(Hanoi City)

하노이 중심부에 있는 쏘피텔 메트로폴 호텔(Sofitel Metropol hotel)에 묵은 우리는 아침식사를 하려고 식당에 들어서니 서양식 음식들과 베트남 음식이 가득 차려져 있었다.

나는 우선 베트남 음식이 있는 곳으로 가서 뜨끈뜨끈한 월남국수와 쌀가루, 만두피로 만든 엄지손가락 보다 조금 더 큰 야채만두를 주문했다. 이 음식들은 베트남 전통 의상을 입은 예쁜 아가씨가 직접 만들어 주었다. 다른 식탁에는 볶음밥,

호텔앞에 정월 초하루를 위한 장식

각가지의 베트남식 만두가 먹음직스럽게 진열되어 있었지만 먹어 보고 싶은 것들만 이것저것 접시에 담아 맛을 보았다. 베트남 특유의 향과 맛이 음식마다 배어 있어서 매운 양념과 간장을 쳐 보았지만 처음 먹는 음식이라서 그런지 많이 먹을 수는 없었다. 그러나 오랜 세월 동안 프랑스 식민지여서 그런지 빵은 정말 맛있었다.

아침 식사를 마치고 호텔로비에 나오니 안내인이 기다리고 있었다. 베트남 방문 첫날은 오전에 호치민 기념관을 먼저 관광하기로 하였다.

길거리에는 사람들로 교통이 혼잡하다. 나성(Los Angeles)이나 서울하고는 달리 오토바이와 자전거의 무리가 하노이 시가를 질주하고 있었다. 서로 부딪칠 것 같이 곡예를 하며 달리는 것이 교통사고라도 발생할 것 같았지만 그 무질서 속에 어떤 규칙이라도 있는 듯 사고 없이 잘도 달린다.

그 인파속을 뚫고 우리 부부를 태운 자동차는 아침 10시가 되어서 호치민 기념관 앞에 도착했다. 이른 아침임에도 불구하고 많은 관광객들이 장사진을 이루고 있었다. 이토록 호지민은 월맹 사람들에게는 우상적인

존재인 것 같았다.

하기야 90여년(1858~1954)의 프랑스 식민지에서, 짧게는 일본 군인들의 통치하(1941~1945)의 베트남을 해방시키는데 큰 공헌을 한 초대 대통령이니 그렇게 존경받는 것이 당연하다. 호지민 기념관은 그가 세상을 떠난 1969년은 베트남 전쟁 중이여서 1973년 미군이 철수한 그 해 9월에 착공하여 1975년 8월 29일에 완공되었다고 한다.

그 기념관의 건축양식은 모스코바에 있는 레닌기념관을 모방하여 지었고 기념관 주위와 그 안에는 경비원들에 의하여 경비가 삼엄하였다. 기념관 안에는 유리관 속에 잘 보관되어 있는 호지민의 시신뿐이였는데 이것도 레닌의 방식과 똑같다고 한다. 이 유리관 속에 누워 있는 호지민의 시신을 보기 위해 장시간 줄을 서서 기다린 것이 억울하다는 생각마저 들었다. 이 시신은 2년마다 러시아로 보내져 다시 방부(?)처리를 한다.

그 기념관 앞에는 북경의 천안문 광장이나 김일성 광장처럼 바딘 광장(Ba Dinh Square)를 만들어 놓았는데 그 규모는 천안문의 10분의 1도 되지 않았다. 그러나 이곳에서 매년 독립기념일(9월 2일)마다 대대적인 행사가 거행된다.

그곳에서 100m 떨어진 곳에 호지민이 살던 주택이 아직도 잘 보관되어 있었는데 그의 서재에는 평소에 그가 숭상하던 레닌의 동상이 책꽂이 위에 놓여 있었고 그가 항상 먹던 식탁에는 그릇이 모두 6~8개 정도만 놓여 있으니 그의 검소한 생활을 짐작할 수 있었다. 또 다른 한

1 외 기둥 파고다(One Pillar Pagoda)
2 호치민이 타던 자동차
3 대통령 관저

곳에는 그가 타고 다니던 승용차가 잘 보관되어 있었다. 대통령 관저의 벽을 노란 색으로 칠한 이유는 '황색'이 힘을 상징하기 때문이란다.
호지민(1919~1969)은 1941년 베트남에 돌아와서 일본에 대항 독립운동을 하였고 1945년 독립 후 1954년 프랑스 정부가 철수한 후 1958년까지 이 대통령 관저에서 살았다고 한다. 그후 몸이 쇠약해져 정치 일선에서 손을 떼고 그 옆의 조그마한 이층집으로 이사하여 여생을 마쳤다. 아랫층은 10개의 의자가 놓여있는 각료들과의 회의실이고 이층에는 침실과 서재를 겸한 거실이 하나 있을 뿐이다. 앞마당에는 작은 연못이 하나 있는데 일생 독신으로 살아온 그는 그 주위를 돌며 명상하고 운동도 하며 가끔은 어린 아이들을 관저로 초대하기도 했다한다.
하노이(hanoi)는 1010년 이공안 왕조(Ly Cong Uan King)때 베트남의 도읍지로 정하고 그 이름을 탕룡(Thang Long)이라고 불렀다. 하노이의 중심부를 흘러가고 있는 홍강(Red River)에서 룡이 하늘로 올라갔다는 전설을 따라 그렇게 부르다가 1831년에 '하내(City inside river)'의 베트남 발음을 프랑스 문자로 하노이(hanoi)라고 개명하였다고 한다.
기념관을 방문한 후 유서 깊은 몇 곳을 방문 하기로 했다. 1050년 이 왕조의 이태동 왕이 건축한 한 줄기에서 피어난 연꽃 형상을 한 외 기둥 파고다(One pillar pagoda)와 이조 시대의 성균관과 비슷한 학교로 1070년에 세운 서원 사원(Temple of Literature), 그 안에 전시되어 있는 수많은 돌비석, 과거 시험에 합격한 고관들의 이름이 새겨진 돌비석을 거북이 등에 세워 놓은 주랑, 불교 사원 그리고 하노이 시내 한복판에 있는 홈킴 호수(Hoam Kiem Lake) 역시 빼놓을 수 없다. 특히 호수 위에는 일본식 특유의 빨간 다리가 놓여 있는 것이 눈길을 끌었다.
오후에는 싸이클로(Cyclo)라 부르는 인력거를 타고 재래식 시장 골목을 구경하였다. 이 시장에는 잉어, 민물장어, 자라 등의 물고기를 파는 어물전, 꽃 파는 꽃시장, 비단옷을 기둥에 매달고 파는 옷가게, 여러 가지

야채를 파는 야채시장, 돌비석에 이름을 새기는 노점 등이 있었고, 돼지코, 닭발, 오리고기, 사슴고기 등을 진열하여 파는 정육점에는 냉동실도 없이 좌판에 널려 놓고 팔고 있었다.

이제는 본격적으로 베트남 음식을 먹어 보기로 하고 베트남의 대명사인 월남국수(Pho)를 전문으로 하는 식당에 가서 저녁을 먹었는데 한 그릇에 16,000동이었다. 보통 9,000에서 20,000동이면 월남 국수 한 그릇을 사 먹을 수 있다. 국수 한 사발과 쌀과자 튀김(맵쌀도넛 같은데 설탕이 없음)으로 저녁을 먹고, 후식으로 우유사과를 사서 먹어 보았다. 껍질은 사과처럼 파랗고 속은 미국의 배처럼 맛이 부드럽고 씹으면 왈칵하고 나오는 우유 같은 주스로 약간 들큰한 맛이 감도는데 별로 맛은 없었다.

저녁식사 후 월남에서 유명한 수상 인형극을 보기 위해 탕롱(Thang Long) 극장으로 갔다. 인형극은 우리나라 국악의 판소리와 흡사한 월남 민속 음악이 연주되는데 1부와 2부의 사자춤, 수상경기, 선녀들의 춤, 용의 춤 등의 테마로 하는 수상 곡예로 나누어 공연한다. 수상 인형극은 6~7명의 연출자(?)들이 무대 뒤에서 기다란 장대로 인형을 조절하는 것이 신기했다.

하롱 만(Halong Bay)

다음날 우리는 하롱 만(Halong Bay)의 관광을 위해 길을 나섰다. 마음 같아선 당장이라도 흐몽(H'mong)족을 만나보러 가고 싶었지만 밤 열차를 예약 했기 때문에 낮시간을 이용하여 하롱만을 구경 하기로 한 것이다.

밤 10시에 중국 운남성과 인접한 국경도시, 라오까이(Lao Cai)로 가는 야간열차에 승차하기 위해서 우리는 부지런을 떨어야 했다. 하노이에서 동쪽으로 100km 떨어져 있는 해풍(Haiphong)시를 통과하여 동북쪽으로 70Km 정도 가면 하롱(Halong)시가 나온다. 여기가 그 유명한 하롱 만(Halong Bay)이 있는 곳이다.

인구 400만이 살고 있는 하노이에는 한국교포가 약 600명이 살고 있고 한국 식당도 6개나 있다고 했는데 이곳 하롱시에 들어와서도 한국 식당 간판을 보니 괜스레 내 마음이 우쭐해지며 신이 났다.

최근 한국 관광객이 증가하고 있으며 주로 대한항공, 아시아나, 타이 항공을 이용하여 하노이 노이바이(Noibai) 공항으로 들어온다.

하노이 동쪽 외각에 흐르고 있는 홍강(Red River)에는 다리가 세 개 뿐인데 지금 우리가 지나가고 있는 1,200m의 다리는 1985년에 새로 만들어져 5번 국도를 동서로 연결하고 있고 북쪽에 보이는 철교(100년전 프랑스인이 만든 다리)는 베트남전 당시 미공군의 폭격에 파괴되어 지금은 겨우 자전거만 지나다닐 수 있다고 한다.

가는 도중에 지나간 도시 해풍시는 베트남에서 세 번째로 큰 도시로 국제적 무역

항이라고 한다. 여기서부터 2번 국도를 따라 동북쪽으로 올라가다가 장애인들이 베트남 여인들의 전통 의상인 아오자이를 만드는 곳에 잠시 들렸는데 섬세하게 손으로 수를 놓아 만든 아름다운 의상을 팔고 있었다. 하노이를 떠난지 3시간만에 하롱 만(Halong Bay) 선착장에 도착하였다.

12~15명이 탈 수 있는 조그마한 배를 타고 5시간 동안 아름다운 섬들 주위를 돌며 유람하였다. 옅은 안개속으로 보이는 만물상 같은 무수한 섬들, 한가로이 날아다니는 이름 모르는 새들, 난 뱃머리에 기대어 서서 인간세상을 멀리한 신선이 된 것 같은 착각의 늪으로 빠져 들어갔다.

하롱만은 크고 작은 섬들이 2,000개 이상 있는, 바다지만 호수처럼 잔잔한 곳이다. 이 만의 총면적은 1,500평방 km이며 베트남의 동북부 통킹 해(Gulf of Tonkin)에 위치하고 있다. 대부분의 섬들은 석회암이나 편마암으로 형성되어 있고 많은 섬들이 푸른 나무들로 덮여 있어 더욱 아름다웠다. 전설에 의하면 하늘에서 용이 내려오며 이곳에 있던 큰 섬을 깨뜨려 여러 개의 작은 섬으로 나누어져 이토록 아름다운 만을 이루었고, 어떤 섬 기슭에는 동굴과 석굴(grotto)이 있다고 한다. 용이 하늘로 올라가는 모습의 섬, 어떤 작은 두 섬은 큰 수탉이 마주 보며 싸움이라도 할 것 같았고 다른 섬은 한 마리 곰이 머리를 들고 하늘을 바라보는 자태였다.

시간 관계상 한 동굴만을 구경하였는데 여러 모습을 한 종류석이 아름답

게 형성되어 매달려 있었다.

하룡만(Halong Bay)은 1994년 유네스코(UNESCO)에서 세계적인 자연 보호 유적지로 정하여 관리 보전하고 있다. 바다 물결이 잔잔하므로 섬 주위에는 수상촌이 형성되어 있는데 주민들은 배위에 세워진 집에서 일상생활을 하며 고기잡이와 진주 양식으로 생업을 삼고 있었다.

유람선 위에서 간단히 점심을 먹고 아쉬운 마음을 남기고 하룡만을 떠나 다시 하노이로 돌아왔다. 돌아오는 도중에는 도자기를 굽는 마을에 들러서 베트남인들의 도자기 굽는 기술을 보는 기회가 있었다. 많은 베트남 아가씨들이 책상에 앉아서 도자기 위에 그림을 그리고 있었다.

옆에 놓인 채본을 보고 손으로 그림을 그리고 있는데 몇 개가 하나같이 똑같은 그림이다. 다른 한 곳에는 그 그림 위에 색칠을 하고 유약을 바른 후 비로소 가마에 넣고 불을 때어 굽기 시작한다. 아가씨들의 솜씨가 매우 놀라웠다. 프랑스의 리모지 회사가 만드는 그릇은 세계적으로 유명한데 이곳은 90년동안 프랑스령으로 있었으니 그들의 기술과 베트남인의 섬세함이 맞물려 더욱 아름다운 도자기를 만들고 있었다. 도자기를 전공하는 아들에게 주고 싶어 한 작품을 샀는데 여행 끝까지 깨지지 않도록 보관하며 들고 다니느라 고생을 많이 했다.

라오 까이(Lao cai)와 깐까우 토요 시장(Can Cau Saturday Market)

하롱만(Halong Bay)에서 돌아와 하노이 시내에 있는 해물전문 식당에서 저녁을 먹기로 했다. 수족관에는 메기, 잉어, 자라, 뱀장어, 게와 가재등이 살아 움직이고 있어 손님이 직접 수족관에 가서 자기가 원하는 생선을 고르면 잡아서 즉석요리를 해주는 곳이였다.

저녁식사 후 라오 까이(인구 30만명)로 가는 야간열차를 타기 위하여 하노이 역으로 갔다. 벌써 많은 여행객들이 역 대합실에서 웅성거리며 있었다. 하노이에서 라오 까이로 가는 교통수단은 기차나 버스로만 갈 수 있다.

밤 10시에 하노이를 떠나는 야간 열차 빅토리아(Victoria Express)호는 덜컹덜컹 소리를 내면서 시속 40~50km로 밤새도록 달려 다음날 새벽 6시에 라오 까이역에 도착하였다. 휴식을 취하기 위해 야간 열차를 이용하였는데 흥분이 되어서인지 자는 둥 마는 둥 하며 지루한 밤을 보내야만 했다. 우리가 타고 간 침대열차는 사방이 6자인 작은 방인데 그 방에는 두 개의 이중 침대가 마주보며 놓여 있었고 나는 아래침대에서 하룻밤을 지냈다.

하노이에서 라오 까이까지의 거리는 340km 정도였지만 기차가 노후해서인지 또는 산악지대인지는 몰라도 달리는 속도가 우리나라 60년대의 완행열차를 방불케 한다. '노인들의 촌'이란 뜻을 가지고 있는 라오 까이 도시는 홍강(Red River)를 사이에 두고 중국의 운남성과 마주보고 있었고 두 나라가 공동으로 관리하는 다리 중간에서는 베트남 상인과 중국 사람들이 무엇인가 사고 파는 모습을 볼 수 있었다.

강 건너편에 있는 중국의 변방도시는 베트남보다 다소 화려한 고층 건물들이 많이 보여 여기에서도 두 나라의 경제적 차이점을 읽을 수 있었다. 하기야 베트남 국민의 월 평균 수입이 150불 정도라는데 북부 국경지대의 생활상은 어떠할런지 짐작이 가고도 남는다.

라오 까이에서 동쪽으로 90km를 꼬불꼬불 산길(비포장도로)을 따라 가면 북하(BacHa)라는 마을이 나온다. 거기서 20분 정도 더 북상하면 매주 토요일마다 열리는 프로랄 흐몽(Floral H'Mong) 민족이 모이는 장터가 있었다. 이름하여 깐까우 토요 시장(Can Cau Saturday Market)이다. 장터가 열리는 날이면 동내 처녀들은 곱게 화장을 하고 화려한 옷으로 갈아입고 장터로 나온다.

생활에 필요한 물건을 사려고 나오기도 하겠지만 마음에 맞는 총각 처녀를 찾으려는 목적이 더 크다고 한다. 그러고 보니 이 장터는 젊은이들의 유일한 만남의 광장이기도 한 것 같았다. 빨강, 파랑, 노란색, 초록색 등의 원색실로 짜여진 여인들의 복장은 너무나 화려하여 뭇총각을 유혹(?)하는데 충분하였다.

장터에는 집에서 재배한 야채며 과일은 물론 원색적인 옷감, 여러 가지 털실을 비롯한 생활 용품들을 길거리 장터에 깔아놓고 팔고 있었다. 그리고 한쪽 모퉁이에서는 물소 시장도 있었고 도시의 장사꾼이 가지고 왔는지 한
국산 조미료 미원도 눈에 띄었다. 여기저기에 음식 코너도 있어서 순대국 냄새가 나를 유혹하기도 한다.

아이 어른 모두들 긴 사탕수수대를 입에다 물고 빨아먹고 있었다. 나도 하나 사서 먹어보았더니 당분과 수분이 많아서 먹을만하다. 학교를 갈 때나 멀리 다녀올 경우가 있을 때는 남녀노소 누구나 이 사탕수수대를 지니고 가다가 목이 마르면 물 대신에 빨아먹는다고 한다.

수탕 수수를 빨아먹고 있는 소녀

몇몇 흐몽(H'Mong) 사람들이 우리를 보더니 그들의 말로 인사를 하며 반갑다고 손을 잡는다. 그들 생각에는 비록 우리가 입고 있는 복장은 자기들과 다르지만 얼굴 모습이 비슷하니까 자기 동족인 걸로 착각하고 반갑다고 인사를 하는 것이리라. 그러나 자기네 말을 알아듣지 못하고 가만히 서 있으니까 우리 안내인에게 "이 사람은 왜 우리말을 못 하느냐?"고 물어본다. 안내인의 답변이 걸작이다. "이 분들은 어려서 미국에 이민 갔기 때문에 우리말을 모두 잊어버렸다"고 농담을 하였지만 그들은 그 말을 믿는 것 같았다. 반갑다고 끌어안기까지 하였으니까 말이다. 역시 정이 많은 것도 우리네와 같았다.

이 소수민족들은 산에 계단식으로 논밭을 가꾸어 쌀농사는 물론, 감자, 옥수수, 각종 야채를 재배하며 자급자족하며 살고 있다. 우리와 모양은 다르지만 물레방아도, 절구도, 맷돌도 있었고 누에고치를 길러서 비단 옷감도 만들고 베틀로 옷감을 짜는 모습이 우리 배달민족의 삶과 비슷하였다. 물론 얼굴모양도 살색도 나와 닮았다. 아무데서나 가슴을 열고 애기에게 젖을 먹이는 모습도 우리네 어머니들과 같았다.

이 흐몽(H'Mong) 민족은 약 300년 전 중국을 거쳐 베트남 북부에 옮겨와 살고 있고 그들이 사용하는 언어도 베트남인들과는 달리 자기들만의 언어를 사용한다. 생활풍습도 중국인을 많이 닮았다고 하지만 나에게는 우리 배달민족과 같은 핏줄임을 이들을 만나 보면서 느낄 수 있었다.

깐까우 장터를 오는 도중에 초상을 당한 집을 지나게 되었다. 운구를 실은 상여는 검정색과 흰색의 천(광목)으로 덮여 있고 상주는 하얀 복장에 대나무 지팡이를 짚고 있었다. 그런데 노래(곡소리?)의 곡조가 슬프지가 않고 오히려 즐거운 가락이였다. 안내인의 설명으로는 죽음 후에 있을 환생을 믿고 있기 때문이란다.

흐몽 민족의 토요장터를 아쉽게 작별하고 싸파(Sapa)로 가는 도중 물소를 타고 물소들을 몰고 가는 흐몽 소년을 만나 사진도 촬영하고 또 Red H'Mong이 살고 있는 타빈(Ta Phin) 마을(50가구)도 잠시 방문하였다. 나이가 12살쯤 되어 보이는 여자아이가 자기집을 구경하고 가란다. 그 아이는 영어를 제법하여 간단한 의사소통을 하기엔 불편이 없었다. 내 눈에 그 아이는 혼혈아처럼 보였는데 역

시나 아빠가 프랑스 사람이란다. 나는 알지도 못하는 그 프랑스인 아빠가 몹시 미워 돌아서는 발걸음이 무거웠다.

지붕은 초가로 엮여 있었고, 집안은 전기불이 없어 어두웠으며, 바닥은 견고한 흙으로 되어 있었다. 땅바닥에 파여진 구덩이에는 타다 남은 장작불이 서서히 꺼져 가고 있었고 그 둘레에 어린 아이들이 둘러 서 있었다. 천정에는 옥수수들이 다발로 엮어서 걸려있고 부엌 화로 위에는 연기에 검게 그을린 반쪽짜리 돼지도 매달려 있었다.

그날 저녁 우리는 싸파(sapa) 시장 앞에 있는 평범한 동네식당에서 저녁을 먹었다. 메뉴를 보니 사슴요리, 개구리요리, 자라요리 또 뱀요리 등 하노이에서는 보지 못했던 음식들이 있었는데 남편은 사슴요리를 한 접시 주문하였다. 또 이 음식점에서 직접 쌀과 자두로 만든 '산사촌' 비슷한 술을 한잔 마실 수 있었다. 그 맛이 달콤하였을 뿐 아니라 뒤끝이 개운하였다.

저녁 후 빅토리아 싸파(Victoria Sapa) 호텔에서 여장을 풀었다. 싸파의 서쪽 하늘에는 붉은 저녁 노을이 흘러가고 있었다. 잠시나마 도심의 생활을 잊고 이렇게 자연을 즐기며 여행하는 시간들이 인생의 즐거움이 아니고 무엇이겠는가!

싸파(Sapa) 휴양지와 판시판(Fansipan) 산

우리가 하룻밤을 지낸 빅토리아 싸파 호텔은 1999년 완공된 프랑스 양식의 건물인데 다른 호텔과는 색다른 점이 많았고 경관이 훌륭하여 서북 방향으로 그 유명한 판시판(Fansipan)산의 정상이 잘 보인다. 싸파는 흐몽 말의 '짜파(Cha Pa)'에서 유래된 마을 이름인데 '구름 속의 마을'이란 뜻이라고 한다.

해발 1,500m에 자리 잡고 있는 이 마을은 1903년 프랑스 사람들에 의하여 처음 발견 되었고 1933년 프랑스 선교 사업이 활발히 진행되면서 작은 도시로 형성되어서인지 대다수의 건물양식이 유럽풍이다. 싸파시의 현재 인구는 3만 명 정도인데 프랑스인의 휴양지로 널리 알려져 있어 세계 각국에서 찾아온 관광객들과 또 인도차이나의 지붕이라고 불리우는 판시판 산을 정복하려는 산악인들로 호텔은 만원을 이루고 있었다.

판시판(Fansipan)산은 높이가 3,143m로 홍린산(Hoang Lien Son) 산맥에서 뿐만 아니라 인도차이나 반도에서 가장 높은 산으로 경사가 70~80도로 가파르고 바위가 많아서 정상을 정복하기가 무척 어렵다고 한다. 판시판(Fansipan)이란 '거대한 바위(Rock)'라는 의미를 갖고 있으며 피라미드 모양의 산세는 일 년 내내 구름으로 덮여 있어 좀처럼 정상을 보여 주지 않는다. 등산에 가장 좋은 시기는 2월 말에서 3월 초이며 이때 산을 올라가다 보면 수 백가지의 아름다운 난과 제비꽃 등 이름모를 야생화들이 장관을 이룬다고 한다. 그래서 싸파(Sapa) 지대를 양난의 왕국(kingdom of orchids)이라 부른다.

다음날 우리는 400개 가량의 가파른 계단을 내려가서 산골 계곡 속에 살고 있는 소수 민족인 라오 차이(Lao Chai) 마을에 도착하였다. 내려가는 계단 옆에는 굵은 대나무 밭들이 여기 저기 있었고, 이들이 사는 집들이 길을 따라 듬성듬성 있었는데 집에서 기르는 돼지들이 길거리를 활보하고 다녀도 누구 하나 관심을 갖지 않고 있었다. 그리고 대나무 물레방아가 돌며 곡식을 찧고 있는 모습도 볼 수 있었다. 그야말로 현대 문명인들이 부르짖는 '친환경'이 아닌가!

폭이 좁은 Chai 강 위에 놓여 있는 흔들다리를 건너가니 경쾌한 물소리와 크고 작은 여러 줄기의 폭포소리가 기분을 몹시 상쾌하게 하여 맑은 물속으로 들어가 발이라도 담그고 싶었으나 물이 너무나 차가웠다.

오후에는 싸파에서 11km 떨어져 있는 타반(Ta Van) 마을을 찾아갔다. 약 500m의 꾸불꾸불 산길을 내려가면 쟈이(Giay) 종족이 100가구 정도 산다는 마을이 나온다. 마을로 내려가는 길 왼쪽은 온통 돌산을 끼고 오른쪽은 낭떠러지, 사진에서만 보아오던 계단식 논들, 들판 사이를 가로지르는 강줄기, 띄엄띄엄 흩어져 있는 집들이 한데 어울려 한 폭의 풍경화를 보는 것 같다.

쟈이족은 200년 전 중국에서 이주한 종족으로 아직도 한문과 중국말을 사용하고 있었다. 또한 이 산속에서 농사나 사냥을 하며 조부모를 모시는 대가족제를 이루고 자급자족을 하는데 그 나름대로 행복하게 살고 있는 것 같았다. 여자들의 복장은 분홍이나 연보라의 블라우스(?)와 검은색의 치마가 정장이었고 남자들은 특유의 중국 복장(검푸른색)을 입고 있었다.

우리가 만난 분은 이 마을의 족장으로 슬하에 8남매를 두었다고 한다. 그 집 문설주에는 다섯 개의 사각형 모양의 붉은 천이 매달려 있었는데 이는 자녀 중에 5명이 출가했다는 뜻이란다. 이 마을에 특이한 것은 울타리며, 집안의 가구며, 천정이며, 개울다리 등 모든 재료가 대나무였다는 것이다. 웬만한 수로도 거의 다 통대나무를 이용하였다.

떠나기가 아쉬웠지만 그들을 연민했던 나의 마음을 곱게 접어 아름다운 휴양도시 싸파에 남겨두고 라오 차이(Lao Chai) 기차역으로 발길을 돌렸다.

올 때와 똑같이 밤 10시에 빅토리아 익스프레스(Victoria Express) 야간열차에 올라탔고 한잠을 자다 깨어보니 다음날 아침 새벽 6시에 하노이 역에 도착하였다. 세수를 하려고 열차의 화장실 문을 열었는데 장미꽃 내음과 함께 여기저기 뿌려놓은 빨간, 분홍 장미꽃잎이 여행의 피로를 확 풀어 주는 것 같았다.

하장(Ha Giang)

베트남의 북동쪽, 중국의 광서성과 국경이 있는 곳에 있는 하장은 광서성의 지형과 매우 흡사한 카르스트 형의 돌산이 기존 험난한 산에 콩알 박혀있듯 서 있어 중남부 베트남의 지형과는 판이하다. 북부 베트남은 경치가 아름답고 공장이 없어 공기가 맑으며 산악지대로 기온이 낮아 더운 여름에도 시원하다. 특히 베트남에 사는 많은 소수민족들이 모여 살고 있어 마치 베트남이 아닌 다른 나라를 여행하는 느낌이 나는 그런 곳이다.

이곳에는 주로 롤로(Lolo)족을 비롯하여 백흐몽(White H'Mong), 포이(PoY), 자오(Dao), 테이(Tay), 눙(Nung) 그리고 청흐몽(blue H'Mong)족들을 만나 볼 수 있다.

하장을 가기 위해서는 베트남 비자를 받고난 후에 다시 하장에 들어갈 수있는 허락서를 받아야 한다. 마치 중국 비자를 받고서도 티벳을 들어 가기 위해 다시 티벳 여행 허가서를 받아야 하는 것처럼 말이다. 이 허락서를 받는데 며칠 시간이 걸리므로 입국하기 전에 미리 미리 여행사를 통해서 신청 하여야 한다.

이번엔 특히 다른곳에서는 만나볼 수 없는 롤로족을 만나기 위해 떠난 나의 3번째 베트남 여행이다. 이 롤로(Lolo)족을 내가 처음 만난 곳은 베트남의 수도 하노이의 한 박물관에서 였다. 그 박물관 안에 전시해 놓은 독특한 의상을 보고 첫 눈에 반해 버린 것이다. 바느질 솜씨라든가 디자인 그리고 색깔이 나를 사로 잡아 버려 박물관을 나온 후에도 오랫동안 그 옷이 눈에 아른거렸다. 올드타운에 있는 재래 시장을 다니며 그런 옷이 시장에 나와 있는지 골동품상을 다 뒤져 2벌을 찾아냈다. 그러나 하나는 너무 작아 마치 아이들 옷 같았다.

우여곡절 끝에 롤로족 의상을 구입한 후 여행을 마치고 집에 돌아와 자세히 보니 각각 다른 색상의 천을 가지고 세모꼴로 작게 접고 꿰메어 사각형의 조각보를 만들고 그 조각을 여러 개 연결해서 바지 밑단, 상의의 앞섶과 뒷 잔등, 뒷 부분을 가리는 뒷치마에 장식한 것이 얼마나 정교한지 사람이 이렇게도 할 수 있구나 하는 감탄이 절로 나왔다.

특히 이들이 쓰는 긴 목도리 같은 모자와 허리띠는 각양각색의 폼폼까지 달아 매우 화려했다. 마치 보물인듯 마네킹에 입혀 거실에 세워놓고 부엌과 안방을 오가며 보고 즐거워하며 가끔은 그 옷을 입고 나들이도 했다.

그래서 이번 여행에는 바로 이 옷을 입고 사는 사람들의 동네를 찾아가 여러가지 궁금했던 것들을 알아볼 수 있을거라는 생각에 특별히 이곳을 찾은 것이다.

롤로족은 '플라워 롤로(Flower Lolo)족' 과 '흑 롤로(Black Lolo)' 족으로 나누어지는데 통틀어 7~800명이 성라(Sung La)마을에 모여 살고 있다. 이 산속에 사는 소수 민족들은 주로 농사를 짓고 닭이나 돼지를 키우며 길쌈을 하는 등 거의 자급자족을 한다.

그러나 그들도 꼭 필요한 생필품을 구하기 위하여 일주일에 한번씩 서는 장터에 간다. 보통 7일 장이 서는데 어떤 동네는 토요일, 어떤 동네는 일요일에 열린다.

바로 이 장터에서 많은 사람들을 만날 수 있고 그들의 의상이나 장식품, 생활 습관 그리고 음식을 대할 수 있으므로 나는 이들의 장날에 맞추어 하노이(Hanoi)를 떠났다. 사실 산 속에 한, 두 집 아니면 대여섯 집 이렇게 뜨문뜨문 사는 곳을 방문할 때는 사람들을 만나기가 쉽지 않다.

산 저 아래까지 내려가 한 집, 또 산 위를 올라가 한 집, 그나마 들일을 나가고 없으면 헛걸음을 하게 된다. 그러기에 이렇게 여러 사람들이 모이는 곳으로 우리가 찾아가는 것이다. 이들은 집에서 키우는 닭, 돼지부터 대나무 광주리, 술(밀주), 쌀, 콩, 야채등 팔 것을 들고와서 팔고 그 돈으로 또 자기들이 필요한 물품을 구입한다.

장터에서는 필요한 생필품도 구하지만 오랜만에 친척, 친구들과 나들이도 할 수 있는 기회일뿐더러 모처럼 외식도 하고 친구와 거나하게 한 잔하며 이런저런 이야기도 하며 즐길 수 있다. 특히 혼기의 남녀가 자연스럽게 만날수 있는 만남의 장소도 되기 때문에 아가씨들은 꼭두새벽부터 일어나 화려하게 치장하고 수 십리 산길을 마다않고 걸어온다. 이런 장터에서 그들이 한껏 치장한 모습을 볼 수 있는 것은 '덤'으로 얻는 또 다른 소득이다.

또한 이곳은 백흐몽족(White H'Mong)들이 많이 사는 곳이다. 나는 백흐몽족 여인들이 필수로 입는 장식 허리띠에 수 놓은 조각을 구입해 우리 손주들에게는 물론 친한 친구들이 손주를 보면 이불을 만들어 선물한다. 이번 여행에서 이 수 조각들을 많이 구입해 두고 두고 이불을 만들 것을 생각하니 지금부터 그렇게 기분이 좋을 수 없고 흥분된다.

아침 일찍 하노이를 떠난 우리는 가는 길목에서 간단하게 점심 식사를 하고 계속 하장을 향해 갔다. 이곳은 많은 사람이 찾지 않는, 관광객이 거의 없는 동네이고 베트남에서도 가장 낙후하고 빈곤한 곳이라 한다.

그러니 식당도 동네 사람들 위주이므로 어떨런지는 독자들의 상상에 맡기고 싶다. 고맙게도 안내인은 도시락 바구니에 이 여행에서 사용할 식탁보, 식사도구, 컵, 냅킨 등을 준비하여 차에 넣고 다녔다.

식당에 들어가면 우선 그 집 식탁위에 자기가 가지고 간 식탁보를 덮고 우리들이 사용할 식사도구를 꺼낸다. 물론 물도 넣어가지고 다닌다. 가는길목에는 마땅하게 물 살 가게도 없기 때문이다.

하루 종일 부지런히 가야지 저녁쯤에나 하장에 도착 할거란다. 하장은 하노이에서 약 320km 북동쪽에 있고 약 7~8시간쯤 걸리는 거리이다. 길이 좋으면 더 빨리 갈 수도 있겠지만….

드디어 '여기부터 하장'이란 글이 쓰인 문이 보이는 지점에서 잠시 차를 세운 후 차에서 내려 사진을 찍고 조금 걸어다녔다. 사인이 있는 문을 지나 조금가니 길을 막는 차단기가 내려져 있어 마스크를 한 공무원이 일단 정지한 우리차에다 소독수 스프레이를 뿌린 후에야 통과시켜 주었다. 도시에서 질병을 옮겨 올 수 있기 때문이리라.

하장에서 제일 좋다는 호텔 후이환(Huy Hoan)에 들었는데 입구에 서 있는 하얀꽃으로 장식된 차를 보니 신혼 부부도 이 호텔에 들었나 보다. 호텔을 나와 큰길로 나가서 위 아래를 다녀봐도 별 볼 것도, 별 살 것도 없는 그런 동네가 바로 하장이였다. 하루종일 차에 시달려서인지 침대에 눕기가 무섭게 잠이 들었고 아침해가 저만치 떠있을 즈음 겨우 눈이 떠졌다. 오늘은 토요일, 간단하게 월남국수로 아침식사를 마치고 눙족과 백몽족, 그리고 자오족들이 많이 온다는 쿠엘티엔(Quyet Tien) 시장을 향해서 떠났다. 일정은 롤로족이 사는 성라를 거쳐 몽족이 많이 사는 동반(Dong Van)까지 가기로 했다. 산 모양이 유별나게 아름다운 산속으로 나 있는 길을 따라 들어갔다.

우리를 태운 차 외에는 다니는 차도 없다. 가는 길목에 집은 있지만 사람들이 없는 이상한 동네를 지나게 되었다. 내막인즉 베트남 정부에서 큰 길이 있는 동네에 집을 지어 산꼭대기에 사는 소수민족들에게 무상으로 주고 이주하여 살게 하였다고 한다. 그런데 얼마 후 그들은 하나, 둘 모두 산으로 다시 돌아가버려 지금은 아무도 살지 않는 빈 집들이 흉가처럼 이렇게 길 가에 서 있다는 것이다.

생활의 습관이란 이토록 힘든가보다. 2008년 태국(Thailand)의 치앙마이(Chiang Mai)에 갔을 때도 이와 흡사한 이야기를 그곳 사람에게 들은 적이 있었다. 산속으로, 강가로 좁게 실처럼 나 있는 길을 따라 가며 '과연 무엇이 이들을 더 행복하게 할까?' '이들에게 행복의 기준은 어디에 있을까?' 생각해 보았다.

백흐몽(White H'Mong)족의 마을

개울이 흐르는 조용한 룽다오 마을(Lung Dao Village)에 사는 백몽족의 집에 들렸다. 보통 가정집인데 그들이 어떻게 사는지 보여주고 싶은 마음에 안내인이 우리를 안내했다. 주인 내외는 친절하게 우리를 맞아 주었고 차까지 대접하였다.

식탁이 따로 있지않아 우리는 목침 같은 나무 토막을 땅바닥에 놓고 그 위에 앉았다. 집안 제일 중심부에는 조상님들을 숭배하는 제사상 같은 선반을 마련하여 사진과 더불어 과일과 향불을 차려 놓았다. 이 집에는 할머니와 두 아이를 가진 젊은 부부, 이렇게 3대가 함께 살고 있었다. 그냥 흙 위에 나무로 집을 지어 신발을 신고 살며 한켠에는 부엌이 있어 식사를 마련하는 곳이 있고 다른 한 켠에는 침상을 마련하여 놓았다.

그리고 가운데 공간은 손님도 맞이하고 밥도 먹고 하는 말하자면 거실이다. 비록 바닥이 흙이지만 깨끗하게 청소가 되어있어 안주인의 깔끔한 살림 솜씨를 보는 듯 하였다. 가축은 가축사를 따로 지어 그곳에서 길렀고 화장실도 밖에 있었다. 또 다른 한집은 말하자면 전통 수예 기능 보유자가 만든 백몽족의 전통 수예품과 천을 파는 집이었다. 천은 발이 굵은 모시 같은 천이였다. 천연 나염을 사용했다는데 몹시도 색깔이 곱다.

이런 천으로 여름옷을 해 입으면 캘리포니아 더위에 제격일 것 같다. 그리고 시원해 보이는 곱게 물들인 모시천에 아플리케로 수놓은 예쁜 방석 덮개를 몇 개 샀다. 그러나 내가 찾는 수놓은 백몽족의 허리띠는 눈을 씻고 봐도 찾을 수가 없었다. 아마 시장에서는 볼 수 있을는지 모른다고 위로해 본다.

야생 동물이 들어오는 것을 방지하기 위해 집

베트남 153

집마다 돌로 담을 쌓은 파오까오(Phao Cao) 마을에도 들렸다. 이곳에는 약 1,500명의 백몽족이 높은 돌산 아래 살고 있었다. 한 할머니가 우리 일행을 보자마자 머리를 만지며 안내인에게 하소연 한다. 안내인이 이곳에 관광객을 모시고 가끔 들리기도 해서 그가 하노이에서 온 것을 아는 듯 싶다.

무슨 말을 하는지 알아듣지 못하고 서 있는 나에게 할머니가 머리가 몹시 아프다고 전해 주었다. 근본적인 치료는 할 수 없겠지만 당장 임시 변통으로 쓸 비상약을 들고 다니기에 얼른 차로 가서 약을 가지고 와 할머니가 잡숫도록 하였다.

병원에 가 보시라고 권했지만 나는 그들이 병원에 가지 않는다는 것을 알기에 여분의 약을 더 드리고 나왔다. 오지 여행 중 이런일은 종종있기 때문에 우리는 늘 약을 가지고 다니며 어떤 동네에서는 아예 남편이 진료를 해주기도 한다. 별탈없이 할머니가 툭툭 털고 일어나기만 바랄 뿐이다. 동네를 떠나며 이런저런 생각을 하는 동안 우리를 태운 차는 어느덧 북적북적대는 시장이 있는 곳에 도착했다.

쿠옛티엔(Quyet Tien)의 토요 시장

차에서 내려 시장으로 들어가는데 곱게 모자를 쓰고 그 위로 빨간 수실을 얹어놓은 자오 여인들이 걸어온다. 4~5년 전, 두번째 베트남 여행을 왔을 때 북 서부 베트남에 있는 라오 까이(Lao Cai)라는 동네에서 바로 저 모자를 하나 샀는데 어떻게 쓰는지 몰라 상자 속에 곱게 접어 보관하고만 있었다. 다행이 이번에 이 사람들을 만났으니 모자 쓰는 방법을 꼭 배워가야겠다.

수녀들이 쓰는 비슷한 모양의 모자를 쓴 자오 여인들 한 쪽 두루마기 자락을 허리춤에 얹어 놓아 멋이 흐른다. 노란 금이빨을 드러내고 씩 웃

는 여인들의 모나리자 같은 미소, 웃는건지 안 웃는건지 알도리가 없다. 그리고 부끄러운 듯 두 손으로 신비한 미소를 가린다. 사진을 찍으려고 하면 숨고 얼굴을 가리다가도 찍은 자기 사진을 보여주면 머릿모양을 가다듬고는 다시 찍으라 한다. 살짝 웃는 미소 사이로 보이는 금이빨이 태양에 반짝인다.

검은 의상의 자오 여인들 사이로 화려한 색깔의 백몽족 처녀들이 꽃처럼 박혀있다. 금박이를 한 파란 비단으로 만든 옷에 얼룩이 목도리로 머리를 두르고 목에 건 둥근 은목걸이가 햇빛을 받아 반짝인다.

검은 수건으로 멋드러지게 머리를 맨 눙족의 여인들!
단순한 푸른색의 의상이 더 어울리는 산의 사람들!

야채 몇포기를 좌판에 얹어놓고 손님을 기다리는 할머니!
저녁에 손주들에게 과자라도 사 갈려면 빨리 팔려야 할텐데….
난 가지고 간 막대사탕을 한줌 쥐어 좌판에 얹어주곤 먹는 시늉을 하니 몇 개 남지 않은 이빨을 들어내며 환하게 웃는 할머니의 행복한 미소가 나에게도 전염병처럼 퍼져온다. 한잔 걸치셨는지 얼굴이 홍시처럼 물든 베레모를 쓴 아저씨가 자기 사진도 한장 찍으란다. 그리고는 안내인에게 사진을 현상해 오라고 명령을 하셨단다. 집에 돌아가면 이번 베트남 여행 사진은 현상해서 이들에게 보내 주어야 겠다.

1945년 월맹의 호치민 주석이 문화혁명을 했을 때 가장 먼저 시작한 것이 길을 만드는 도로 공사였다고 한다. 오늘 우리가 이용하는 이 길은 '행복로(Happiness road)'라 부르는데 1960년에 시작해서 10년동안 공사를 하였다고 한다. 그래서 산 속이지만 어느 구간은 길이 매우 잘 만들어져 있어 이렇게 편안하게 여행을 할 수 있지 않은가?

우리차는 계속 산위로 올라 가기만 한다. 어느덧 1,000m 높이에 있는 '천국문(Heaven Gate)'에 도착했다. 1939년 프랑스인에 의해 나무로 만들어 세워놓은 천국문은 지금은 사라지고 없고 그냥 이곳이 천국문이라는 설명만 쓰여져 있었다.

들일을 하는 아녀자

두 젖가슴 같은 요정 산

산 아래에 보이는 톰손(Tom-son)이라는 동네의 경치는 참으로 장관이다. 이 동네의 이름은 동네 한 복판에 산이 세 개가 있다 하여 톰손(Tom-son)이라 부른다고 한다. 또 산 위에서 보면 마치 여인의 볼록한 두 젖가슴을 얹어 놓은 듯한 형상의 나즈막한 두개의 산이 보이는데 이는 요정이 이곳 강 옆에 있는 동굴 속으로 목욕을 하러 왔다가 풍경이 너무 아름다워 젖가슴만 띄어 놓고 갔다고 하여 이 산을 요정(Fairy)의 산이라 부른다고 하였다.

성라 마을(Sung-La village)의 롤로(Lolo)족

동네를 지나 산으로 계곡으로 이어지는 인적없는 산길만 가는데 끝도 없고 한도 없다. 우리가 성라 마을(Sung-La village)에 도착 했을때는 늦은 오후 시간이였다. 이곳에 사는 롤로족은 모두 700~800명 정도이며 집구조나 사는 모습은 백몽족과 비슷했다. 몇 사람이 밭일을 마치고 집으로 돌아가는지 쟁기를 울러매고 걸어간다. 그런데 길에 다니는 사람들 중 아무도 전통 의상을 입은 사람이 보이지 않는다. 사진에서 그리고 책에서 롤로족들이 전통 의상을 입고 밭일도 하고 일상 생활을 하는 사진을 수없이 보아 왔는데 도대체 어떻게 된거야? 혹여 다른 동네에 온거 아닌가? 의아해하는 나에게 안내인은 "바로 이곳이 롤로족들이 사는 동네"라며 다른 동네에서는 이들을 볼 수 없다고 강조한다. 나는 이곳에 사는 모든 롤로족들은 그들의 전통 의상을 입고 일상 생활을 하는 줄 알았다.

사실 플라워 흐몽족을 비롯하여 많은 소수민족들이 그리 생활하는 것을 보았기 때문에 당연히 그럴꺼라고 생각했는데…. 여간 실망이 아니였다. 그런데 알고보니 이 전통 의상은 결혼식 등 특별한 의식이나 축제에만 입는다는 것이다. 이곳에서 롤로 전통 의상을 만드는 여인이 사는 집을 소개 받아 가보았다.

그 집 안으로 들어가는 문지방 위에는 전통 의상을 입고 찍은 그들의 결혼 사진이 걸려 있었다. 신부와 신랑이 같은 모양의 옷을 입었는데 얼마나 화려한지 마치 활짝 피어있는 꽃을 보는 느낌이다. 이 여인의 말에 의하면 예전에는 모든 롤로 여인들이 다 집에서 이 옷을 만들어 입고 또 남자들도 이 옷을 입었는데 이제는 몇 명의 사람들만 이 옷을 만들어 팔기도 하고 빌려 주기도 한다고 하였다.

바지와 상의, 허리띠, 머리띠 그리고 엉덩이 부분을 가리는 짧은 가리개를 다 만들어야 정장 옷 한벌이 완성되는 것이다. 이렇게 옷 한벌을 완성하는데 몇 년이 걸린다고 하며 완성된 옷은 결혼식때나 축제때에만 입는다고 한다. 여러 색깔의 천을 아주 작은 삼각형의 모형으로 접고 꿰메어 사각형의 조각을 만들고 그 사각형 조각을 양 소매와 상의의 등과 앞섶 그리고 바지 밑단에 연결해 붙인다. 그리고 이 조각으로 가득채운 큰 사각보를 만들어 엉덩이 부분을 가려 마치 쓰랑처럼 입는다. 남자는 두 개의 허리띠를 여자는 한 개의 화려한 패턴의 허리띠를 두루고 긴 천 양끝에 여러 색깔의 폼폼을 달아 그 천으로 머리를 장식한다.

몇 남지 않은 롤로 의상을 만드는 여인

이들의 의상이 소수민족의 의상 중 가장 화려하고 예쁘다고 정평이 나 있다.

그 집에서 나는 그 여인에게 폼폼 만들어 옷에 다는 방법도 배웠다. 그리고 그 여인이 만든 옷을 사서 입고 그와 기념 촬영도 하였다. 세월이 많이 흘러 이렇듯 변하니 언젠가 이들도 이런 문양으로 프린트 한 옷을 입을 날이 곧 올것만 같아 안타까웠다.

벌써 수많은 소수 민족들이 프린트 한 무늬의 천으로 만든 옷을 입고 현대 문명의 이기를 누리고 있는 것을 보았기 때문에 은근히 걱정이 된다. 그러나 이것은 내 입장에서 본 오직 나의 욕심이고 생각일 뿐이다.

눈알이 빠지게 길쌈하지 않아도 되고 어깨쭉지 아프게 바느질 하지 않아도 되며 빨래하기도 쉽고 다름질도 필요없는 천으로 옷을 해 입으면 얼마나 편하겠는가? 이 옷은 자기들이 시간과 정성을 들여 오랜시간에 걸쳐 만들어야 하는데 비해 프린트 한 천으로 만든 옷은 시장에 가서 돈을 주고 사면 된다.

그들 중에도 돈 있는 사람들만이 사 입을 수 있는 옷이다. 그리고 그 옷을 입으면 이때까지 자기들이 입던 것과 달라 선망의 대상이 된다. 그들도 입고 싶은 것을 선택 할 권리가 있기 때문에 할 말은 없지만 너무나 빨리 변해가는 것이 아쉬울 따름이다. 나는 욕심스럽게도 그들이 그저 그 자리에 멈추어 있어 주기를 원하고 있는 것이다. 아마 너무나도 빨리 변하는 세상에 살고 있는 나이기에 그들만이라도 변하지 않고 오래 머물러 있기를 원하고 또 그리워 하는지도 모르겠다.

동반(Dong Van)의 일요시장

동반(Dong Van)마을은 높은 바위 산에 둘러 쌓여있는 동네이다. 오늘 저녁은 이 동네에 하나밖에 없는 까오 뉴엔 다(Cao Nguyen Da)호텔에 묵는다. 말이좋아 호텔이지 메뚜기가 방에서 팔딱팔딱 뛰어다니는 자연과 함께 할 수 있는 그런 방이다.

예쁜 파란 메뚜기라면 그나마 볼만 하겠는데 색깔이 누런 송장 메뚜기들만 날뛰니 자기전에 밖으로 쫒아 내보내야 겠다. 아마 호텔방에 메뚜기가 있다면 아무도 믿지 않을 것같아 방문에 앉아있는 놈을 증명사진으로 찍어 두어야 겠다. 허기야 이 산속에 잘 곳이 있는 것 만도 어딘데…. 그까짓 메뚜기 타령을 하느냐고 물으면 할 말이 없다.

저녁 식사로 나온 이곳의 특산품인 소고기로 만든 소시지를 맛보니

너무 말라서인지 딱딱하고 그냥 보통 소시지와 별로 맛이 다르지 않았다. 자랑스럽게 부뚜막에 주렁주렁 매달아 놓은 소시지는 이 집에 특산품이라는데… 차라리 쌀국수나 먹고 잤으면 좋겠다고 주문을 하니 쌀국수는 아침에만 있다고 한다. 할 수 없이 오늘 저녁은 밥과 야채로 적당하게 떼워야 겠다. 그래도 이번엔 고추장을 가지고 왔으니 아무 요리에나 고추장만 짜서 넣으면 한국식 요리로 둔갑을 해 먹을만 하다.

우리와 여행 행선지가 같은 스위스(Swiss)에서 온 동갑내기 부부 라임하트(Rhinehart)와 로사(Rosa)를 이 식당에서 또 만났다. 동양 사람인 나도 불편한 이 하장 여행을 서양 사람인 이 부부가 하니 신기하기도 하고 호기심도 생긴다. 그러나 자기네는 고기도 먹고 술도 먹으니 오히려 우리들보다 먹는 문제는 한결 쉽다며 이 여행 후에 캄보디아(Cambodia)에 있는 앙코르 왓트(Ankor wat)가 있는 씨엠릿(Siem Reap)까지 간다고 하였다. 이들은 이곳에서 만난 아이들을 보면 자신들의 어린 시절이 생각난다고 하였다.

보드카(vodka)를 마시며 들려주는 이 부부의 이야기에 의하면 스위스 남부에도 60년 전에는 매우 가난하였다고 한다. 그래서 많은 아이들이 돈을 벌기위해 굴뚝 청소를 했는데 눈이 많은 지방이라 지붕의 경사가 가파른 집위에서 일을 하다가 떨어져 죽은 아이들이 많았다는 슬픈 이야기도 들려 주었다. 그 이야기를 들으니 스위스(Switzland)의 루체른(Lucern)에 갔을때 루스(Reuss)강 옆 공원 입구에 만들어 놓은 '사자상(The Lion Monument)'이에 대한 이야기가 생각났다.

1792년 프랑스 혁명(French Revolution)때 가난했던 조국 스위스를 위해 돈을 받고 용병을 자처하여 남의 나라인 프랑스에 가서 루이 16세와 마리 앙뚜아네뜨 일가를 보호하고 파리의 왕궁을 지키기 위해 죽음까지 바쳤다고 하는 유명한 이야기가 떠오른다.

"도망치라"고 소리지르는 프랑스 민중들에게 우리가 도망가면 스위스 용병에게 일을 맡길 사람이 어디있겠느냐고 죽기까지 신의를 지켜 임무를 수행했던 수 백명의 용병들! 그들을 기념하기 위해 덴마크(Denmark)의 트르발센(Truvalsen)이 조각해 놓은 이 '빈사의 사자상(Dying Lion)'을 보고 난 강가에 서서 1960년대에 월남 전쟁에 간 우리나라의 군인들을 생각했었다.

그 이후 세계적으로 스위스 용병은 가장 용감하고 신의를 가진 이들로 알려져 있고 그것을 증명이나 하듯 지금 바티칸에는 스위스 용병들이 바티칸을 지키는 일을 하고 있는 것은 다 알고 있는 사실이다. 세계의 부호들이 다투어 돈을 갖다 맡겨 부러울것이 없다고 생각했던 스위스라는 나라도 그런 어두웠던 과거가 있었다니 믿기 어려운 사실이 아닌가? 밤늦도록 모처럼 여행객들이 마주앉아 이런 이야기 저런 이야기를 하며 정말 좋은 시간을 보냈다. 보름달이 환히 비취는 동반(Dong Van)의 밤거리를 걸으며 내일 장터에서는 어떤 소수민족들을 만나 볼 수 있을까 상상의 나래를 펴 보았다.

밤새 추워 웅크리고 잔 덕에 어깨 쭉지가 결리고 몸이 찌뿌둥하다. 뜨거운 국물을 먹으면 조금 나아지겠지? 길에는 벌써 장 보러온 사람들로 왁자지껄 소란스럽고 활기가 차 보인다.

동반(Dong Van)에 있는 초후엔 시장(Cho Huyen Market)에는 강냉이로 만든 술, 각종 야채 그리고 가축들을 파는 곳에는 주로 백몽족들이 있고 쌀이나 곡식을 들고온 곳은 주로 눙족들이 있었으며 도시에서 물건을 가져와 팔고 있는 상인들도 제법 많았다. 그러나 아무리 둘러봐도 내가 찾은 백몽족의 허리띠는 발견할 수 없었고 무늬를 찍은 현대판 허리띠만 진열되어 있었다.

어머니의 손을 잡고 나온 어린 몽족 아이.

커다란 대나무 바구니를 짊어지고 나온 아저씨.

팔짱을 끼고 일렬로 서서 쌀만 파는 아낙들.

집에서 만든 술을 들고 나온 아낙들.

강에서 잡은 물고기에서부터 돼지고기를 파는 임시 푸주간 까지,

대나무 물담배를 피우는 할아버지.

호떡 굽는 할머니.

신발 수선하는 수선공 아저씨.

빵구난 냄비 때우는 아저씨.

농사에 필요한 농기구에서부터 옷, 그릇까지 그야말로 만물상이다. 이 일요시장은 베트남에서 가장 아름다운 소수민족의 시장이라 한다. 햇빛은 쨍쨍한데 시원하고 맑은 공기가 상쾌하기 이를데 없다.

동반(Dong Van)을 떠나 마피랭(Ma Pi Leng)산을

넘어 마오백(Mao Vac)에 있는 일요시장으로 향했다. 그리 멀지는 않지만 산속으로 나 있는 지그재그 길을 따라 가기 때문에 시간이 많이 걸릴 것 같다. 그러나 돌들이 콕콕 박혀있는 독특한 지형의 산들이 펼쳐져 있는 마피랭 산의 경치는 말로 다 표현할 수 없을만큼 아름답고 산 밑에는 중국과 경계를 이루는 강이 굽이굽이 흘러간다. 이 산턱에 집 한채, 저 산턱에 집 한채! 실처럼 이어진 가느다란

길만 보인다.

돌만 있는 돌산이라 흙이 없어 아래에서부터 흙을 져다 날라 산위에 뿌린 후 강냉이 씨를 심고 겨우 한해 농사를 짓고나면 흙들은 바람과 비에 다 없어져버리게 되어 이듬해 다시 흙을 져다 날라야만 농사를 짓는다는 백몽족들! 그러니 가난을 면하기가 얼마나 힘들까? 그래도 산이 좋아 산에 사는 산새처럼 그렇게 산과 더불어 자연에 순종하며 사는 백몽족을 보며 가슴이 저리며 그들을 향한 연민의 정을 느낀다.

마오백 시장은 시장 건물이 있어 그 안에 상가가 형성되어 있으며 건물 밖 길거리에는 집에서 갖고 온 야채, 마른 쌀국수, 찰밥 등을 팔고 있었다. 규모도 가장 컸고 사람들도 많았다. 이곳에서도 백몽

족, 자오족, 청몽족, 눙족 등을 만나볼 수 있었다.

시장에서 500동 짜리 찰밥 한덩어리를 사서 시장 사람들과 나누어 먹으며 구경하고 왔던 길과는 다른 길로 예민(Ye Mihn)을 거쳐 천연 꿀의 재배지라는 룽핀(Lung phin)을 거쳐 다시 하장으로 돌아왔다.

테이족(Tay)의 마을

오늘밤은 테이족의 집에서 자기로 했다. 테이족은 주로 평지에 자리를 잡고 살고 있어 농사를 짓고 가축을 키우는 등 소수민족 중에서는 가장 부유하다고 한다. 내가 머무른 이 집은 아들을 둘 둔 60세의 안주인이 조카들과 '홈스데이(Home Stay)'를 운영하고 있었다.

이들의 전통 가옥은 나무를 이용해 지었는데 지붕은 야자수 잎으로 덮었다. 아랫층은 가축사로 그리고 창고로 사용하고 이층에 사람이 기거한다. 이층은 나무 마루 바닥이고 여러 세대가 한 집에 살기 때

문인지 방이 매우 크다.

내가 머무른 집은 안주인의 친정 어머니가 가지고 있던 전통 가옥을 개조해서 수세식 화장실, 목욕실을 넣고 양 벽쪽으로 조그마한 방을 만들어 손님들이 잠 잘 곳을 만들어 관광 온 외국 손님들에게 이곳의 체험생활을 할 수 있게 만들었다.

방과 방 사이는 헝겊 커튼을 사용해 문과 벽을 대신했다. 침실에는 삼단요를 깔아 침상을 만들었고 가운데는 앉아서 이야기도 하고 식사도 하는 등 공동으로 사용할수 있는 공간이 있다. 집집마다 화장실이 조그만 연못에 연결되어 있어 화장실 냄새가 없고 그 연못에는 여러 종류의 야채를 재배하고 있었다.

모기가 많을 것 같아 걱정을 했는데 이곳에는 개구리가 많아 모기가 없으니 걱정 말라고 한다. 아니 지금이 언제인데 개구리가 있단 말인가? 그래도 자기 전에 모기장을 쳐 주어 안심했는데 아침에 일어나 보니 몇방 물렸다. 시도때도 없이 울어대는 닭 때문에 잠을 설쳤다는 사람도 있었지만 그것이 다 추억이 아니겠느냐고 얼렁뚱땅 둘러대는 안내인이 밉지 않았다.

집과 집 사이로 그리고 논과 논 사이로 난 좁은 길을 걸어 다니니 마치 한국의 농촌에 와 있는듯 하다. 짐을 챙겨 떠나오는데 뒤에서 누군가가 부른다. 봉지를 들고 뛰어 오는데 아뿔싸! 어제 저녁 자기전에 채 마르지 않은 꽃감을 잘 마르도록 바람이 잘 통하는 곳에 얹어 놓았는데 아침에 깜빡하고 그냥 나와 버린 것이다.

중국에서 축축한 꽃감을 사서 어제까지 잘 말리며 들고 다녔는데 이제 여행이 끝날 무렵 여기서 잊어버릴뻔하다니….

맙소사! 그래도 찾았으니 망정이지… 잊어버렸으면 억울해서 어떻게…. 새삼 순박한 이곳 사람들이 고맙게 느껴진다.

chapter 4

이집트
Egypt

광활한 사막과 피라미드, 거대한 신전들, 미이라,
수천년의 역사가 살아 숨쉬는 고대 이집트

피라미드와 스핑크스
세계 역사 공부 중에서 가장 기억에 남는 나라
고대 인류 문명의 발상지
고고학의 보고
모세와 함께 등장하는 부자나라
클레오파트라

이집트와 피라미드

에티오피아의 빅토리아 호수에서 흘러내린 물이 모여 청 나일강(Blue Nile)을 이루고 탄자니아의 산자락으로 부터 흘러내린 물은 백 나일강(White Nile)으로 흐르며 이 두 강이 수단에서 합쳐져 그 유명한 나일강을 이룬다.

아프리카의 남에서 북으로 장장 4,200m을 흐르며 이집트의 문명, 아니 세계의 문명을 일으킨 이 나일강은 지구에서 가장 긴 강으로써 수많은 파라오들의 흥망성쇠와 애환을 간직한 채 오늘도 묵묵히 구비구비 흐르며 조용히 지중해로 흘러 들어간다.

이집트!

이집트로 떠날 준비를 하는 동안 나의 가슴은 첫 데이트를 하는 숫처녀처럼 울렁거렸다면 너무 지나친 표현일까? 이집트의 그 무엇이 나를 이토록 잡아 끄는 것일까?

이집트는 BC 3200에 세워져 BC 341 비쟌틴에게 정복되어 아랍의 문명을 받아들이게 되었고 여러 나라의 침략을 받으며 겨우 명맥을 유지해 오다가 1922년 영국으로 부터 완전히 독립되어 오늘에 이르고 있다.

1869년 스에즈 운하의 개통으로 인해 교통의 요지로서 각광을 받게 된 아프리카 북동부에 있는 이 나라는 미국 뉴멕시코 주의 약 3배 정도 크기이다. 밤 비행기에 몸을 싣고 뉴욕을 거쳐 독일의 프랑크푸르트에서 아침을 먹고 카이로로 가는 비행기를 탔다.

이집트로 수학여행을 가는 독일 고등학교 학생들로 인해 비행기 안은 빈자리 하나 없을 정도로 만석이었다. 창문옆 자리에 앉고 싶었지만 어쩔수 없이 가운데 자리를 배정 받았다.

그동안의 피곤이 겹쳐 잠시 눈을 붙였는가 했는데 옆 좌석에 앉아있던 독일 학생이 나를 툭툭치면서

"피라미드!! 피라미드!!"라고 소리지르며 나의 달콤한 잠을 깨운다.

피라미드 속으로 들어가기 위해 계단을 오르는 저자

아~! 작은 유리 창문을 통해서 희미하게 보이는 거대한 피라미드. 책에서, 영화에서, 사진속에서 수없이 보아왔던 그 피라미드였다. 이렇게 내 앞에 우뚝 선 피라미드를 보니 내 심장은 딱 멎을 것만 같았다.

나는 드디어 5000년 역사의 뒤안길로 되돌아와서 파라오의 나라, 신비의 피라미드가 있는 이집트에 온 것이다. 이제 낙타를 타고 피라미드를 배경으로 사진도 찍어 보고, 스핑크스의 그 코가 정말 떨어져 있는지 확인도 해보고, 가능하다면 피라미드의 내부도 들어가 봐야겠다고 다짐해 본다.

도굴꾼들이 피라미드 속의 그 좁은 길로 들어가 매장되어 있던 보

물들을 다 훔쳐갔기에 그 다음 파라오
들은 아예 땅속에 묘를 만들었다고 하
지 않는가? 그래서 숨겨진 묘를 찾느라
지금도 영국의 고고학자들이 아예 이
곳에 진을 치고 흙 한줌, 돌맹이 하나도
내버리지 않고 연구 및 조사를 하고 있
다고 한다.

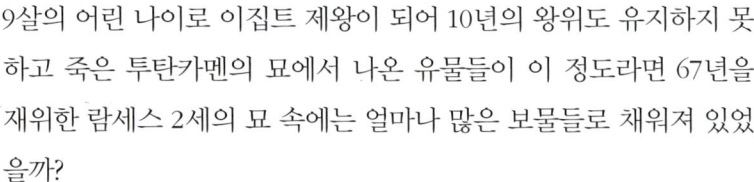

카이로에 있는 이집트 박물관 이층은
온통 투탄카멘 왕의 유물로 채워져 있다. 순금으로 만들어져 왕의
얼굴에 씌워졌던 황금가면(Golden Mask)을 비롯하여 수많은 유물
들을 구경하기 위해 세계 각국에서 온 사람들로 인해 인산인해를
이루었다.

9살의 어린 나이로 이집트 제왕이 되어 10년의 왕위도 유지하지 못
하고 죽은 투탄카멘의 묘에서 나온 유물들이 이 정도라면 67년을
재위한 람세스 2세의 묘 속에는 얼마나 많은 보물들로 채워져 있었
을까?

나는 파라오들이 살았고, 수많은 신전과 묘들이 있는 룩소르
(Luxor)에서 아스완(Aswan)까지 그들의 발자취를 따라 그들과 만
나고 숨결을 느끼며 그들의 일상생활과 밀접했던 나일강을 따라 여
행하기로 하였다.

나일강의 동쪽은 죽음의 땅, 서쪽은 삶의 땅, 그래서 룩소르 신전
(Luxor Temple), 카르낙 신전(Karnak Temple)들은 서쪽에 있고
왕과 여왕, 귀족들의 묘(Valley of Queen, Valley of King, Valley of
Noble)는 모두 동편에 있다.

광활한 사막과 피라미드, 거대한 신전들, 미이라, 수천년의 역사가
살아 숨쉬는 고대 이집트 여행을 시작해 본다.

룩소르 신전

카르낙 신전 (Karnak Temple)

룩소르(Luxor)는 카이로의 남쪽에 위치하며 비행기로 2시간, 열차로는 12시간 정도 소요되는 먼 거리다. 이곳에는 룩소르 신전(Luxor Temple)과 카르낙 신전(Karnak Temple)이 거대하게 그 장엄함을 뽐내고 있었는데 우리는 먼저 카르낙 신전으로 갔다.

그 옛날 기계문명이 없었던 시절에 지어졌던 이 사원들을 둘러보며 어떻게 사람의 힘으로 이렇게 어마어마하게 큰 사원을 세웠는지 의아할 만큼 규모나 크기가 나의 상상을 초월했고 경이로움에 다물어지지 않은 입은 아예 얼어버렸다.

지금은 많이 훼손되었다고는 하나 현재까지 남아있는 인간이 만든 사원 중 가장 큰 사원이라는 카르낙 사원은 오랜 세월이 지난 지금까지도 그 자리에 우뚝 높이 서 있어 그 위용을 자랑하고 있었다. 하늘을 찌를 듯 높이 서있는 오벨리스크(obelisk), 수백 개의 거대한 돌 기둥과 제왕들의 석상들이 있는 카르낙 신전. 아문왕의 상징인 산양 머리에 사자의 몸을 붙인 스핑크스들이 사원 입구 양쪽으로 사열되어 있는 이 카르낙 사원은 아문왕의 시작으로 람세스 1세, 세티 1세(람세스 2세의 아버지) 그리고 람세스 2세 등 4왕조를 지나며 완성되었다고 한다. 돌기둥 하나하나에 새겨져 있는 양각들, 벽면에 그려진 아름다운 그림들은 화려했던 고대 이집트의 이야

하이포스타일 홀

기를 말없이 우리들에게 들려주고 있었고 그곳을 다니며 구경하던 나는 어느새 그들의 생활속으로 점점 빨려 들어가고 있는 것 같았다. 파라오의 발에 신겨진 샌들은 지금 현대를 살고 있는 우리들도 신고 있으며 파라오의 짧은 스커트는 현대 젊은 여성들이 선호하는 미니스커트가 아닐까?

사원 입구 양쪽에 나란히 서 있는 산양같이 생긴 스핑크스의 사열을 받으며 카르낙 사원 안으로 들어가면 양쪽에 위풍당당하게 서있는 거대한 람세스 2세 석상이 나를 바라보며 왜 이제서야 찾아 왔느냐고 묻는 듯 하다.

이곳을 지나 6개의 광장으로 이루어진 카르낙 사원 안으로 들어 갈수록 사원 바닥이 서서히 높아져서 6번째 제사를 지내는 마지막 성소를 만나게 된다. 이 성소는 입구보다 많이 높은 곳에 있다고 하나 워낙 경사가 완만해서인지 나는 전혀 느낄 수가 없었다.

거대한 돌기둥 사이를 이리저리 다니며 구경하는 나에게 유난히도 기억에 남는 곳은 이 사원에서 가장 독특했던 3번째 광장(court)에 있는 하이포스타일(Hypostyle)이었다. Hypostyle Hall을 나름대로 번역 해보면 기둥이 많다는 '다주원'이라고나 할까? 중앙에는 파피루스 모양의 거대

한 원형 기둥들이 서 있는데 높이가 21m 둘레는 내가 양팔을 벌려 한 세 바퀴 돌 정도로 약 10m 되는 굵은 돌기둥이 12개 있었고 그 주위에는 높이가 10~13m, 둘레는 8.5m 굵기의 돌기둥 122개가 숲을 이루고 있었다. 이 돌기둥은 고대 이집트인들에겐 곡식들이 이 돌기둥처럼 잘 자라기를 바라는 상징적인 표현이라고 한다. 그

러니 동서고금을 막론하고 백성들의 식량문제는 제왕들의 가장 큰 숙제였음을 머나먼 이곳에 와서도 느낄 수 있었다. 예전에는 이 돌기둥 위로 돌을 얹어놓아 지붕을 만들었다는데 지금은 많이 파괴되어 군데군데 조금만 남아있어 돌기둥 사이사이로 파란 하늘이 보였다.

여러 왕조가 계속되면서 여러번 증축하며 지은 이 사원은 각 왕조의 특색을 잘 살린 그 당시 왕의 거대한 석상이 세워져 있었는데 얼굴을 분별하기가 쉽지 않아 자세히 설명을 듣지 않고서는 그 얼굴이 그 얼굴인 듯 했다.

엄청나게 큰 돌 하나 하나를 나일강 남쪽에 있는 도시 아스완(Aswan)에서 뗏목을 이용하여 운반해 이 카르낙 사원과 룩소르 사원을 지었다고 한다. 또 이 사원을 지은 사람들이 노예나 포로들이 아닌 모두 기술자들이었다고 설명하는 안내원의 이야기는 내가 알고 있던 사실과는 전혀 다른 이야기 같아 잠시 혼동되었다.

성경속에는 많은 사람들이 이집트에 포로로 잡혀 간 사실이 있으며 '모세'라는 영화속에서도 이스라엘 포로들을 혹사시키는 장면들을 우리들은 보지 않았던가? 그러나 나일강가에 세워진 많은 사원들을 둘러보고나니 안내원의 말에 신빙성이 갔다. 잡혀 온 남의 나라 포로들이 그토록 정성들여 양각을 만들지도 않았을 것 같고 정교하게 만들어진 수많은 제왕과 신들의 석상들, 똑같은 모양과 같은 크기의 스핑크스상들을 볼 때 그들만의 장인정신을 엿볼 수 있었기 때문이다.

이 사원의 중앙에 있는 광장에는 약 22m 높이의 오벨리스크(무게 143톤)가 하늘을 찌를듯이 서 있었다. 원래는 4개였으나 지금은 한 개만 남아 있는 이 오벨리스크는 투트모스 1세가 세웠으며 중앙면에 새겨진 글은 이 왕에 관한 글이라고 한다.

마지막 광장에는 제사를 지내던 성전이 있는 곳인데 이곳에도 화강암으로 만든 돌기둥이 두 개 서 있으며 왼쪽 돌기둥은 파피루스 모양이고 오른쪽 것은 연꽃(Lotus) 모양이었다.
거대한 돌담과 돌기둥들, 제왕들의 석상들, 스핑크스의 행열들….
아~, 지나간 영화는 다 어디로 갔단 말인가? 갑자기 불어오는 회오리 바람속으로 붉은 흙들이 돌돌말려 하늘로 올라가며 파란하늘에 붉은 줄을 그어 놓는다.

룩소르 사원(Luxor Temple)

카르낙 사원이 제사를 지내는 사원이라면 룩소르 사원은 축제(festival)를 하는 곳이라 한다. 고대 이집트의 수도였던 테베 중앙에 자리하고 있는 길이가 장장 260m나 되는 이 사원은 아멘호텝 3세와 람세스 2세에 의해서 지어졌다고 한다.
카르낙 사원 남쪽 2km쯤 떨어져 자리잡은 룩소르 사원의 양쪽 입구에는 사람의 얼굴과 사자의 몸을 하고 있는 스핑크스들이 사열되어 있었다.
고대 이집트인은 이 사자들의 날카로운 발톱이 왕을 보호 할 것이라고 굳게 믿었다. 그래서 이집트 사원을 다녀보면 많은 스핑크스를 볼 수 있다.
그리고 람세스 2세가 쓰고 있는 두개의 왕관은 그가 북부 이집트(Upper Egypt)와 남부 이집트(Lower Egypt)의 통치자임을 나타내는 것을 의미한다고 한다. 지금은 떨어져 나가고 없는 우레우스(uraeus : 코브라 뱀머리처럼 만든 장식)를 이마에 달고 의자에 앉아 양손을 무릎위에 올려놓는 15.5m 높이의 석

상이 룩소르 사원 입구 양쪽에 세워져 있었고 지금은 하나 밖에 남아있지 않지만 예전에는 그 양 옆으로 계속해서 람세스 2세의 석상들이 서 있었다고 한다.

이 모든 석상들은 1~2m 높이의 사각돌 위에 올려져 있었다. 또 왼쪽 석상 옆에는 붉은색 화강암으로 만든 25m 높이의 오벨리스크(obelisk)가 서 있는데 이 오벨리스크(obelisk)는 람세스 2세가 소 아시아국의 강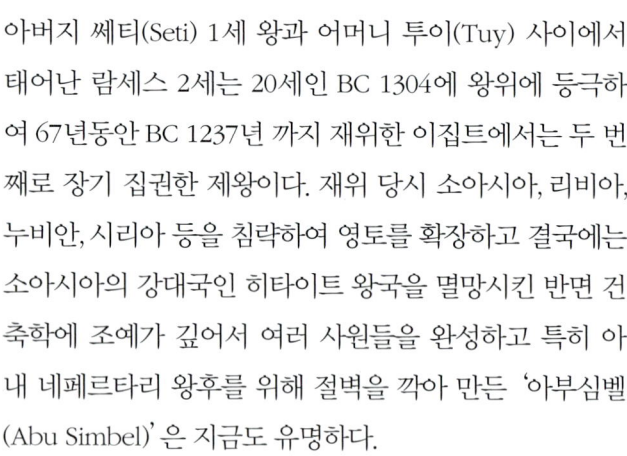
대국 히타이트(Hittites, 지금의 터키)를 전멸시킨 후 이를 기념하기 위해 세운 탑으로써 전쟁에 관한 자세한 기록이 새겨져 있다.

안내원의 설명에 의하면 원래는 똑같은 크기의 오벨리스크(obelisk)가 양쪽에 두 개 있었으나 한 개는 1833년 프랑스에서 가져갔기 때문에 룩소르 사원에는 없고 파리의 콩코드 광장에 가면 나머지 한 개를 볼 수 있다고 한다.

몇 년전 바티칸에 갔을 때 본 베드로성당 광장에 우뚝 서 있었던 오벨리스크(obelisk), 이스탄불에 있는 오벨리스크도 이집트에서 가져간 것이라 한다. 그 무겁고 큰 오벨리스크를 힘들게 가지고 간 이유는 무엇일까? 여기서 잠시 그 유명한 파라오 람세스 2세를 소개하려고 한다.

아버지 쎄티(Seti) 1세 왕과 어머니 투이(Tuy) 사이에서 태어난 람세스 2세는 20세인 BC 1304에 왕위에 등극하여 67년동안 BC 1237년 까지 재위한 이집트에서는 두 번째로 장기 집권한 제왕이다. 재위 당시 소아시아, 리비아, 누비안, 시리아 등을 침략하여 영토를 확장하고 결국에는 소아시아의 강대국인 히타이트 왕국을 멸망시킨 반면 건축학에 조예가 깊어서 여러 사원들을 완성하고 특히 아내 네페르타리 왕후를 위해 절벽을 깎아 만든 '아부심벨(Abu Simbel)'은 지금도 유명하다.

그는 여러명의 부인을 두었는데 그중에서 가장 총애받

은 왕비는 네페르타리 왕후였다. 여러 부인들 사이에서 92명의 아들과 106명의 딸을 두었다고 한다. 그러나 그의 왕위를 계승한 아들은 네페르타리의 후손이 아닌 아이시노프렉(Isinofrek)왕비의 아들인 메란프타(Merenptah)가 왕위를 계승하게 된다.

하트셉수트(Hatshipsut) 사원과 미이라

'미이라' 하면 이집트를 연상 할 만큼 이집트는 미이라가 많은 나라이다. 그들은 사람뿐만 아니라 모든 가축과 동물들도 미이라로 만들었다. 사막이 있어서 건조하고 더운 이집트의 날씨는 미이라를 만드는데 큰 장점이 되기도 하지만 고대 이집트 사람들은 죽음 이후부터 영원히 죽지 않고 살 수 있는 세상이 있다고 믿었기에 그 세상을 위해 몸을 잘 보관하는 방법에서 미이라가 시작 되었다고 한다.

기원전 2600년부터 시작된 미이라 작업은 특별히 훈련 받은 제사장들에 의해서만 이루어졌다. 비싼 향료를 사용하여 미이라를 만들어야 하기 때문에 그 시대에는 왕족들 밖에 할 수 없었지만 '하트셉수트 여왕' 통치 이후부터는 보통 평민들도 쉽게 미이라를 만들 수 있게 되었다. 외국에서 향료나무를 들여와 이집트에 보급시킨 사람이 바로 이 여왕이기 때문이다.

하트셉수트 여왕은 아버지 투트머스 1세와 어머니 아모스 사이의 장녀로 태어나 공주의 신분으로 궁에서 모든 왕족의 교육을 받고 자란 미모와 재덕을 갖춘 야망이 많은 공주였다. 아버지 투트머스 1세가 죽고 이복동생인 투트머스 2세가 왕위를 계승하게 되자 선왕의 장녀는 후계자 왕과 결혼해야 한다는 이집트 왕가의 관습에 의

해 이복동생인 투트머스 2세와 결혼하게 되었다.

그러나 투트머스 2세가 오래 살지 못하고 죽자 여왕의 아들이자 조카인 어린 왕자가 투트머스 3세로 등극하게 되고 왕이 어리다는 이유로 하트셉수트 여왕은 수렴청정을 시작하게 되면서 파라오의 길을 걷기 시작했다.

BC 1470경 섭정을 하던 여왕은 드디어 어린왕자를 뒷켠으로 몰아내고 자신이 직접 파라오로 등극하여 이집트, 아니 세계의 첫 여왕이 되었다. 이 여왕은 늘 남자들이 입는 옷을 입었고 가짜 수염도 달고 다니며 남자처럼 행동한 괴짜였지만 이러한 행동들이 그녀가 왕위를 지키는데 한몫을 하였다고 한다.

그녀는 인근나라와 교역을 시작하여 에보니나무(ebony tree), 상아, 모피, 향수, 향료나무를 들여왔고 특히 향료는 미이라를 만드는데 필수적이였으므로 이 향료 나무를 이집트에 정착시켜 많은 사람들로 하여금 비싼 돈을 들이지 않고 향료를 살 수 있도록하여 이집트의 평민들도 미이라를 만들게 되었다. 또 여왕은 자기 이름을 붙인 거대한 사원을 왕의 계곡(Valley of King)에 세워 이곳에서 왕들과

1 하트셉수트 사원 전경
2 미이라를 담은 나무 겉관

왕녀들의 미이라 만드는 작업을 하게 하였다.

꼭 그리스의 신전처럼 기둥이 많은 이 사원은 뒤에 높은 절벽을 이용하여 세워졌고 그 안의 벽이나 기둥에는 여왕과 '아몬-라' 신과의 대화를 담은 양각들이 정교하게 만들어져 있었다. 파라오들은 신들과의 대화가 가능한 사람이어야 하기 때문에 이렇게 자신은 항상 신들과 대화하는 사람임을 강조

하트셉수트 사원에 세워놓은 조형물

하여 많은 제사장들로부터 지지를 받아냈다고 한다. 오랜 세월이 지난 지금도 당당하게 서 있는 이 신전을 바라보며 남자 파라오들의 세계를 정복한 하트셉수트 여왕에게 경의를 표한다.

아참! 이 여왕이 바로 아기 모세를 나일강에서 주위와 궁에서 키우며 모든 왕실의 교육을 받게 하였지만 후에 이스라엘 사람들을 데리고 출애굽을 한 지도자 모세를 키운 분이라고 하였다.

여왕은 13년의 재위 기간 동안 이집트를 위하여 많은 일을 했지만 어떻게 죽었는지에 대해서는 아무런 기록이 없을뿐더러 아직까지 여왕의 미이라조차 발견하지 못했다. 아마 여왕에게 왕위를 빼앗겨 한이 많았던 투트머스 3세가 다시 왕위를 회복하면서 고대 이집트에서 가장 훌륭한 왕으로 기록될 만큼 많은 일을 했던 여왕의 모든 기록을 없애지 않았을까? 하고 말끝을 흐리는 안내인의 말에는 수긍이 갔다.

왕들의 계곡 (Valley of the King)

나무 한 그루 풀 한 포기 자라지 못하는 건조한 땅, 온통 모래의 민둥산 사이로 우리는 트램을 타고 제왕들의 묘가 있는 왕들의 계곡(Valley of the King)에 도착했다. 우리가 나일강을 찾은 계절은 1월 달 인데도 어찌나 더운지 땀으로 목욕을 하는것 같다.

왕들의 계곡에는 여러 왕들의 묘가 있었는데 그 중에 어느 왕의 묘를 선택해 그 속으로 들어가 관람할 것인가를 결정하기가 쉽지 않았다. 티켓 한 장을 사면 3개 왕의 묘만 구경할 수 있기 때문이다. 그곳에는 죽어서도 세계를 떠들썩하게 만들었던 투탄카멘 왕의 묘, 투트머스, 람세스 왕의 묘도 있어 갈등이 많이 되었다.

왕들의 계곡으로 들어가는 입장권을 사서 들어왔는데도 투탄카멘묘에 들어 갈려고 하니 이곳은 예외라고 또 표를 사라고 한다. 이집트는 정말 선조들 덕분에 떼돈을 벌고 있는 나라인 것 같다. 묘마다 따로 표를 사고도 입장권을 다시 구입해야 하고 값도 만만치 않다.

우리나라 왕릉처럼 봉분이 있는 건 아니고 모래언덕에 굴을 파서 지하로 내려가는 형식의 무덤이였다. 무덤 입구에 있는 문은 사람이 한 두 명 들어갈 정도로 좁았지만 그곳으로 들어가 삐거덕 거리는 나무계단으로 내려 갔더니 제법 큰 크기의 방들이 하나, 둘 씩 나왔다.

묘 입구에서부터 연결된 전기줄에 초

무덤 속의 벽화

라하게 매달려 있는 희미한 전등불을 따라 나는 어느새 고대 이집트 궁전에 초대받은 나그네처럼 어디서 나타날지도 모를 그 당시의 사람을 찾아 두리번거리며 이곳 저곳 들러보았다.

훔쳐 갈 수 있는 것은 무거운 대리석 석관 밖에 없는데도 경비가 삼엄하다. 복도에는 여러가지의 벽화들이 그려져 있었는데 어떤 것에는 사후세계의 신들로부터 환영을 받는

무덤 속의 벽화

벽화, 또 다른 것에는 신들에게 제물을 바치는 것 등이 있었다. 작은 방 들에는 왕이 생전에 사용하던 가구, 호위병의 석상 등이 있었고 마지막 방에는 왕의 시신을 눕힌 관이 대리석이나 화강암으로 만들어져 있었 다. 이런 물건들이나 무거운 관을 어떤 방법으로 이곳에 끌고 들어왔는 지 의아해하며 벌어진 입을 다물지 못하고 그렇게 서 있었던 적이 한 두 번이 아니다.

어떤 방은 돔 형식의 천정도 있고 또 어떤 방은 평평한 단면의 천정을 만들어 변화를 주었고 이 천정과 벽에는 이집트인들이 믿는 신들의 벽 화들이 다양한 색깔로 그려져 있어 이 곳이 묘 속인가? 신전 인가? 구분 이 잘 안 된다.

보통 파라오들은 왕으로 즉위하면서부터 자기 묘를 준비 한다고 한다. 묘를 설계하여 만들다가 고치고 증축하며 완성하는데 약 6년이 걸린다 고 하며 그렇게 자기 사후를 설계한다고 하였다.

길이가 100m나 되는 쎄티 1세의 왕묘!

묘 중간 중간에 도굴꾼이나 외부 침입자가 빠지면 죽을 수 밖에 없게 깊 은 구덩이를 파놓은 투트머스 3세의 묘!

일반적으로 이 묘들은 얼마나 깊은지, 또 얼마나 화려한 벽화가 있는지

만 다를 뿐 대동소이하며 각 방으로 내려 갈 때마다 더 땅속으로 내려가게 만들었고 마지막 제일 깊은 끝방에 화강암이나 대리석으로 만든 석관이 있는데 이 관속에 파라오의 미이라가 안치되어 있다고 한다. 그런데 어떤 묘에는 가짜 빈 석관만이 있고 진짜 미이라는 다른 곳에 옮겨놓는 위장술도 많이 쓰여졌다고 하여 도굴꾼을 피하기 위한 필사의 노력을 하였던 흔적을 엿볼 수 있었고 그러기에 아직도 찾지 못한 묘가 남아 있다고 한다.

쎄티 1세의 묘에서는 한 구의 미이라도 발견 못했는데 아멘호텝 2세의 묘에서는 3구의 미이라를 한꺼번에 발견했다니 그때나 지금이나 묘를 뒤지는 도굴꾼들은 어디에나 있었나 보다. 일평생 피땀 흘려 일하기 보다는 한번의 도굴로 평생 팔자를 고치려는 양심에 털 난 인간들도 있기에 고대 이집트의 제왕들은 피라미드를 땅굴을 파는 방법으로 바꾸어 묘를 만들었다고 한다.

미이라의 내장을 담는 용기들

묘 속에 들어갈 때는 안내인이 함께 내려갈 수 없어 관람을 하고 나온 후에 다시 설명을 들어야 했던 불편함이 아직도 머리에 남아 있지만 한 명이라도 적게 들어가야 그만큼 훼손을 방지할 수 있다는 설명엔 동감할 수 밖에 없었다.

람세스 6세 무덤 밑에 있는 투탄카멘의 묘는 영국의 고고학자 하와드 카터(Howard Carter)와 죠지 카나번 경(Lord George Carnarvon)에 의해 1922년 11월 4일 발견되어 세계를 떠들썩 하게 했다고 한다. 5000년 동안 누구의 손도 닿지 않고 고이 잠자고 있던 파라오의 유물들이 하나 하나 옷을 벗으며 성큼 우리에게 나타나 다가온 것이다. "무엇이 보이느냐?"는 카나번 경의 물음에 "네, 환상 그 자체입니다."라고 대답하던 감격스러운 카터의 떨리는 목소리가 지금 투탄카멘 묘 앞에 서 있는 나의 귀에도 들리는 듯 하다.

투탄카멘 왕의 묘

5000년의 깊은 잠에서 깨어나 세계를 놀라게 한 투탄카멘왕! 그는 누구인가? 9살의 어린나이로 이집트의 파라오로 등극하여 10년을 채우지 못하고 갑자기 죽은 비운의 왕. 어린나이에 왕이 되어 특별한 치적은 없지만 그의 대한 문헌들이 카르낙 사원 벽에 새겨져 있다고 한다.

생전에 그는 자기가 죽으면 그가 제일 좋아하는 할아버지 아멘호텝 3세 옆에 묻히겠다고 말해 왔었지만 어린나이에 찾아 온 갑작스러운 죽음은 투탄카멘왕에게 묘를 완성할 시간을 주지 않아 하는 수없이 다른 사람이 준비해 놓았던 묘에 묻힌 왕이다.

어떤 학자는 투탄카멘왕이 살해 당했거나 마차에서 떨어져 죽었다고 하나 확실한 근거는 없고 다만 미이라의 뼈와 관절을 조사한 결과 약 18세때 죽었을 것이라고 추측할 뿐이다. 또한 관속에서 발견된 꽃들을 연구한 결과 약 3~4월경에 매장되었을 것으로 추측한다고 한다.

투탄카멘왕의 묘는 다른 파라오의 묘에 비하여 작고도 단순하였다. 땅속으로 만들어진 계단을 내려가 9m 정도 길이의 복도를 지나면 대기실이 나온다. 그리고 대기실 뒷 편 방에는 사후 세계에서 사용할 많은 물건들을 넣어 놓았던 별채가 있었고 대기실 오른편 쪽에 관을 모셔놓은 무덤이 있었다.

무덤 옆에 있는 방에는 그가 생전에 쓰던 많은 가구들과 보물들로 가득 차 있었는데 그 유물들은 모두 카이로 박물관으로 옮겨졌고 그 중 일부 유물들이 세계의 유명한 박물관을 다니며 전시회를 하고 있다. 그곳에서 나온 유품은 그 유명한 파라오의 '황금가면(Golden Mask)'을 비롯하여 3,500여점이나 된다.

오랜 고생 끝에 투탄카멘왕의 무덤을 발견하고 얼마 후에 굳게 닫혔던 묘의 문을 연 후 기분좋게 숙소로 돌아온 카터에게 숨차게 달려나온 집사의 두 손바닥엔 카터가 숙소에서 키우던 노랑 카나리아의 깃털 몇 개가 팔락거리고 있었다.

집사는 두려움에 사시나무처럼 떨며 이는 분명히 파라오의 코부라가 와서 카나리아를 죽였다며 문이 열린 채 매달려 있는 새장 밑에 흩어져 있던 새의 깃털을 주어왔다고 보고하였다.

그리고 카터씨가 파라오의 무덤을 여는 일을 중단하기를 간곡히 권했다고 한다. 그는 잠자는 파라오를 깨우는 사람에게는 '죽음' 이라는 파라오의 저주가 카터씨에게도 온다고 믿었기 때문이다.

실제로 파라오의 저주가 있었는지는 모르지만 묘를 발견하고 얼마 지나지 않아 벌레에게 오른쪽 턱부분을 물린 카나번경이 카이로 병원으로 후송되어 치료를 받던 중 사망했는데 투탄카멘왕도 똑같은 부위에 상처 흔적이 있다고 한다.

그 후에도 카터의 비서를 비롯하여 이 일에 관련했던 21명의 사람들이 죽어 그 당시에는 잠자는 파라오를 깨운 저주에 의해 이런 일이 일어났다고 믿는 사람들이 많았다고 전해진다.

정말 파라오의 저주는 있었을까? 아무튼 용감했던 고고학자 카터와 부자 카나번경의 무단한 수고와 노력에 의해 우리는 화려했던 5000년 전의 이집트의 역사속으로 돌아가서 그 당시를 생생하게 볼 수 있게 된 것은 얼마나 다행한 일인가?

카이로 박물관에서 보았던 투탄카멘왕의 황금 마스크, 화려한 여러 겹의 관, 황금의자, 금관, 황금으로 만든 경호원, 마차 등 많은 유물들은 나를 환상의 세계로 밀어 넣었고 그 많은 유물들을 무덤 속 제자리에 배치하느라 내 머릿속은 온통 혼동, 그 자체였다.

왕녀들의 계곡(Valley of Queen)

이태리 고고학자에 의해 발견된 이 '왕녀들의 계곡(Valley of Queen)'에는 약 90구의 왕비, 공주, 어린왕자들의 묘가 있는 곳이다. 이곳에서 가장 볼 만한, 아니 가장 잘 보존된 묘가 바로 이 네페르타리 왕비의 묘라고 한다.

이집트의 왕비나 여왕으로는 클레오파트라, 네페르티티, 네페르타리, 하트셉수트 여왕을 손꼽을 수 있다. 이 네 분의 여왕이 다 유명하지만 묘는 단연 네페르타리의 묘를 제일로 꼽는다. 하루에 200매의 입장권만 파는 관계로 미리 예매를 하지 않으면 볼 수 없는 곳이라고 한다.

네페르타리 왕후 무덤속의 벽화

이곳 역시 왕들의 계곡 같이 나무 한 그루 풀 한 포기 없는 민둥산의 연속이었다. 우리를 태운 자동차는 먼지를 뽀얗게 내며 달리다가 입구를 지나 우리를 내려놓았고 우리들은 차에서 내리자마자 달음박질하여 '네페르타리묘'라는 표시판이 세워진 곳으로 뛰어갔다.

네페르타리는 람세스 2세가 가장 총애하던 조강지처이며 람세스 2세의 통치기간 동안 그에게 가장 많은 영향력을 주었던 왕후였다. 네페르타리라는 이름처럼 무척이나 늘씬한 몸매를 가진 아름다운 여인이며 손 모양 등을 보아 예술적 감각도 뛰어 났을 것이라고 하였다.

BC 1279에 람세스 2세와 결혼해서 BC 1255 그녀가 죽을 때까지 24년동안 왕후로써 4명의 아들과 2명의 딸을 낳았다. 왕후가 죽고 난 후에 왕후를 그리워 하던 왕은 네페르타리 왕후가 낳은 두 딸 메리타몬(Meritamon)과 네베타우이(Nebettaui)와도 결혼했다고 한다.

족보가 좀 이상해지는 것 같지만 엄연한 사실이니 그냥 넘어갈 수밖에…. 그리도 사랑하던 아내이기에 람세스 2세가 관심을 기울여 만든 네페르타리의 묘는 왕녀의 계곡에서도 가장 아름답다우며 특히 여러가지 색깔로 벽에 그려놓은 수많은 벽화로 인해 이 묘를 '이집트의 시스틴 성당'이라고 불린다.

이태리 고고학자 어네스토 쉬아페릴리(Ernesto Schiaperelli)에 의해 1941년 발견되었으나 상태가 좋지 않아 1977년 보수 작업을 했고 다시 1986년 미국 게티박물관과 이집트 국립 문화재 관리국의 합작으로 작업을 시작하여 1992년 복원 작업을 완전히 끝내고 1995년부터는 제한된 일부 관객들에게만 공개되기 시작했다고 한다. 많은 사람들이 동시에 묘 속으로 들어가면 입김, 땀 등의 습기로 인해 내부시설들이 파손될 염려 때문이란다.

입구에서 카메라 및 비디오카메라를 보관하고 들어가라는 경고문에 따라 모두 맡기고 묘 속으로 연결되는 나무계단을 한발 한발 조심스럽게 내려가니 대기실이 나온다. 땅속 벽에는 하얀 횟가루(plaster)를 벽에다 발라서 그 위에다가 그림을 그렸는데 오랜 세월이 지나는 동안 땅속에서 광물질이 크리스탈의 모양으로 생성되어 횟가루 부분이 벽으로부터 분리되어 떨어져 나오며 그림이 많이 훼손 된 것이 보였다.

네페르타리 왕후

그림은 주로 네페르타리 왕후의 사후세계에 관한 그림이라고 하였는데 여러 스타일의 옷을 멋있게 입은 늘씬한 여왕이 머리에는 람세스 대왕처럼 이중관, 또는 다른 관을 쓰고 여러 신들과 만나는 모습을 그린 그림, 여왕을 보호하는 여러 신들과 동물들의 그림, 여왕이 신들에게 제물을 바치는 모습을 담은 그림 등 많은 그림들이 고대 이집트의 글자였던 카투시(cartouche)와 더불어 벽에 그려져 있었다.

'그 옛날 어떻게 이러한 여러가지 색깔을 낼 수 있는 염료를 만들었을까 하는 의문과 더불어 아직도 바래지 않고 선명한 색깔을 보여주고 있는 그림들이 마치 5000년 전이 아닌 조금 전에 그린 그림 같아서 매우 인상적이었다.

여러 줄의 두꺼운 목걸이, 귀에 구멍을 내어 단 귀걸이, 손목팔찌, 발목발찌, 얼굴에 한 화장 특히 눈화장, 머리 모양, 샌들, 원피스, 허리띠 등 그림속에 있는 사람들의 장식품들이 유난히도 나의 시선을 끌었다.

이집트 187

대기실 오른쪽 옆으로 방이 두 개 더 있었고 다시 계단을 통하여 땅 속으로 더 내려가면 양쪽으로 조그마한 별채가 딸린 큰 무덤이 나온다. 여기에 왕후의 관이 안치되어 있었다.

이 방은 사방 모서리에 약 1m 넓이의 큰 네모난 기둥을 네 구석에 세워놓았고 기둥 벽에도 모두 그림과 고대 이집트의 글자인 카투시가 쓰여져 있었으며 방의 중앙에는 사각형으로 약간 낮게 파놓고 그 속에 화강암으로 만든 석관이 놓여져 있었다.

천정에는 수많은 별들이 그려져 있고 무덤 뒤로 조그마한 방이 하나 더 있었다. 내가 묘 속에 있는건지 어느 박물관에 들어와 있는지 구별이 안 되었다. 넓고 쾌적한 이 지하 삼층의 공간이 5000년전에 만들어진 묘속이라니….

이 묘 속에 있어야 할 왕후의 미이라는 발견 못했다던데….

묘를 떠나 나오기전 차디찬 빈 화강암관에 손을 올려놓고 고인의 명복을 빌어본다.

아름다운 여인이여!

깊은 잠에서 깨어나지 마소서!

나일강

룩소르 구경을 마치고 배로 돌아온 우리들을 태운 크루즈 배는 나일강 상류를 향해 뱃고동을 울리며 서서히 검은 나일강으로 떠났다. 강폭은 그리 넓지 않지만 깊이는 무척 깊다는 나일강 위로 우리가 탄 4층짜리 배는 소리도 없이 미끄러져 파라오들의 도시 룩소르를 떠나 나일강 옆에 있는 작은 도시 및 사원들이 있는 곳에 정박하여 이곳 저곳들을 구경하며 아스완까지 갈 예정이다.

나일강! 에티오피아의 빅토리아 호수로부터 시작하여 지중해까지 연결되는 동안 9개국을 거치고 하루에 3억 큐빅미터의 물을 나르며 수많은 사람들의 수원이 되었고, 목축과 농업의 젖줄 역할을 하면서 장장 6,700km(4,200mile)을 흘러 지중해로 들어간다.

이 나일강에는 4개의 댐이 만들어져 있어 장마때마다 일어나는 홍수를 막을 뿐 아니라 관개사업과 수력발전에도 이바지한다. 특히 아스완에 세워진 아스완 댐은 이집트 전국에서 쓰는 전력의 50%를 공급한다고 하니 일석이조가 아닌가? 믿거나 말거나 95%의 인구가 나일강 주변 12마일 안에 산다고 하니 정말 이 나일강이 특별한 것만은 사실이다.

2~3m 정도 길이의 작은 쪽배를 타고 노래를 부르며 나일강을 휘젓고 돌아다니는 소년들, 강변 언덕에 지어놓은 집들은 한 폭의 그림이다. 나는 한국의 황포 돛대 같은 '펠루카'라고 불리우는 돛단배를 타고 싶은 마음으로 누비안 마을 관광을 신청했다. 날씨가 청명하고 바람이 잘 불어 누비안 마을로 가는 '펠루카 라이드'는 그야말로 환상 그 자체였다. 고대 이집트 파라오들의 민족이였던 누비안(Nubian)은 지금은 이집트에 사는 한 소수민족으로 전락되어 나일강 가에 모여 살고 있다.

우리가 내린 나일강 서쪽 강가는 모래산으로 연결되어 하얀모래가 끝없이 펼쳐져 있었고 파란 하늘속으로 우뚝 솟아 우리로 하여금 오르고 싶은 욕망을 자아내게 했다. 강가에 내리는 관광객을 기다리는 아이들은 좋은 냄새가 나는 풀로 만든 팔찌도 팔고 다른 아주 저렴한 물건들을 놓고 팔고 있어 우리는 팔찌 두 개를 사서 팔목에 끼우니 팔을 움직일때마다 향기로운 냄새가 솔솔 난다.

여러명의 아이들이 낙타를 끌고 나와 누비안 마을로 가는 관광객을 태우기 위해 호객행위를 하고 있었다. 우리들은 안내인이 정해준 어떤 소년이 데리고 온 육봉 두 개 사이에 말안장 같은 쿠션이 아주 독특한 낙타를 타기로 하였다.

앉아있던 낙타의 등에 올라타자 낙타는 뒷발을 먼저 세우며 일어서 나의 몸이 앞으로 쏠려 엎어지는 것 같다가 다시 낙타가 앞발을 세울 땐 뒤로 넘어지는듯 하여 육봉에 만들어 놓은 막대기만 죽으라고 꽉 붙들었다. 그러나 두려움도 잠깐 평안하게 걸어가는 낙타 등이 어찌나 편하고 좋은지 이 다음에 기회가 있으면 몇 일 낙타만 타고 여행을 해야겠다고 생각했다

우리는 낙타를 타고 마치 아라비안나이트에 나오는 사람들처럼 누비

안 마을로 향했다. 특별한 것이 없는 평범한 사람사는 마을이였지만 아이들을 좋아하는 남편 옆에 많은 아이들이 따라 다녀 그 곳 아이들과 많은 시간을 보냈다.

배로 돌아올 때는 바람이 불지 않아 펠루카의 노를 저으며 돌아와 얼마나 오래 걸렸는지… 해가 서편 하늘로 서서히 지면서 강 위의 날씨는 추워지고, 저녁식사 시간이 지난지도 오래된 지라 배도 고프고….

간신이 배에 도착하였으나 너무 늦어 배로 올라오는 사다리마저 치워버린 후여서 한가닥 외줄을 타고 곡예하듯 배로 올라간 일. 생각보다 너무 오래 펠루카를 탔다고 투덜대던 나일강에서 잔뼈가 굵은, 예순살처럼 보이나 실제로는 마흔살의 펠루카 사공에게 몇 달러 꺼내 손에 쥐어주니 이 빠진 주름살 깊은 얼굴에 환한 미소가 넘치며 잘 가라고, 다시 이집트에 올 때 꼭 자기를 찾으면 펠루카로 룩소르에서 아스완까지 여행을 시켜 주겠노라고 주머니에서 꺼낸 꼬깃꼬깃한 종이에 연필끝에 침을 묻혀가며 자기 이름과 친구 전화번호를 적어주던 그 따뜻한 마음에 나의 영혼은 훈훈해 지는 것 같았다.

에드푸 사원(Edfu Temple)

아스완에서 150km 북쪽에 있는 에드푸(Edfu)라는 도시에 정박하여 그곳에 있는 '에드푸 사원' 일명 '호루스 사원'을 보러 갔다. 지금 이 도시는 사탕수수와 도자기로도 유명하다. 부두에서 내려 알록달록 여러가지 색깔로 잔뜩 모양을 낸 당나귀가 이끄는 마차를 타고 사람들이 와글와글거리는 시장바닥을 지나 사원으로 갔다.

이 사원은 6명의 프톨레미(Ptolemy) 왕들에 의해 BC 237에서 BC 57까지 180년에 걸쳐 세워진 매의 신인 호루스(Horus)에게 봉헌한 이집트에서는 카르낙 다음으로 큰 사원이다. 그러나 수천 년 동안 불어온 심한 모래바람에 의해 매몰되어 있었던 이 사원을 1860년 오거스트 메리에트(August Mariette)가 발굴하여 다시 세상 빛을 보게 한 것이다.

다행히 모래속에 매몰되어 있어 원형이 많이 파손되지 않아 현재까지 가장 잘 보존된 고대 사원이라고 하며 호루스(Horus)가 아버지 오시리스(Osiris)를 죽인 삼촌 세티에게 숙명적인 복수의 결투를 하던 바로 이 장소에 그를 기념하기 위해 세웠다고 한다.

참고적으로 고대 이집트의 신화에 나오는 트로쟌(Trojan)의 왕 오시리스와 신들의 어머니인 이시스(Isis)와의 사이에 난 아들이 바로 이 호루스(Horus)이다. 사암 벽돌(sand stone block)로 지은 이 사원의 입구에는 지금까지 현존해 있는 가장 높은 37m 높이의 2개의 탑벽(pylon)이 서 있고 그곳에는 프톨롬미 8세의 전승 장면이 그려져 있었다.

이 탑벽 가운데 정원(court yard)으로 들어가는 문이 있는데 그 입구에는 화강암으로 만들어진 사람들이 많이 만져 반질반질하게 된 매의 석상이 양쪽 입구에 있는데 이 매가 바로 호루스의 상징이다. 문을 통해 정원으로 들어오면 헌금하는 곳이 있고 그곳을 지나 첫 번째 다주원(hypostyle hall)으로 가면 매의 석상이 두 개의 왕관(double crown)을 쓰고 있는 것을 볼 수 있다. 그 당시 북부 이집트(upper Egypt)와 남부 이집트(lower Egypt) 두 나라를 함께 통치하

는 왕의 상징으로 왕관을 두 개 겹쳐서 쓰고 있는 것이다.

이곳은 산실도 마련되어 있었고 칠월칠석에 만나는 견우직녀의 신화처럼 일년에 두번만 만나는 호루스와 그의 아내 하토르와의 애틋하고 아름다운 만남들이 양각되어 있었다.

두번째 다주원에는 양쪽으로 방들이 있는데 한 곳은 도서실로 많은 서적들이 있고 다른쪽은 창고로 성전에서 쓰는 집기들을 보관하는 곳이라 한다. 그 안으로 더 들어가면 헌금하는 곳, 신들의 휴게소, 신을 모시는 성소(gray Granite Niche)가 있으며 나일강의 수위를 재는 나일강 수위 측정기(Nilometer)도 있다고 하였다.

그 시대에 강의 수위를 재어 홍수를 방지하기 위해 어떤 일을 했는지는 알 수 없으나 측량을 할 수 있는 시설이 있었다는 그 자체만으로도 그 당시 어떤 문화를 가지고 살았을지 상상이 된다.

고대 이집트인들은 2,000개가 넘는 상형문자를 사용하였으며 또 많은 사원이나 묘에 글을 남겨 우리가 그들의 족적과 역사를 알 수 있게 한 위대한 민족이었다. 또 많은 파라오들과 여왕들은 자기들의 이름을 상형문자로 쓴 카투쉬(cartouche)를 목걸이나 팔찌로 만들어 몸에 지니고 다녔다.

카투쉬의 신령한 힘이 그들을 마귀들로부터 보호 한다고 믿었기 때문이다. 그래서인지 많은 기념품 가게에서는 이 카투쉬로 만든 목걸이, 팔찌 등을 팔고 있었으며 이곳의 특산품인 '알라바스타'라는 돌로 만든 보석함, 화병, 담배, 재털이 등이 많이 눈에 띄었다.

역시 잘난 조상님 덕을 톡톡히 보고 있는 민족임은 틀림없는 사실이니 부러워해야 할지… 질시를 해야할지……

필라이 사원(Philae Temple)

아스완에 도착한 우리는 다시 조그만 배를 타고 아질카(Agilka)섬에 있는 필라이 사원을 보러 갔다. 이 사원은 신들의 어머니인 여신 이시스(Isis)를 봉헌하기 위해 프톨레미 2세때 시작하여 로마의 트로쟌 대왕에 의해 완성된 필라이 섬에 세워진 사원이었다. 그러나 1960년에 완공된 아스완 댐으로 인해 물에 잠긴 것을 이집트 정부와 유네스코가 함께 코퍼댐(coffer dam, 귀중품을 넣는상자)을 만들어 섬 주위를 막아놓고 펌프로 물을 퍼내어 바닥이 드러난 사원에서 돌맹이 하나하나에 번호를 붙여 아질카(Agilka)섬으로 옮겨 놓은 후 원래의 사원 모양대로 만든 그야말로 대형 조각 그림 맞추기(giant jigsaw puzzle) 같은 대 복원공사를 10년에 걸쳐 하였다고 한다.

그때 옮긴 돌의 무게만 해도 27,000톤이라하니 3톤짜리 트럭 9,000대가 나른 어마어마한 양이다. 지금 필라이섬은 나쎄르(Nasser) 호수 밑의 수중도시가 되어버렸지만 사원 이름은 그대로 필라이 사원이라고 부른다. 이 사원에 대한 이해를 좀 더 잘 할 수 있도록 다시 유식한 우리 안내인의 이집트 신화 얘기를 들어보자.

오시리스와 이시스는 남편과 아내의 관계였지만 신들의 부부관계는 우리가 생각하는 것과는 달라 아이도 없었다고 한다. 그러던 어느날 그의 동생 세티의 손에 오시리스가 살해당하고 말았다. 동생 세티는 죽은 형의 시신을 갈기갈기 찢어 여러곳에 버려 그의 죽음을 감쪽같이 숨길려고 했으나 이시스가 신의 능력을 발휘해서 흩어진 조각조각의 시신을 다 수습하여 오시리스를 다시 살려 놓았다고 한다.

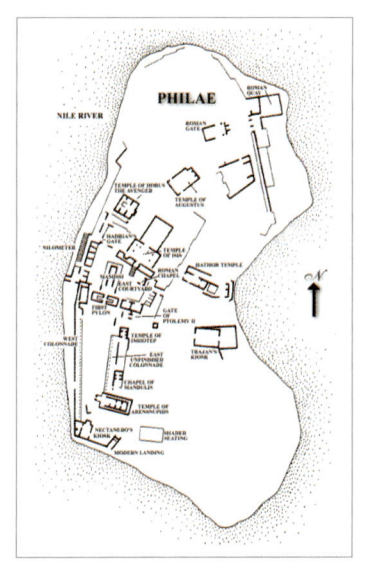

오시리스를 살려낸 이 여신은 후에 로마와 그리스에서도 존경받는 신들의 어머니가 되었고 영국 런던에도 그녀를 기리는 사원이 있다고 한다. 다시 생명을 얻은 오시리스는 '생과 사를 관장하는 신'이 되었고, 이시스가 잉태하여 아들을 낳으니 그가 곧 호루스다. 후에 이 아들 호루스가 자라 삼촌인 세티에게 복수를 한다는 신화는 여러 사원을 가면 들을 수 있는 이야기다.

이 필라이 사원에는 바로 그 신화의 주인공들인 이시스, 오시리

이집트 195

스 그리고 호루스에 관한 많은 이야기들이 사제들과 장인들에 의해 사원 이곳저곳의 벽에 양각되어 있었고 그들의 제사 지내는 모습, 또 제물을 바치는 모습들이 새겨져 있다.

매년 한번씩 이시스 신상을 모시고 나일강으로 내려가는 행진을 하는데 이것은 사원 옆에 세워진 키오이식 건축형식으로 지어진 정자에서 시작되며 사원 오른편에 세워져 있었다. 이 필라이 사원도 다른 사원들과 비슷하여 성전, 다주원, 석탑, 정원(court yard) 등이 있지만 조각들이 섬세하고 절묘해 보는 이들의 찬사를 자아내게 만들었다.

섬 위에 우뚝 서있는 이 사원은 잔잔한 호수물에 비쳐 신비롭기 그지없는 신화의 주인공들을 더욱 더 신비하게 만들었고 사원 전체가 호수 물 위에 둥둥 떠 있는 듯한 착각에 빠지게 했다.

아스완(City of Aswan)

룩소르에서 80여 마일 남쪽에 있는 아스완(Aswan)이라는 도시는 나일강 크루즈의 마지막 종점이자 다시 룩소르로 올라가는 크루즈의 출발지 이기도 하다. 인구 200,000명이 사는 아스완은 지리적으로 수단과 에티오피아와 근접해 교역이 많이 이루어져 상업이 발달한 도시이며 군사도시 일뿐더러 2개의 댐과 수력발전소도 있는 이집트의 남단에 위치한 중요 도시이다.

나일강 동쪽에 세워진 이 도시는 분홍색과 회색이 도는 화강암이 많은 큰 돌산이 있어 그 유명한 룩소르 사원, 카르낙 사원, 피라미드를 만들때 쓰여진 돌들을 모두 이곳에서 나일강을 이용하여 가져갔다고 한다.

나일강이 유유히 흐르고 있고 1960년에 세워진 아스완댐 때문에 생긴 나쎄르(Nasser)호수가 있어서인지 몇 년 동안 비 한방울 오지 않는 건조한 도시라고 하는데 믿어지지가 않는다. 또한 아프리카와 밀접해 있는 관계로 이집트의 도시로서는 아프리카의 영향을 가장 많이 받은 도시이며 그 유명한 필라이 사원(Philae Temple)도 배를 타고 갈 수 있고 아부심벨도 이곳에서 비행기를 타고 가야 하는 교통의 요지이다. 여기 저기에는 고대 이집트인들이 시작만 하고 완성하지 못한 오벨리스크(Obelisk)가 돌산에 아직도 남아 있었다.

악어가 우굴거리던 나일강, 홍수가 잦은 이 나일강에 1902년 영국이 아스완(Aswan)에 댐을 만들었고 1960년에는 다시 수력발전소를 만들어 200만 키로왓트를 생산하여 이집트에 공급하고 있다고 한다. 이때 악어를 다 잡아 죽였기 때문에 이제 나일강에는 악어를 눈 씻고 봐도 찾을수 없다고 한다.

미 완성된 오벨리스크

다시 1960년에 소련의 경제 도움을 받아 기존에 있는 댐에서 4마일 상류에다 다른 댐을 하나 더 만들어 1970에 완공하였으며 이 댐 때문에 세계에서 가장 큰 인공 호수인 나세르 호수가 생겨졌다고 한다. 이 호수로 인하여 이곳에서 대대로 살아오던 약 90,000명의 주민들을 다른 곳으로 이주시켰으며 물속에 잠길 수 밖에 없었던 누비안 마을에 세워진 아부심벨(Abu Simbel)도 약 200ft 높은 산으로 옮기는 대 장정의 공사를 하였다.

고대 이집트 당시 이곳은 high Egypt라고 불리우는 지역이였으며 많은 누비안 민족이 살았고 그 당시 사용되었던 많은 유물들이 누비안 박물관에 소장되어 있다.

저녁시간 시내 식당이나 바에 가면 누비안 민족들이 춤과 악기를 연주하는 곳이 많이 있다고 하였지만 이튿날 아침 일찍 아부심벨(Abu Simbel)로 떠나야 하기 때문에 누비안 민속춤을 구경하지 못한 것이 아직도 진한 아쉬움으로 남아 있다.

아부심벨 사원(Abu Simbel Temple)

비행기에서 빵 한쪽과 커피 한잔으로 아침을 때우고 도착한 아부심벨 공항에는 완전히 아부심벨(Abu Simbel)을 보러 가는 사람들로 장사진을 이루었다. 이른 아침인데도 공항 안은 뜨거운 사막의 열기로 가득 찼다. 우리들은 곧바로 공항 밖에서 대기하고 있던 버스로 이동하였고 우리를 태운 버스는 공항을 떠나 먼지를 내며 신작로를 신나게 달린다. 버스는 집도 절도 없고 사람도 살 것 같지 않은 황망한 곳에 우리들을 내려놓았다.

매표소에서 입장권을 산 후 어디가 아부심벨이냐고 물으니 손가락으로 앞에 보이는 두 개의 민둥산을 가르킨다. 저 보잘것 없는 민둥산을 볼려고 비행기를 타고 이렇게 허겁지겁 날아왔던가? 허무한 생각마저 들었다. 날씨는 또 왜 그리도 더운지…. 약 10~15분을 걸어 민둥산 뒤로 돌아가자 그리도 볼품 없는 시뻘건 모래산 뒤에는 거대한 아부심벨의 조각들이 보이기 시작한다.

BC 1257에 람세스 2세에 의해 세워진 이 사원은 아스완 남쪽 나일강 서쪽에 있는 돌산을 깎아 만든 두 개의 사원이다. 큰 사원은 람세스 2세를 위한 것이고 작은 사원은 그가 가장 사랑했던 아내 네파리타리 왕후와 하토르(Hathor : 호루스의 아내, 사랑과 음악의 여신)에게 바치는 사원이라 한다.

이 사원은 다른 사원들과는 달리 돌산 입구인 절벽에 20m 높이와 4m 넓이의 의자에 앉아있는 람세스 2세의 석상이 입구 왼쪽에 두개 오른쪽에 두 개, 나란히 조각 되어 있고 입구 바로 위에는 호루스(horus)신이 조각 되어 있다.

왼쪽에서 두번째의 석상은 반신이 떨어져 발밑에 놓여져 있었고 람세스 석상 다리 사이엔 람세스의 무릎에도 미치지 못하는 높이의 작은 네파리타리를 비롯하여 그들 딸들의 석상들이 서 있었다. 그 시대의 여자들은 이 정도의 대접 밖에 받을 수가 없었는지 씁쓸한 생각마저 들었다.

입구로 들어가는 오른쪽 벽에 양각되어 있는 여러 나라에서 잡혀온 노예들의 얼굴을 보니 흑인과 동양인들의 얼굴도 볼 수 있었다. 돌산을 38m(185ft)나 파고 천정이 31m나 되는 궁전 같은 동굴을 만들어 그 속에 여러 개의 방들을 만들었고 많은 조각품과

양각들을 돌기둥에 새겨 놓았으며 제일 안엔 신성한 성소가 자리잡고 있었다.

동굴안 첫방인 18×16.7m 크기의 사각형 방에는 높이가 10m나 되는 석상이 양쪽에 4개씩 서 있었는데 그들은 한결같이 왕관을 겹쳐(double crown) 쓰고 있고 수염을 달고 있었으며 왕권의 상징인 셉터(scepter)와 프레일(flail, 작은 도리깨같이 생긴 것)을 잡은 손을 가슴에 포개 얹어 놓았다. 람세스의 석상이 오시리스(생과사를 주

관하는 신)의 석상과 함께 서 있는 이 방의 천정에는 날개를 편 매와 별들이 그려져 있었다. 네파리타리 왕후를 위해 지워진 이 작은사원 입구 정면 절벽에는 10m 크기의 6개의 석상이 왼발을 앞으로 내딛어 마치 앞으로 걸어나올 것만 같은 자세로 서 있었다.

입구 양편으로 람세스의 상이 서 있고 그 옆에는 네파리타리가 양쪽에 두개씩 서 있었다. 이 두 사원은 매우 흡사하여 규모만 크고 작을 뿐 다른 것은 별로 눈에 띄지 않았다. 안으로 들어가면 하토르와 카투쉬(cartouche)가 양각되어 있는 돌기둥이 있으며 벽에 양각되어 있는 많은 신들과 네파리타리 왕후의 모습에서 매우 여성적인 사원임을 느낄 수 있었다.

이 사원들은 1817년 이집트 고적 연구가인 지오바니 벨죠니(Giovanni Belzoni)에 의해 발견되었는데 1960년 만들어진 아스완댐으로 인해 생긴 나쎄르 인공호수에 잠기게 된 것을 이집트 문화재관리국과 유네스코의 합동으로 이동작업을 1964에 시작하여 약 2년에 걸쳐 1966년에 호수옆에 있던 200ft 높이의 절벽위에다 옮기는 대장정의 공사를 하여 지금 이 자리에 세워졌다고 한다.

돌 조각 하나의 무게가 7~30톤이 되게 쪼갠 1,036개의 조각으로 사원을 해체하여 다시 절벽위로 옮겨지는 작업을 하였다는데 이것이 오리지널인지 옮겨 다시 만든 것인지 구별이 가지않게 정교한 작업을 하였다.

단지 원래 옮기기 전의 사원은 일년에 두 번 똑같은 날인 2월 22일과 10월 22일은 동편에서 떠오르는 아침 태양 광선이 성소안에 세워놓은 4개의 석상을 약 5분동안 비추었는데 절벽 위로 옮긴 후에는 그 시간이 달라졌다고 하니 5000년전 이집트 사람들의 기술이 현대문명을 자랑하는 우리들보다 더 정교했단 말이가?

chapter 5

터키
turkey

밝은 미소로 친절하게 이것저것 구경시켜 주는
작은 구멍가게 할아버지로부터
베니스상인 뺨치게 장사 수완 좋은
그랜드바쟈의 그 잘난 젊은 아저씨들까지
마냥 정답고 가깝게 느껴지는 이 곳.
하늘하늘한 바지에 제스민 신발을 신고 카펫를 타고
훨훨 날아다니는 요정 같은 사람들만 살고 있을
도시라는 생각을 하게 만드는 곳 터키!!

이스탄불 (Istanbul)

동서양이 함께 공존하는 유일한 도시 이스탄불, 로마와 비잔틴 시대에 만들어졌던 수없이 많은 아름답고 귀중한 기념비, 사원, 건축물 그리고 도시 등 오늘날 이슬람 시대의 훌륭한 유적들을 이곳 이스탄불에서 만나보고자 한다.

둥근 돔 형식의 지붕이 유난히도 많고 모슬람 회당 옆에 세워진 높은 첨탑(minaret)이 푸른 하늘 위로 쭉쭉 솟아있는 이곳 이스탄불은 보스포러스(Bosphorus) 해협과 골든혼(Golden horn)을 사이에 두고 구도시와 신도시가 마치 경쟁이나 하듯 나란히 붙어 있다.

밝은 미소로 친절하게 이것저것 구경시켜 주는 작은 구멍가게 할아버지로부터 베니스상인 뺨치게 장사 수완 좋은 그랜드바쟈의 그 잘난 젊은 아저씨들까지 마냥 정답고 가깝게 느껴지는 이 곳. 하늘하늘한 바지에 제스민 신발을 신고 카펫을 타고 훨훨 날아다니는 요정 같은 사람들만 살고 있을 도시라는 생각을 버리지 못한 채 이곳에 왔는데 역시 인구 7백만이 사는 대도시답게 하늘을 날으는 카펫 대신 자동차가 홍수를 이루었다.

구도시를 둘러싸고 있는 군데군데 허물어져 있는 성벽, 성벽에 의지해 지어져 있는 집들, 도시로 물을 나르던 돌로 만든 수로, 전 유럽 안가는 곳이 없을 만큼 많은 노선을 갖고 있다는 초현대판 버스 터미널 등이 어우러져 오늘의 이스탄불은 여전히 활력이 있고 매력이 넘치는 그리고 낭만이 있는 도시로 자리매김을 하고 있다.

오랜 역사를 갖고 있는 도시인만큼 톱카피 왕궁(Topkapl Palace), 성 소피아 성당(Haghia Sophia Church), 블루모스크(Blue Mosque) 등 수많은 유적지가 구 도시에 산재해 있었다. 동양과 서양, 고전과 현대를 다 함께 둘러볼 수 있는 장점이 있는 이스탄불은 먹거리, 볼거리 또한 다른 어느 도시보다 풍부하였다.
하루 정도는 이집트인의 향료시장과 그 옆에 붙어있는 그랜드바쟈를 둘러보며 양고기로 만든 시시케밥(shishi kabob)도 먹고 터키식 과자(Turkish delight)와 진한 터키식 커피(Turkish coffee)도 마시며 도자기, 카펫(carpet), 램프(Lamp) 그리고 골동품을 구경하는데 시간을 할애하면 딱 좋을 것 같다. 장마당의 상인들과 이야기하고, 그들만의 독특한 디자인과 색상의 상품들을 구경하면 조금은 그들을 더 이해 할 수 있지 않을까 하는 생각도 해 본다.

톱카피(Topkapi) 궁전

톱카피 궁은 6세기 동안 3개 대륙을 통치하며 막강한 힘을 자랑했던 오토만 왕조(Ottoman Empire)의 궁전이다. 술탄 메흐멧(Mehmet) 2세가 1453년 이스탄불을 정복하고 난 후 기존의 궁이 너무 적어 위엄을 갖춘 더 큰 궁을 건립하기로 하고 1470년에 착공하여 완성했다.
건립 당시 궁 안에는 하렘(Harem)이 없었는데 16세기에 이르러서야 비로소 술탄의 여인들(후궁들)을 위한 하렘이 지어졌고 1839년 압둘메씨트(Abdulmecit) 1세가 새로 건축한 돌마바체(Dolmabahce)궁으로 옮길 때까지 400여 년 동안 모든 술탄의 궁인 동시에 술탄의 저택으로 사용되었다고 한다.
이 궁이 건립된 후에도 여러번 새 술탄들이 즉위하면 자기 취향에 맞

1 톱카피의 궁의 입구
2 바그다드 정자

게 건물을 증축하는 바람에 건축 형식이나 색채가 서로 다른 건물들이 세워져 약간 복잡한 느낌을 줄 수도 있는 수많은 건물들이 서로서로 연결되어 약 700,000평방 미터에 가득히 자리 잡고 있었다.

골든혼(Golden Horn)과 마르마라 바다(Sea of Marmara)에 이르는 절벽을 이용하여 만든 철옹성 같은 성벽으로 둘러 싸여 있는 이 궁은 4개의 정원(court yard)으로 나뉘어져 있고 지금은 박물관으로 변신하여 화요일만 제외하고는 매일 개장을 한다. 이스탄불을 찾는 수많은 관광객들이 꼭 방문하는 곳이 바로 이 궁이다. 이 궁 안에는 많은 유물, 술탄과 부인들이 사용했던 보석들, 술탄이 앉았던 용상(의자), 보석 박힌 장검과 단검들, 역대 술탄들이 입었던 화려한 의상, 중국과 일본의 도자기들이 각기 다른 장소에 전시되어 있었다.

각 정원을 들어갈 때마다 아랍 글로 쓰여진 술탄의 휘호가 쓰여져 있는 문을 통과하게 만들었다. 특히 3번째 정원 오른쪽에 보물들이 전시되어 있는 방이 있는데 그 안에 많은 값지고 진귀한 보석들과 함께 유리관 속에서 화려한 자태를 뽐내고 있는 86캐럿 크기의 물방울 다이아몬드

(diamond)는 보는 사람들로 하여금 찬사를 자아낼만 하였다.
이 톱카피 궁 안에 있는 보물 중에 보물이라고 불리우는 이 86캐럿짜리 다이아몬드는 일명 '스푼메이커'라 부르는데 이 큰 물방울 다이아몬드 주위를 49개의 작은 다이아몬드가 두 줄로 장식하여 더욱 화려하게 보였다. 오랜 세월 동안 술탄아내들(술탄의 장자가 다음 술탄이 됨)의 사랑을 받아왔던 이 스푼메이커 다이아몬드에는 수많은 전설이 내려오고 있다고 한다.

어떤 게으름뱅이 어부가 할일없이 바닷가를 어슬렁거리다가 모래 속에서 반짝이는 것을 발견하고 주머니에 집어넣고 다니다가 어느 날 너무나 배가 고파서 시내 보석상에 팔러 갔는데 보석상 주인은 그것을 보더니 유리조각이니 가지고 가던지 아니면 숟가락 3개와 바꾸자고 하여 숟가락 다이아몬드라는 이름이 붙게 되었다고 하는 설과 숟가락을 만드는 사람이 이 다이아몬드를 주웠기 때문이라는 이야기! 또 이 다이아몬드가 숟가락 모양으로 생겨서라는 설 등이 있다. 한때 이 다이아몬드는 나폴레옹의 어머니가 소장하며 목걸이를 만들어 목에 걸고 다녔었다고 한다. 조명을 받아 유리관 안에서 반짝이고 있는 이 스푼메이커 다이아는 내가 실지로 본 다이아몬드 중에서는 가장 큰 것이었다. 또 역대 술탄의 초상화가 전시 되어 있는 방, 무기들이 전시 되어 있는 방, 외국 사신의 접견실, 푸른 색깔의 타일로 장식된 포경 수술실, 골든 혼이 내려다 보이는 곳에 세워놓은 바그다드 정자, 도서실도 있었다.

술탄의 여인들만이 기거했던 여인천국인 하렘의 입구는 2번째 정원의 왼쪽에 자리잡고 있고 나가는 출구는 3번째 정원으로 나오게 되어있다. 이 박물관을 들어와서도 하렘을 들어 가기 위해서는 다시 표를 구입해야 한다. 술탄의 여인들, 즉 술탄의 어머니, 아내, 후궁들 그리고 시녀들만이 이 하렘에서 살 수 있고 이곳에서 일하는 흑인 남자들은 우리나라 이

씨 조선 시대의 궁에서 일하던 내시들처럼 모두가 거세를 한 고자들이였다고 한다. 모든 영화를 누릴 수 있는 곳, 여자로 태어나 술탄의 여인으로 선택되어 아들을 낳고 모든 부귀영화를 누리며 영예로운 삶을 사는 여인들이 기거 하는 곳이 바로 하렘이다.

특히 백인 여자의 인기가 높아 술탄의 여인들 중에는 러시아 여인들이 많이 있었다고 한다. 전쟁으로 남자들이 많이 죽게 되자 모슬렘들은 한 남자가 4명의 아내를 거느릴 수 있게 허락했고 술탄의 경우에는 더 많은 수의 여인을 거느릴 수도 있었다고 한다. 그래서 300명의 여인이 하렘에 있었던 적도 있었단다.

이 하렘에는 방이 259개나 있고, 8개의 홀, 46개의 화장실, 8개의 목욕탕, 4개의 부엌, 6개의 식량 창고, 12개의 일상용품 창고, 그리고 병원과 수영장이 있고 또 하렘 지하실에는 유치장도 있다고 하였다. 왕자들이 공부하는 학습실은 이 하렘 옆에 붙어 있었다. 정원에는 아름드리 나무들이 여기저기 서 있고 매일 약 4,000여명의 식사를 준비해야 했고 또 큰 행사 때는 만여명의 음식을 준비하느라 800~1,000명의 요리사들로 분주했던 부엌은 16세기 때 궁전 건축가 시난의 설계로 지었는데 지붕이 수 십개의 작은 돔 형식으로 만들어져 있어 아주 독특하고도 아름다웠다.

이곳에는 오토만 시대에 술탄들이 소유하고 있었던 중국과 일본에서 온 10,000여 점의 도자기들이 전시되어 있어 명나라, 원나라, 송나라 시대의 청자와 백자를 한 눈에 볼 수 있었고 또 유럽에서 온 자기와 은제품들도 전시되어 있었다.

성 소피아 성당(Haghia Sophia)과 블루모스크(Blue Mosque)

성당을 세우면 불이 나고 또 세우면 불이 나는 억세게도 재수없는 자리에 쥬스티니안(Justinian) 황제는 다시 훌륭한 새 성당을 짓기로 결정했다. 그리고 그 당시 유명한 건축가 안테미오스(Anthemios)와 이시도로스(Isidoros)에게 훌륭하고도 웅장한 성당의 건축을 의뢰하면서 세기의 걸작품인 성 소피아 성당이 태어나게 된 것이다.

이 두 사람이 설계하고 10,000여 명의 일꾼들이 5년 만에 지은 길이 77m 넓이 71m 크기의 성당은 예루살렘에 있는 솔로몬의 교회의 둥근 천정(dome)보다 더 큰 돔을 만들어 '울리는 벽'이라는 이름을 얻는 쾌거를 이루어냈고 537년 12월 26일 쥬스티니안 황제에 의해 봉헌 되었다. 그러나 20년 후 그리도 웅장했던 성당의 둥근 돔이 무너졌다. 이에 황제는 이시도로스의 조카에게 명령하여 다시 성당의 둥근 천정을 재건하였다. 563년 12월 24일 황제에 의해 다시금 봉헌된 이 성당은 그 후에도 잦은 지진과 화재로 파괴되었으나 그때마다 파괴된 부분을 재건하였다. 이렇게 6세기에 세워진 소피아 성당은 현재까지 남아있는 비잔틴 시대를 대표하는 최대의 걸작품이며 아직도 훌륭한 상태로 보관되어 있어 이스탄불을 방문하는 많은 방문객들이 꼭 찾아보는 곳이다.
기독교가 전성기였던 비잔틴 시대에 세워진 그리도 아름답던 이 소피아

성당은 1317년 오토만 제국의 침략으로 콘스탄틴노풀이 멸망하게 되자 이슬람 회당으로 바뀌어지게 된다. 그리고 이슬람교에서는 철저히 금기되어 온 인물화를 없애기 위해 성당 안벽과 돔을 장식했던 아름다운 모자이크 성화와 벽화 위를 온통 횟가루로 뒤덮어 버렸고 성당 밖에는 높다란 첨탑(Minaret)까지 세워 이슬람 회당으로 그 모습을 확 바꾸어 버렸다. 그리하여 그 후 500여 년 동안 모슬렘들로 하여금 그들의 신을 섬기는 회당으로 많은 사람들의 발걸음이 멈추지 않았던 곳이기도 하다.

그러다가 1935년 터키의 초대 대통령 아타터크(Ataturk)에 의해 다시 옛모습을 되찾는 복원 작업을 시작해 오랜 세월 횟가루 속에 감추어져 있었던 비잔틴 시대의 인물화와 장식물들은 다시금 세상 빛을 보게 된 것이다.

벽과 천정에 아직도 선명하게 보이는 모자이크 성화들, 하늘같은 느낌이 드는 성당 안의 높은 둥근 천정 돔을 바라보노라면 내 몸이 붕붕 떠 위로 올라가는 듯한 느낌이 들었다. 온통 금으로 도배해 놓은 듯한 천

정, 화강암으로 만든 기둥들이 웅장함을 더 해 주었고 여기저기 그려져 있는 벽화와 모자이크에서 비잔틴 시대의 아름다움을 엿볼 수 있었다. 이 성당은 영국 런던의 성 바울(St. Paul) 성당, 이태리 로마의 성 베드로(St. Peters) 성당, 이태리 밀라노의 도모(Duomo) 성당에 이어 네 번째로 큰 성당이란다.

길에는 따뜻한 차를 담은 철제 물통을 등에 지고 다니며 파는 아저씨들이 제법 많이 있었다. 물통 옆 밑부분에 연결된 파이프를 통해 뜨거운 차가 나오게 되어있고 그 파이프를 오른손으로 잡고 왼손에는 물잔을 쥐어 그 잔에 차를 부어준다. 비가 왔다가 개였다가 하여 날씨가 추워서인지 많은 사람들이 차를 사서 마시고 있었다.

우리들은 히포드롬(Hippodrome) 광장으로 나왔다. 히포란 '말'이란 뜻이고 드롬이란 '길'이어서 히포드롬이란 경마장(horse race)을 뜻한다. 이 광장은 길이가 400m 넓이가 120m로 로마의 황제 셉티무스 세베루스(Septimius Severus) 통치 때 시작하여 콘스탄틴(Constantin the Great)대제 때 완성되었다고 한다.

말이 끄는 마차경기(chariot)를 하는 운동경기장 겸 사람들이 모이는 장소로서 블루모스크(Blue Mosque)서쪽에 자리 잡고 있었다. 이곳에는 세 개의 기둥과 독일의 황제 카이져 빌헤름(Kaiser Wilhelm) 2세가 오토만 왕조에게 선물로 준 팔각형의 분수대가 있었다. 이집트 룩소르에 있는 카르낙 사원에서 가져온 높이 20m의 '오벨리스크(Obelisk)'가 있고 그리스 델피에 있는 아폴로 신전에서 가져온 높이 5m의 동으로 만든 '뱀 기둥'은 세 마리의 뱀이 서로 엉켜 있는 모습을 하고 있었다. 뱀의 머리는 없고 몸뚱이만 꽈배기처럼 꼬아 놓은 것 같아 뱀 이라는 설명을 듣기 전에는 정말 뱀 같지가 않았다. 이 뱀의 머리는 박물관에 전시 되어 있다고 한다. 또 하나의 기둥은 사각형 모양인 '콘스탄틴 기둥' 이다. 예쁜 꽃들과 잔디로 잘 정돈된 이 광장은 세월이 흘러도 여전히 변함없이 많은 사람들이 모이고 주위에는 식당, 카페 등이 있어 잠시 쉴 수도 있었다.

차 한잔을 주문하여 한 모금 마시고 나니 금방 온몸이 훈훈해 지는 것 같다. 온몸이 나른하여 잠시 눈 좀 붙였으면 좋겠다. 그래도 불루모스크는 빼놓을 수가 없어 힘을 내어 일어선다.

블루모스크(Blue Mosque), 일명 술탄 아메트(Sultan Amehet 1)의 사원이라고 불리우는 이 사원은 술탄 아메트 재임시 위대한 건축가 시난(Sinan)의 제자인 메흐매트 악아(Mehmet Aga)에게 짓도록 명령하여 1609년에 시작하여서 1616년에 완성 되었다. 선생님보다 더 훌륭하고 아름다운 사원을 짓기 위해 피나는 노력을 한 끝에 그는 명성이 자자한 이스탄불의 대표적 사원인 바로 이 사원을 지을 수 있었다.

특히 파란색과 푸른색깔의 타일을 많이 사용하여 지었기에 블루모스크 사원으로 알려져 있다. 보통사원에는 4개의 첨탑이 있는데 이 사원에만 특별히 6개의 첨탑이 서 있다. 6개의 첨탑이 세워진 사연인 즉 술탄 아메트가 메카(Mecca)로 떠나면서 메흐매트에게 첨탑을 금으로 만들라고 터키말로 '금'이란 뜻의 '알틴(altin)'이라고 명령을 하였다. 그런데 6이라는 숫자의 뜻을 가진 '알티(alti)'로 잘못 알아 듣고 6개의 첨탑을 세워 버린 것이다.

술탄이 돌아온 후에야 잘못한 것을 알아차린 메흐매트가 신성한 사원의 첨탑을 잘못 만든 죄로 자기의 목을 바치겠노라고 했을 때 술탄은 6개의 첨탑이 더 보기 좋다고 하며 용서를 하였다고 한다. 이리하여 술탄 아메트는 메카에 있는 사원을 제외하고는 6개의 첨탑을 세운 처음이자 마지막 술탄이 되었다.

이 첨탑(Minaret)은 사원 옆에 세워져 있는데 탑 끝이 뾰족하고 사원건물의 높이보다 훨씬 높아 사원을 아주 멋있어 보이게 한다. 속에는 계단이 만들어져 있어 예전에는 그곳에 올라가 사람들에게 기도할 시간을 알려주었다는데 지금은 마이크 장치를 해 놓은 것 같았다. 또 소피아 성당의 천정에 있는 돔보다 더 크게 만들려고 시도하였으나 실패하여 그보다 조금 작은 원형의 돔과 그 밑으로 4개의 반원형의 돔 지붕을 연결하게 만들어 다른 사원에서는 볼 수 없는 독특한 모습의 사원을 만들었다고 한다.

엄숙한 사원 안에는 기도를 드리기 위해 온 많은 사람들이 있었는데 어떤 이는 고개를 숙인 채 서서 합장을 하고 또 어떤 이는 무릎을 꿇고 기도 하는 사람도 있었다. 스테인레스 유리를 통해 들어오는 빛은 이 사원을 더 더욱 신비한 곳으로 만들었고 그 사원 안 넓은 바닥에는 100여 개의 똑같은 무늬의 두툼한 카펫이 깔려 있었다.

이스탄불에는 쑬레이마니(Suleymaniye) 사원, 코라(Chora) 성당, 보스포러스 바닷가에 있는 부의 상징이라는 돌마바흐체(Dolmabahce)궁, 카리에(Kariye) 박물관 등 볼 곳이 너무나 많다. 또한 이집트 향료 시장과 바로 그 옆에 붙어 있는 그랜드 바쟈는 꼭 들려보기를 권한다. 특히 그랜드 바쟈는 우리나라 남대문 시장 같은 곳인데 지붕이 있어 우기에 여행을 하는 나 같은 사람도 우산을 들고 다니지 않아도 되므로 편하게 쇼핑을 할 수 있어 좋았다.

시장 안에는 독특한 색상과 디자인으로 마음에 쏙 들게 세팅을 하여 진열해 놓은 보석상, 여러 가지 모양과 다양한 색깔의 유리로 만든 장식용 유리램프, 카펫, 이슬람풍의 도자기, 그리고 골동품 가게 등이 있어 한나절 재미있게 구경 할 수

있고 값도 그리 비싸지 않아 부담 없이 쇼핑 할 수 있었다. 가게 점원들은 영어를 잘하기 때문에 언어 소통에도 별 문제가 없고 장사꾼들이라도 순진해 보여서 내가 바가지를 쓰는지 아닌지도 모르겠다.

파묵깔레(Pamukkale)

터키에는 천연 온천지역이 있는데 이곳이 바로 파묵깔레이다. 이 온천은 자연이 만들어낸 또 하나의 걸작품이다. 땅속에 있던 온천수에 함유되어 있는 칼슘과 탄산가스 등이 흘러나오면서 탄산가스가 증발되고 남은 석회 찌꺼기가 흙 위에 고이며 둥근 그릇 같은 모양(버섯을 거꾸로 세워놓은 모형)을 만들었고 그곳에 담겨있던 온천수가 넘쳐 전에 보다 약간 낮은 땅에 다른 그릇 같은 것을 만들며 자꾸 이것들이 새끼를 쳐서 만들어진 수많은 하얀 석회석 그릇에 섭씨 약 35도의 뜨거운 온천수가 담겨 파란색을 띠고 마치 흰색과 옥색만이 보이는 이 자연 온천장은 그야말로 장관이었다. 하얀 눈 위에 옥색 물감을 풀어 놓은 듯하다.

또 이 온천수에는 많은 미네랄을 포함하고 있어 이곳에서 온천을 하고 병을 고쳤다는 소문 때문에 고대에서부터 지금까지 많은 사람들이 찾아와 온천욕을 한다고 하였다. 뛰어 들어가고 싶은 욕망을 누를 수 없는 나도 사진을 찍는 것으로 대신할 수밖에 없었다. 예전에는 이곳에서 수영도 하고 발도 담그게 하였는데 많은 사람들이 선크림, 바디오일 등을 사용하여 이곳을 오염시켜 지금은 몇 군데만 발을 담도록 허락하고 나머지는 그냥 관광만 하도록 방침을 바꾸었다고 했다.
아이구! 조금만 더 일찍 오는 건데…. 그랬으면 나도 이곳에서 자연온천을 할 수 있었을 텐데 말이다. 그러나 이곳에 있는 호텔에는 다 이 온천수를 공급받아 온천을 만들어 놓았다니 오늘밤은 거기서라도 실컷 해야지. 사실 내가 여행지를 선택하고 떠날 때는 많은 관광객을 피해 한가한 때를 선택한다. 여러 가지 장점도 있지만 날씨라던가 손님이 없을 때 보수를 하기 때문에 관광지가 닫혀있는 경우도 종종 있어 불이익을 당하기도 한다.

야외에 펼쳐진 장관을 구경하고 벌어진 입을 다물지도 못한 채 박물관 안으로 들어갔다. 박물관이라고 하면 전시장에 유적들이 진열되어 있다고 생각 하겠지만 이곳은 달랐다. 김이 무럭무럭 나는 큰 수영장 같은 온천장이 있었는데 수정처럼 맑은 물속에는 푸른물에 이끼가 더덕더덕 붙은 부서진 대리석 유적들이 잠겨 있었다. 또한 관광객이 수영을 해도 좋다고 하였다. 그러나 수영을 하는 사람은 한 명도 없었다.

물로 내려 갈 수 있도록 만들어 놓은 계단으로 내려가서 가만히 물속에 손을 넣어보니 마치 데워놓은 목욕물처럼 따끈따끈하다. 갈아입을 옷만 들고 왔다면 풍덩하고 뛰어 들어가 보고 싶다. 오후 내내 추워서 움츠리고 돌아다녔기에 이렇듯 따뜻한 물속에 들어가 온몸을 담그면 얼마나 좋을까? 이곳을 오기 전에 알아낸 사전 지식으로는 이곳에서 온천은 할 수 있지만 수영도 할 수 있다는 것은 알지 못했다.

또한 겨울에 하는 여행이고 한가한 저녁 시간이어서 이 좋은 기회에 온천 겸 수영을 하지 못하고

이곳을 떠난다는 것이 몹시 안타까웠다. 하루만 더 묵는다면 다음날 낮 시간에 와서 온천을 할 수도 있을 텐데… 아쉬움만을 남긴 채 호텔로 돌아왔다. 호텔방에는 온천을 할 수 있게 큰 타월과 가운이 준비되어 있었고 온천장과 큰 방을 하나 사이에 두고 큰 수영장을 만들어 놓아 온천장과 수영장을 번갈아 가며 냉탕과 온탕을 즐길 수 있게 해 놓았다.

난 짐을 호텔방에 던지고 혼자서 이 동네 사람들이 사는 곳의 야시장을 둘러 보았다. 여기저기 기웃거리며 흥미로운 것이 있나 하고 둘러보아도 별로 특별한 것이 없는 그저 평범한 시골마을의 시장이었다. 시장에서 우리 일행인 뉴욕에서 온 리챠드를 만났다. 리챠드는 향료를 조금 샀다고 하였다. 그리고 온천장이 24시간 하지 않으니 온천을 하고 싶으면 빨리 호텔로 돌아가라고 귀띔해 주었다. 그래서 난 서둘러 호텔로 돌아와 타월을 준비해서 곧바로 온천장으로 갔다. 어두컴컴하고 김이 서려 앞을 분간 하는데만도 꽤나 시간이 걸렸다. 물속이 시커멓고 흐려 아무것도 보이지 않는다. 오른쪽에 경사지게 만들어 놓은 난간을 잡고 물속으로 들어가니 바닥에 이끼가 끼어서인지 미끄러워 걷기가 고약스러웠다. 기분도 이상하다. 꼭 괴물이라도 나타나 나를 물속으로 잡아당길 것 같다.

또 물도 끈적끈적하여 나를 옭아 매는 것 같고 갑자기 가슴이 팔딱거리고 숨이 막히는 것 같다. 이런 생각이 드니 섬짓하고 무서워서 더 이상 물속에 있을 수가 없었다. 죽기살기로 최대한 빠른 속도로 수영을 하여 헐레벌떡 물 밖으로 나와 휴게실에 놓여져 있는 빈 의자에 앉아 숨을 진정 시켰다. 마음을 진정시킨 후 주의를 둘러보니 나 이외에도 몇 명의 다른 사람들이 의자에 앉아 쉬고 있었고 매점에서 일하는 총각은 혼자

콧노래를 부르며 왔다 갔다 한다.

가슴에 털이 수북한 멧돼지 같은 아저씨가 물속으로 들어가더니 편안하게 물속에 앉아 있다. 괜히 바보같이 혼자 겁먹은 것 아닌가? 라고 생각하니 멋쩍어 혼자 씩- 웃었다. 말도 안되는 바보 같은 짓을 하고 나온 것이다. 나같이 용감한 여자가 어떻게 그런 터무니없는 황당한 생각을 했을까? 생각을 고쳐먹고 다시 도전을 했다. 벽이나 바닥에 발이 닿으면 기분 나쁘니까 물 가운데 동동 떠 있어야지 하고 말이다. 수영장과 온천장을 오가며 문을 닫을 때까지 즐기며 수영도 하고 온천도 하고…. 다음날 아침까지 한 번도 깨지 않고 정말 편안하게 잠을 잘 잔 것은 다 이 온천장 덕분이리라.

에베소서(Ephesus)

기원전 9세기 이오니아 인들에 의해 세워진 에베소서는 히포다무스의 설계에 의해 질서정연하게 잘 만들어진 도시라고 한다. 이 고대 도시는 그 이후 어느 도시도 이보다 더 잘 만들 수 없을 정도로 잘 만들어졌고 지금까지도 보존이 가장 잘 된 도시라고 하였다. 에게해 바닷가 항구 도시인 에베소서는 바다에서 시내로 들어오는 넓고 긴 길을 대리석으로 포장하였고 길 양 옆을 현대의 가로등처럼 높고 우람한 대리석 돌기둥으로 장식하여 웅장하고 화려했던 그 옛모습을 상상하기에 손색이 없었다.

길 오른쪽에는 아직도 남아 있는 상가들이 있던 장소, 마주 보이는 언덕에 세워진 요한, 바울선생이 기독교 교리를 가르쳤던 24,000명을 수용 할 수 있는 대극장, 집정관인

1 쎌수스 도서관
2 하드리안 사원과 분수

아들이 자기 아버지를 위해 지었다는 쎌수스(Celsus)도서관이 상가 뒤편에 서 있고, 도서관 오른쪽 언덕에 자리잡은 개인 주택들과 섬세한 모자이크로 만들어진 길거리, 주택 길 건너 맞은편에 있는 아름다운 하드리안(Hadrian) 사원과 트라쟌(Trajan) 분수, 어느 도시에서도 빠지지 않고 꼭 있는, 그래서 없으면 이상하다고 생각되는 목욕탕도 당연히 있었고 대리석으로 만든 공중변소, 심지어는 창녀촌까지… 헤아릴 수 없이 많은 건물들이 한곳에 모여 있었다.

대리석으로 만든 돌바닥에 발모양을 그려놓아 그 발보다 큰 사람들만 창녀촌에 갈 수 있게 만든 현대판 신분증도 새겨져 있어 보는 사람으로 하여금 웃음을 자아내게 하였다. 이 에베소서에는 많은 건물들이 아주 훌륭한 상태로 보존되어 있고 기독교 역사와 더불어 유적지로서도 유명하기 때문에 내국인은 물론 터키를 찾는 많은 외국인들이 꼭 들려가는 아주 중요한 곳이라고 한다.

이 도시는 오토만 제국 말, 영국에 의해 발굴되었고 그 당시 발굴되었던 많은 유적물과 귀중품들이 영국으로 옮겨져 지금은 대영박물관에 소장되어 있다고 한다. 세계의 7대 불가사의 중에 하나라고 불려 왔던 아르테미아 신전, 아르테미스 여신을 숭배하기 위해 이곳에 세워진 그리스 형식의 아르테미스(Artemis) 신전은 성 바울이 목숨 걸고 전도한 기독교가 자리 잡음으로써 쇠퇴해 버렸고 지금은 처량하게도 달랑 기둥 하나만 남아있는 처절한 모습을 우리에게 보여주고 있었다.

로마시대에 오랫동안 최고의 전성기를 구가하던 이 도시가 항구의 침식과 바닷물로 인해 오염된 곳에서 발생된 질병의 전파로 인하여 많은 사람들이 죽게 되고 다행이 살아남은 나머지 사람들마저 이 질병을 피해 안전한 다른 도시로 떠나니 이곳의 상업활동은 마비되고 이로 인해 급속히 쇠퇴되어 버렸다고 한다. 적어도 이곳은 하루에 다 볼 수 없을 만큼 많은 유적들이 있어서 넉넉히 시간을 가지고 둘러보면 좋겠다.

대극장에 앉아서 열정적으로 기독교 전도강연을 하는 사도 요한 선생의 강의를 듣는 상상을 해 보자. 책이 빼곡히 박혀 있었을 도서실에 가서 오후 따뜻한 햇살을 받으며 커피 한잔 마시고 앉아 있다가 도서실 정원 왼쪽에 있는 옆문을 통해 시장이 있었던 아고라(Agoura)로 들어가 번잡했던 시장바닥에 왁자지껄한 서민들의 소리를 귀 기울여 들어보자. 대리석으로 벤치의자처럼 길게 만들어 놓고 거기에 구멍을 뚫어 용변을 볼 수 있게 만든 공중 화장실에도 한번 걸터 앉아보자.

이 화장실은 밑으로 물이 흘러 오물이 그곳에 남아있지 않도록 배려한 고대 수세식 화장실 이였단다. 옆자리와의 사이에 칸막이가 있었는지 없었는지는

알 길이 없지만… 그러면 혹시 남녀가 같이 사용했던 공동 화장실이였을까? 아마 겨울에 볼일을 볼 땐 엉덩이가 몹시 시렸을 것 같다. 차가운 대리석 돌멩이 위에 걸터 앉아야 할테니 말이다. 그러나 누가 아나? 목욕탕 문화가 잘 되어 있는 나라

터키 219

니 곁에 따끈한 물이 있어 시린 엉덩이를 덥혀 주었을지도 모르는 일이다. 이 공중변소에 걸터앉아 나는 온갖 상상을 해본다.

우리들을 태운 차가 나즈막한 산 언덕을 구비구비 돌아가니 오른편 산 아래 펼쳐져 있는 에베소서 도시가 한 눈에 들어온다. 유적지 안에서 걸어 다니며 볼 수 없었던 곳도 산 위에서 내려다보니 전체적으로 다 볼 수 있어 좋았다. 차를 세울 수만 있다면 더 좋으련만 좁은 이차선으로 만들어진 산길이라 차를 세우기가 마땅치 않아 아쉽게도 차창 밖으로 고개를 내밀어 보는 것만으로 만족을 해야 했다.

울창한 나무숲도 지나고 산 위로 올라오니 성모 마리아의 집이라는 팻말이 보인다. 이 집은 에베소서에서 약 7km떨어진 해발 약 1,300ft 쯤 되는 알라닥(Aladag)산 속에 세워져 있었고 1951년에 보수했다고 한다. 예수님이 십자가에 매달려 돌아가실 때 그 자리에 계신 어머니를 보시고 당신을 따르던 사랑하는 제자 요한에게 어머니의 생애를 부탁하셨다고 한다.

예수님이 돌아가시고 4~6년 후인, 약 37~48 AD에 요한은 성모 마리아를 모시고 그가 전도하던 에베소서로 돌아왔다. 그리고 그녀의 마지막 생애를 보낼 수 있도록 이곳에 거처를 마련하였다고 한다. 성모 마리아

가 63세에 돌아가실 때까지 이곳에서 쭉 사셨다고도 하고 또 어떤 학설은 돌아가시기 전에 예루살렘으로 가서 그곳에서 돌아가셨다고도 하는데 이곳에서 돌아가셨다는 설이 더 유력하다고 안내인 무스타프는 힘 주어 말했다.

에베소서 3차 종교 회의록에도 명시되어 있는 이 집은 세월이 흐르면서 사람들에게 잊혀져 버렸다. 그러다가 1878년 케더린 에메릭(Katherine Emerich)이란 수녀가 꿈에 받은 계시 내용을 가지고 '성모 마리아의 생애'라는 책에 썼는데 그 책 속에 이 집에 대한 위치와 구조 등을 자세하게 명시하였다고 한다. 특이한 점은 그 수녀는 자기가 태어난 고장을 한 번도 떠난 적이 없는 사람이라는 것이다.

그래서 1891년, 드디어 신부님들로 구성된 탐사팀이 이곳에 와서 수색하여 이 집을 발견하고 조사한 결과 케더린이 쓴 책 속의 기록과 동일한 것을 발견하여 교황청에 보고한 후 1967년 교황 바올 6세는 이곳을 성모 마리아가 살던 집이라고 발표하였다.

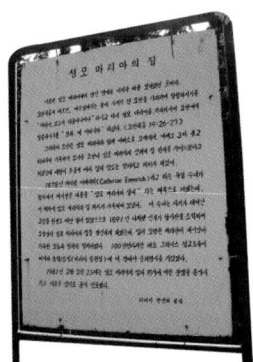

몇 년 후인 1979년 요한 바올 2세가 직접 이곳을 방문하여 '성지'로 공식 선포함에 따라 더 이상 '마리아의 집'의 위치를 가지고 왈가왈부 할 수 없도록 분쟁을 종식시켰다고 한다. 입구 왼편에 동으로 만든 성모 마리아 동상이 서 있고 터키 한인회에서 한글로 써 놓은 이곳 설명 공고판이 세워져 있었다.

산자락을 평평하게 터를 만들어 지은 이 집은 아주 단단해 보이는 나즈막한 작은 석조 건물로 입구에는 아치모양이 세 개 만들어져 있고 가운데 아치에 문이 있어 그곳을 통해 건물 속으로 들어갈 수 있었다. 방 안 정면에는 제단을 만들어 방문객이 기도 할 수 있게 되어 있었고 방 왼편에는 방문객들이 켜놓은 수많은 촛불로 방이 환했다.

식사나 난방을 하기 위해 불을 땐 흔적인 듯한 천정의 거뭇거뭇한 그을

음은 오랜 세월이 지났지만 그대로 남아 있었다. 작지만 아늑하게 느껴져 한 여인이 살기로는 아주 좋아 보였다. 집을 나와 집 아래 샘터로 가 보니 물이 나오는 수도꼭지 세 개가 나란히 있고 물이 흐르고 있어 한모금 마셔보고 싶었지만 손을 적시는 것으로 대신했다.

우물에서 출구 쪽으로 조금 걸어 나오니 조그만 하얀 색깔의 천 쪼가리들로 가득한 사각형의 액자 비슷한 것들이 오른편 벽에 걸려 있었다. 처음엔 이것이 무슨 예술작품인가 하고 생각 하였는데 나중에 들으니 이곳을 방문한 사람들이 소원을 이루기 위한 염원으로 그곳에 하얀 작은 천 조각을 철사줄 같은 것에 묶어서 만들어진 것이라 하였다.

정사각형의 틀 안엔 아름다운 소망으로 가득 찬 하얀 천 조각들이 빼곡히 박혀 있었고 이런 사각형의 액자가 대 여섯 개 정도 연결되어 벽에 걸려 있었다. 천 조각이 족히 수십만 조각은 넘을 것 같다. 아니 수백만 조각도 더 되는 것 같다. 지금 이곳은 병든 사람들이 고침을 받는 기적이 일어나고 있고 세계의 많은 크리스찬들은 물론 이슬람 교도까지 신성시 하는 성지 순례지로 각광 받는 곳이다.

사도요한의 교회와 아르테미스 신전

나즈막한 아야쑤루크(Ayasuluk) 언덕 위에 세워져 있는 사도 요한의 교회(The Basilica of St. John)는 이곳 에베소서를 관광하는 사람들이 꼭 들르는 관광명소이다.

사도 요한은 새로 생긴 종교인 그리스도교를 전파하기 위해 여러 차례 이곳에 전도 여행을 왔었고 그로 인해 이 에베소서는 그 당시 떠오르는 종교인 기독교를 믿는 교인들이 늘어나면서 오랫동안 이곳의 토속 신앙으로 자리 잡아왔던 아르테미스 여신의 숭배 사상이 점차 사라져 가기 시작했다. 사도 요한은 예수님의 부탁으로 홀로 남으신 성모 마리아를 이곳으로 모셔 오기도 했다.

그리고 사도 바울이 처형당해 죽은 후 기독교의 대표자로서 이곳을 기점으로 선교 활동을 맹렬히 하였으며 말년에는 복음서를 쓰는 등 죽기까지 이곳에서 활동을 하였다. 그가 죽은 후 유언에 따라 제자들은 이곳에 그의 묘를 만들고 그 묘 위에다 작은 교회를 세웠으며 그 당시 이 교회는 기독교인들의 중심 역할을 하였다고 한다.

그러다가 기원후 6세기경 데오도시우스(Theodosius) 2세가 교회 옆에 대리석과 붉은 벽돌을 사용하여 예수님이 매달려 돌아가셨던 십자가를 상징하는 십자가 모양의 새로운 교회를 다시 지었고 그 후에도 여러 번에 걸쳐 증축하여 길이 130m 폭이 40m나 되는 큰 교회로 만들어 명실공히 소아시아의 일곱 교회 중 하나로 손꼽히게 되었다고 한다.

지금은 터키의 잦은 지진으로 인해 대리석 문과 수없이 많은 기둥, 벽(wall), 사도 요한의 묘 앞에 있는 침례탕만이 형태를 알아볼 수 있게 남아 있고 나머지 장소들은 무엇을 했던 곳 인지조차 분간하기 힘들 정도로 폐허가 된 상태였다. 다행히 사도 요한의 묘는 특별히 표시를 해놓아 관광객들은 그곳에 서서 요한에 관한 설명을 들을 수 있었다.

대리석으로 깔아놓은 직사각형의 바닥은 땅 보다는 한 계단 정도 높게 만들었고 사각형의 네 코너에는 대리석 기둥이 서 있었다. 설명을 들으며 어떤 이는 대리석 바닥에 입을 맞추기도 하고 어떤 이는 손으로 바닥을 만지며 중얼중얼거리는 등 이곳을 찾는 이들의 행동도 천태만상이였다. 교회 뒤쪽 언덕 위에는 아랍의 공격을 막기 위해 만들었던 셀주크 당시의 성벽이 허물어진 채 남아있어 파란 하늘과 어우러져 그 당시의 위용을 자랑하는 듯 보였다.

이곳에서 발굴된 많은 비잔틴, 셀주크 그리고 오토만 시대의 유물들은 박물관에 소장되어 있었다. 아르테미스 신전을 생각하며 나는 책이나 그림에서 본 웅장하고 화려한 신전을 상상하고 가슴에 젖이 주렁주렁 매달린 여신도 볼 수 있을 거라고 생각했다.

그런데 신전 자리로 가보니 잡초가 우거진 늪 옆에 높은 돌기둥 하나 그리고 돌 3개 정도 얹어놓은 작은 기둥 하나 이렇게 2개의 기둥만 달랑 남아 있었다. 아니! 이게 기원전 4~6세기에 세워졌다는 그 유명하다는 아르테미스 신전인가? 정녕 이것이 세계 7대 불가사의 중 하나란 말인가? 나는 내 눈을 의심할 수밖에 없었.

말도 안 된다. 수많은 아르테미스 신전의 기둥이나 조각들은 다 어디로 가 버렸단 말인가? 이 모든 것들이 영국의 박물관에 있다고 하니 믿어지지가 않는다. 다른 것은 몰라도 이것만은 터키로 돌려주어야 할 것 같다. 언덕 위에 있는 요한의 교회와 이 아르테미스 신전 사이에는 1375년에 술탄 이사베이가 오토만 초기의 건축 양식으로 지었다는 이

사베이(Isa Bey) 이슬람교 회당이 자리잡고 있다. 아이러니컬하지 않은가? 토속신앙 아르테미스 신, 그리스도 교회 그리고 이슬람 회당이 나란히 서 있다는 것이…. 지금은 유적지로 남겨진 둥근 돔 형식으로 지어졌던 사우나탕을 지나 호텔로 돌아오는 나는 형언할 수 없는 착잡한 마음이 되어 할 말을 잃어버렸다.

쿠스아다시(Kusadasi)

쿠스아다시는 에게(Aegean) 해협에 있는 항구 도시로서 터키 서남부에 자리잡고 있다. 이곳은 17세기에 지어진 '파샤'라고 불리우는 '카라반 사리(caravansary)'가 유명하고 또한 고대 에페소서에 살던 부유한 사람들이 즐겨 애용하던 별장지가 많은 이태리의 나폴리를 연상케 하는 도시이다. 잔잔한 파도와 수정처럼 맑은 에게해의 바닷물, 따가운 태양 등 천해의 요소를 가진 많은 관광객들이 즐겨 찾는 관광지라고 한다.

겨울여행을 하는 우리들에게 그것을 증명이라도 하듯이 다가오는 여름을 준비하기 위해 한창 단장을 하는 호텔과 해변가에 새로이 짓는 몇몇 호텔들을 볼 수 있었다. 우리가 머물렀던 호텔도 바로 바다 앞(ocean front)이라서 엘리베이터만 타고 내려가면 곧바로 바닷물이 출렁이는 해변으로 갈 수 있게 되어 있었다. 호텔 안은 비싸고 고급스러운 가구와 그림들로 장식을 하였고 깨끗하고 친절함이 몸에 밴 종업원들은 나의 피로를 말끔하게 씻어 주기에 부족함이 없었다. 이 도시로 들어오기 전 우리는 어느 의사가 경영한다는 트루크멘(Turkman)

기념품 가게에 들렸다.

이분은 원래 의사인데 이 사업으로 돈을 더 잘 벌어서 아예 의사는 접고 사업 경영에만 참여하여 많은 재력을 거머진 거부라고 하였다. 이곳은 말하자면 골동품 수준의 고가의 물건들과 현대식 터키 고유의 물건들을 함께 소장하고 있었고 정원에도 값비싼 골동품 자동차가 약 10대 정도 세워져 있어 그가 어마어마한 재력가임을 보여 주었다.

갖가지 예쁜 색깔의 구슬을 꿰어서 만든 핸드백과 책상보들, 예쁜 조각 천으로 만들어 금속 또는 유리조각 액세서리를 달아 만든 화려한 낙타 등 덮개, 처녀가 청혼 받을 때와 결혼식 할 때에 머리에 쓰는 이순신 장군의 투구처럼 생긴 금속조각과 온갖 색깔의 구슬로 장식한 모자들, 각가지 색깔의 실로 만든 수술(tassel), 유리구슬, 금속 조각으로 장식한 아기들이 특별한 날에 입는 앙증맞은 아기 옷 등. 전시장은 내가 본 적도 들은 적도 없었던 진귀한 물건들로 꽉 차있어 빈자리가 없었다.

이곳은 겨울이라고 해도 지중해의 영향을 받아 절대 눈은 오지 않고 비만 자주 오며 기온은 화씨 50~60도를 오르락 내리락하니 바람만 불지 않는다면 기분이 상쾌하고 쾌적한 날씨다.

사르디스 (Sardis)

터키에서 3번째로 큰 도시 이즈미르(Izmir)에서 약 70km 동쪽에 있는 도시 사르디스는 기원전 6세기경에 세워진 리디아 왕국의 수도였다. 사실 이곳은 기원전 2,000년 전부터 사람들이 팩토루스(Pectolus) 강가에 자리 잡고 살았다고 한다. 세계 역사상 최초로 동전을 만든 쿠르서스(Croesus), 그래서 부의 상징이 되어버린 쿠르서스가 통치했던 이 사르디스는 성경의 요한 계시록에 나오는 초대 일곱 교회 중에 하나인 사대교회다.

이곳도 역시 아고라(상가), 극장, 경기장, 목욕탕, 신전 등 볼만한 여러 유적지가 많이 있었지만 단연 돋보이는 종합 체육관과 유대인 회당은 이곳을 방문하는 관광객이 꼭 보아야 할 곳이라고 한다. 약 5 에이커 정도의 면적 안에 이 모든 유적지들이 모두 다닥다닥 붙어있어 한 바퀴만 휭-하고 돌면 모

두 다 구경 할 수가 있었다. 특히 유대인 정착지의 산물인 AD 3세기에 세워졌다는 이 유대인 회당은 현재까지 남아 있는 것 중 가장 큰 것이라 한다.

또한 이러한 유대인 회당들은 주로 교외에 세워져 있는데 비해 이 회당만 시내 중심가에 자리 잡고 있어 역사가들의 주목을 끌고 있다고 했다. 회당으로 가는 길은 에베소서와 마찬가지로 작은 타일로 모자이크 하여 한껏 모양을 내었고 독수리, 사자 등 동물을 조각한 것들이 양호한 상태

로 길옆에 남아 있었다.

남쪽에는 기원전 3세기에 이오니아식으로 세워진 가장 아름다웠다던 신전, 제우스 신의 딸 아르테미스 여신을 위해 지은 아르테미스 신전의 높은 기둥이 보였고 신전 옆에는 탑과 제단으로 사용했던 거대한 돌덩이들이 땅 위에 뒹굴고 있었다. 신전에서 바라보는 2층짜리 체육관은 현대 건물이라 해도 손색이 없을 만큼이나 훌륭한 모습을 하고 있었다. 원래 모습의 기둥 하나만 빼고 모두 복원하였다는데 내 눈에는 거의가 다 오리지널 같았다.

비가 온 다음이라서인지 비에 젖어 먼지하나 없이 깨끗해 보이는 황량한 유적지는 참으로 볼 만하였다. 이즈미르(Izmir)로 향하는 길 양 옆 언덕에는 빽빽하게 올리브(olive) 나무가 자라고 있었다. 올리브 나무는 심은 사람이 열매를 거두기는 참으로 어려운 나무라고 한다. 이 나무는 25년이 되어서야 열매를 맺기 시작하여 300년 쯤이나 되서야 왕성하게 열매를 맺는다고 한다. 그러니 손자, 증손자 아니 그 이후 몇 세대가 지난 후에야 수확이 되어 돈을 벌어줄 수 있는 나무다.

이리도 오래 사는 나무이니 이곳에는 1200년생이나 되는 올리브 나무도 많이 있다고 한다. 올리브 나무는 주로 서부 터키 해안 지방에서 자라며 이곳에 약 8천만 주의 올리브 나무가 자라고 있고 이를 사용하여 올리브 유, 올리브 비누, 우리가 식탁에서 만나 볼 수 있는 올리브 피클 등을 만들어 판매한다. 터키에서 생산되는 대부분의 올리브유는 이태리로 수출된다고 한다. 아마 우리가 사 먹는 이태리제 올리브유도 터키에서 생산된 올리브유 일지 모른다는 생각이 들었다.

우리가 먹는 식탁용 올리브 기름은 3가지 등급이 있는데 최상급은 추수기에 제일 먼저 수확한 싱싱한 올리브 열매에서 씨를 빼낸 후 짜 낸 것이고 두 번째 등급은 그 이후에 따서 씨만 빼낸 후 짠 것이며 세번째 등급은 씨가 있는 채로 물이나 화학용품을 함께 넣어 짜낸 것이라고 한다. 우리들을 태운 차는 후두둑 내리는 비를 맞으며 다음 목적지인 페르가뭄을 향해 북쪽으로 달린다. 길 왼편은 에게해 바다를 끼고 오른편은 별장들과 올리브 나무들이 빼곡히 서있는 언덕을 바라보며 이번에 집에 가면 꼭 올리브 피클을 한번 담아 봐야 겠다고 생각한다.

페르가뭄(Pergamum)

성경에서 버가모라고 표기되어 우리들에게 알려져 있는 페르가뭄은 이즈미르에서 약 100km 북쪽에 있는 고고학적 가치가 많은 유물이 있는 유적지이며 요한 계시록에 나오는 일곱 교회 중 하나로 성서적으로도 아주 중요한 곳이다. 헬레니즘 시대의 최대 걸작품인 제우스 신전과 제단이 자리 잡고 있고, 시장, 궁전, 운동장, 극장, 한때 200,000만 권의 책을 소장했던 도서관 등이 가파른 언덕 위에 세워져 있는 아크로폴리스 고대 도시, 아무나 감히 침략하기 힘든 철옹성 같은 느낌을 주는 페르가뭄에 도착했을 때쯤에는 더 더욱 세차게 내리는 비와 바람으로 서 있기조차 힘들었다.

어찌나 바람이 센지 우산을 펴니 바람에 휙 하고 뒤집어져 버린다. 차라리 점퍼 모자를 뒤집어 쓰고 비 속을 걷는 편이 낳겠다고 생각하고는 고개를 파묻고 말없이 고성, 아크로폴리스를 향해 올라 갔다. 언덕 아래는 도시를 감싸고 유유히 흐르는 쎌리누스(Selinus) 강이 발 아래로 보인다. 이 도시는 언덕위의 도시(upper city)와 언덕 아래의 도시(lower city)로 나뉘어져 있고 그 뒤로 성벽이 둘러 쌓여져 있었다. 우리는 언덕 위의 도시(upper city)로 가서 부서진 왕궁, 트라쟌(Trajan)과 아테네(Athena) 사원, 도서관 등을 보았다.

이집트의 여왕 클레오파트라를 사랑했던 안토니오가 이 도서관에 소장되어 있던 많은 책을 이집트로 보냈다는 이야기며 결혼 선물로 터키 남

서부의 땅을 준 이야기는 아직도 터키인들에게는 재미있는 이야기 거리이다. 가파른 언덕을 이용해서 만든 약 10,000명을 수용할 수 있다는 극장을 둘러보고 기원전 180~160년에 제우스 신을 봉헌하기 위해 세운 제우스 신전을 방문했다.

그러나 신전이 자리 잡고 있었던 그 자리에 있어야 할 신전은 온데간데없이 오직 큰 소나무 세 그루만 자리 잡고 서 있어 휘몰아치는 비바람에 정신없이 춤을 추고 있었고 그 나무 주위로 사각형의 돌멩이 축대들은 비바람을 맞으며 굳건히 그 자리를 지켜 주고 있었다. 19세기 오토만 제국이 허약했을 무렵 고고학 탐사를 하던 독일의 고고학자 칼 휴만(Carl Humann)이 제우스 신전을 발견하고 신전에 있던 제단을 비롯해 신전 벽에 양각되어 있는 거인과 싸움을 하는 신인 '지간토마치' 등 많은 것들을 독일로 가져가 버렸다고 한다.

지금은 서베를린 박물관에 소장되어 있어 그곳에 가야만 이들을 볼 수 있다고 하였다. 켈트(Celts)족으로부터 페르가뭄을 보호한다는 상징적인 의미와 신화적인 의미를 가진 이 길이 120m, 높이 2m 30cm 크기의 양각(relief), '거인과 싸움하는 신'은 더 이상 이곳을 지키지 못하고 멀리 떠나버려 이곳을 찾는 이들의 마음을 쓸쓸하게 해주었다.

점점 더 세차게 부는 바람과 비는 멎을 생각도 하지 않는다. 모두들 더 보겠다는 고집을 버리고 병원이 있다는 아랫동네로 이동 하였다. 갈리누스가 세운 의료 센터는 아주 평평한 평지에 자리잡고 있었다. 옛날에는 이곳과 언덕위의 도시(upper city)가 연결되어 있었는데 지금은 중간이 끊어져 평평한 곳에만 양쪽 길가에 대리석 기둥과 대리석이 깔린 넓은 도로가 남아 있었다.

병원 입구에는 둥근 대리석 비석 같은 것이 서 있는데 여기에는 뱀과 리본 등이 조각되어 있었고 이 대리석 기둥을 중심으로 왼쪽에는 진료소와 환자 대기실이 있고 똑바로 가면 신성한 샘물로 환자를 치료하던 곳

이 있었는데 이 시대에는 물과 진흙, 약초와 마사지로 치료를 많이 하였다고 하였다. 또한 오른쪽 정면에는 극장, 도서관, 사원, 분수대 등이 있었다고 한다.

특히 이곳에 있는 돌로 만든 굴(tunnel)은 신성한 샘물(약수터)에서 병원 진료소까지 연결되어 있었고 정신과 환자들이나 신경성 환자들이 조용한 이곳을 걸으며 의사나 의료 보조인들과 이야기하는 가운데 마음의 안정을 찾아 치료에 많은 도움을 준 곳이라 한다. 그 옛날에 정신과 환자 치료를 환경요법과 대화로 했다니 의학분야에 종사하고 있는 나에게도 놀랍지 않을 수 없었다.

원형으로 설계되어 있는 환자 대기실 한 가운데 사무실을 만들어 사무원들로 하여금 효율적으로 환자들을 보살피며 일할 수 있도록 잘 설계되어 있었다. 지금 21세기를 사는 우리들도 일하는 사람들의 동선을 생각하여 원형으로 만든 호텔이나 병원을 볼 수 있다. L.A.에 있는 보나벤쳐 호텔이나 로마 린다에 있는 로마린다 대학 병원은 다 원형을 이용하여 지어진 것을 볼 때 그들의 전 현대적인 건축기술에 놀라움을 금할 수가 없었다.

수많은 환자들이 이곳에 와서 치료 받았던 병원이라서 우리는 더 관심을 가지고 이곳을 살펴 보았다.

관광을 예정보다 일찍 마치고 주룩주룩 오는 비를 맞으며 우리들은 피자(pizza)를 파는 식당으로 가서 치즈 피자를 주문하였다. 주방장은 미리 반죽되어 있던 피자 도(dough)를 손으로 돌려서 타원형으로 얇게 만든 후 소스를 뿌리고 그 위에 우리들이 원하는 토핑(topping)을 얹은 후 불이 훨훨 타는 화덕에 넣어 구워서 쟁반에 담아준다. 와~ 정말 맛있다. 치즈가 맛이 있어서 인지 아니면 밀가루가 맛이 있어서 인지는 몰라도 이곳 터키의 피자는 그야말로 일품이다. 비싸지도 않고 맛도 좋고… 바깥은 비가 계속 줄기차게 내리는데 이 비를 맞으며 다음 예정지를 향해 갈 것을 생각하니 조금은 걱정이 된다. 이제는 배도 부르고 또 차 속에서 먹을 군것질 거리도 마련했으니 그야말로 만사 OK다. 만일 터키를 방문하시면 꼭 양고기 시시까 케밥(shish kabob)과 피자를 먹어 보시기를 권한다.

트로이(TROY)

그 유명한 '트로이의 목마' 로 우리에게 너무나도 잘 알려진 바로 이 트로이는 기원전 3000년부터 시작하여 4000년 동안 망하고 재건되고 또 망하고 또 다시 재건되는 수레바퀴와 같은 역사를 지닌 전설적인 도시다. 사실 이 도시는 이즈미르(Izmir) 태생의 시인 호메로스(Homeros)가 저술한 일리아드(Iliad)와 오디세이(Oddyssey)라는 책 때문에 더욱 더 유명해졌을지도 모른다고 입을 모은다.

이곳에서 일어난 트로이 전쟁이 사실이냐 가상이냐를 놓고 의견이 분분한 가운데 '트로이의 목마' 라는 소재는 영화로, 책으로 만들어져 지금까지 우리들의 눈과 귀를 즐겁게 해주고 있다. 적군의 병사들로 가득 채워진 거대한 목마로 인해 승승장구하던 전쟁에서 멸망으로 치달은 비운의 나라, 트로이!

챠나깔레(Canakkale)에서 30km 남쪽에 있는 전설의 도시 트로이는 BC 3000년 경 청동시대에 벌써 사람들이 살기 시작하여 작은 나라가 세워졌는데 그 첫 번째 나라는 화재로 멸망하였고 그 다음에 세워진 나라는 전에 있던 나라보다 조금 더 크게 영토를 확장하여 세워졌지만 지진으로 망했다고 한다.

그 이후 무너진 나라 위에 다시 나라를 건설하고 그 나라가 망하면 다시 건설하여 그 정착 단계가 겹겹이 쌓여진 9개의 층으로 되어있던 흔적이 아직도 고스란히 남아 있는 고대 도시가 바로 이 트로이다. 그런 트로이가 호메로스의 일리아드에 심취해서 고고학 보다는 보물 찾기에 관심이 더 많았던 독일의 고고학자 슐레이만(Schleimann)에 의해 베일이 조금씩 벗겨지기 시작했다고 한다.

그러나 돈의 가치가 있는 유적에만 관심을 갖고 마구잡이로 파헤친 결과 오히려 더 많은 유적을 훼손시켜버렸기 때문에 지금은 그것까지 복구를 해야 하는 지경에 이르렀고 이를 위해 관계자들이 많은 심혈을 기울인다고 한다.

굵어진 빗줄기는 그칠 줄 모른다. 길가에 작게 표시된 '트로이'라는 사인을 따라 들어오니 비에 흠뻑 젖은 거대한 목마가 외롭게 홀로 서 있는 유적지에 도착하였다. 무슨 유치원의 놀이터에 세워놓은 아주 큰 목마를 보는듯 하였다.

그 유명한 트로이가 겨우 이것뿐이란 말인가? 조금은 실망이 되었지만 이곳까지 왔으니 아무리 비가 오더라도 이 목마 속으로 들어가 말의 눈이 있는 곳까지는 올라 가 봐야겠다라고 생각하고 나무계단에 첫 발을 올려 놓았다. 바로 이 목마 때문에 그리도 강대했던 트로이가 허무하게 망하지 않았던가! 목마 밖에서 볼 때는 그저 막연하게 '크다'라고만 느꼈는데 막상 목마 안에 들어가니 계단이 계속 연결되어 몇층 짜리 건물을 올라가는 듯한 느낌이다.

중간중간 멈추어 서서 밖을 보니 아주 높이 올라온 것 같다. 이 모형 목마는 상징적인 의미로 실제보다는 훨씬 작게 제작되었다고 했다. 그리고 박물관 안은 그저 예전의 트로이를 아홉 개의 시대별로 구분하여 아홉 층으로 남아있는 유적지를 알아보기 쉽게 도표로 만들어 놓은 것 외에는 따로 특별한 유적은 없었다. 계속되는 비로 밖의 유적들은 또다시 포기를 할 수 밖에 없었다.

관광철이 아닐 때 여행하는 나에게는 종종 이런 불편한 일이 생기지만 이익도 많다. 그래도 많은 사람들 틈 사이로 떠밀리다시피 다니며 무엇을 보는지, 듣는지 알 도리가 없이 다니는 것보다는 여유롭게 내가 보고 싶은 것을 볼 수 있는 이편이 훨씬 낫다는 생각에 이렇듯 비수기에 여행을 한다.

트로이의 왕 프리아무스(Priamus)의 막내 아들인 파리스(Paris)와 스파르타의 왕, 메네라오스(Menelaos)의 왕비인 헬레네(Helen)와의 불륜이 불러온 10년에 걸친 트로이 전쟁은 무수한 설을 불러왔다. 나라를 망하게 할 것이라는 예언 때문에 사랑하는 막내 아들 파리스를 양치는 목동으로 살게 했던 아버지 프리아무스 왕. 그러나 신의 예언대로 그는 트로이 전쟁을 일으키는 장본인이 되었고 이 전쟁으로 인해 결국 트로이는 멸망하고 말았던 것이다.

우리가 자주 쓰는 '아킬레우스(Archilles)건'이란 유명한 말도 이 트로이 전쟁에 참전한 아킬레우스 장군에게서 나왔다.

이렇듯 수많은 전설을 안고 있는 이 트로이는 이제 고고 학자들과 관광객들 만이 찾을 뿐 많은 사람들의 관심에서 멀어져 가고 있는 듯하여 안타까움만 더할 뿐이다.

chapter 6

중국 귀주성
Guizhou

귀주성에는 '3km를 걸어가는 동안 평평한 땅이 없고, 3일 계속해서 해를 볼 수 없으며, 은전 3개를 가진 집이 없다'고 한다. 이 한마디 속담은 바로 귀주성이 어떤 곳임을 가장 잘 표현한 말이다.

서론

중국의 남서쪽에 위치하고 있는 귀주성은 북쪽에 사천 분지(Sicuan Basin)와 남쪽의 광서분지(Guang xi Basin)사이에 있으며 귀주성 한가운데에는 미령산(Miaoling mtn)이 자리잡고 있다. 그 미령산 북쪽으로 흐르는 작은 강들이 모여 장강으로 흐르고 이는 곧 양자강으로 이어지며 남쪽으로 흐르는 진주강은 홍콩이 있는 바다로 흘러간다.

귀주성 북쪽에는 사천(Sichuan)성과 충칭(Chongqing), 서쪽에는 운남(Yunnan)성, 남쪽에는 유명한 계림(Guilin)이 있는 광서(Guangxi)성 그리고 후난(Hunan)성을 경계로 하고 있으며 면적이 170,000평방키로(68,000sq.mi)나 된다지만 면적의 80~90%가 산과 강 그리고 호수로 이루어져 있으니 정작 사람이 살며 농사를 지울 수 있는 면적은 그리 많지 않다고 한다.

아열대성 기후로 년 평균 섭씨 10~20도이며 최고로 추운 1월에는 1~10도까지 내려가기도 하고 가장 더운 7월은 17~28도까지 올라가기도 한다. 일년 강우량이 900~1,500mm이어서 인지 강이나 호수가 많고 오랜 세월 동안 강물에 닳고 닳은 진귀한 수석과 귀암들이 강가에 흐드러지게 널려져 있었다. 우리는 비가 오지 않는다는 10월에 귀주성에 들어 갔는데도 우산을 쓰고 다니는 날이 비일비재 했다. 그렇다고 비가 항상 줄줄 내리지는 않았지만 비가 내릴때 우산을 쓰지

않으면 옷이 젖을만치 비가 왔다.

귀주성에 대한 옛부터 전해 내려오는 속담이 있는데 '귀주성에는 3km를 걸어가는 동안 평평한 땅이 없고, 3일 계속해서 해를 볼 수 없으며, 은전 3개를 가진 집이 없다'는 것이다. 이 한마디 속담은 바로 귀주성이 어떤 곳임을 가장 잘 표현한 말이다.

사실 이곳에 살던 묘족들은 한 나라때부터 중국에 속해 있었지만 허구한 날 반란을 일으켰고 특히 청나라 때는 그 빈도가 아주 심해져 이를 진압하기 위해 조정이 골머리를 앓았다고 한다.

작은 산등성이에 숨어 싸우는 이곳 터줏대감인 묘족들과 도시인 시안에 살던 청나라 군인들과의 싸움은 쉽지 않았을 뿐더러 비까지 주룩주룩 내리니 더욱더 힘들었을 수밖에 없었을 것은 자명한 일.

묘족 역시 전쟁을 하느라 농사를 지을 수도 없었고 농자를 지을 넉넉한 땅도 없는데다 비까지 줄줄 오니 가난을 면하기 힘들었을 것이다. 현재는 중국에 완전히 속하게 되었지만 지금도 그들만의 의상, 언어, 건축양식은 마치 다른 나라에 온 것 같은 느낌이 들 정도이다.

인구 분포를 보자면 역시 중국인인 한족(Han)이 62%, 묘족(Miao), 동족(Dong), 요족(Yao) 등 소수민족이 37%이며 특히 이곳에만 사는 수이(Shui)족 즉, 소가족(Souga) 또는 롱혼족(long horn tribe)도 1%나 된다.

여러 소수민족이 모여 살기 때문에 저마다의 독특한 생활과 습관, 의상, 건축형식을 볼 수 있어 작은 여러나라를 다니는 느낌이 나는 곳이다.

귀주성은 목재, 석탄 광산, 금광, 철, 알루미늄 광산과 더불어 담배 농사, 한약재료 등이 유명하고 특히 이곳에서 빚어지는 '마오타이(Maotai)' 술은 술을 아는 동양인이라면 모르는 사람이 없을 정도로 유명하다.

서울에서는 귀양에 오는 직항 항공편이 없어 중국의 다른 도시를 들러 중국 국내선을 이용해야하는 번거러움이 있다. 북경이나 상해, 홍콩 등은 모두 국제선 청사와 국내선 청사가 다른 곳에 있기 때문에 나는 국내 및 국제 청사가 함께 있는 광저우(Guangzhou)를 이용했다.

중국 남쪽의 문이라고 일컫는 광저우는 홍콩옆에 있는 항구 도시로서 광동성의 성도(capital city)이며 일찍부터 교역의 중심지로 자리매김을 한 도시이다. 광저우 공항은 두개의 건물로 되어 있는데 한 개는 국제선 또 다른 한 개는 국내선으로 두 건물이 다리(bridge)로 연결되어 있어 짐을 들고 이동하는데 불편함이 없었다. 마침 국제회의가 개최될때여서 인지 많은 도우미들이 공항 이곳저곳에서 친절하게 도와주어 아주 좋은 느낌을 받았다.

아침 8시 50분 인천을 떠난 아시아나 항공은 3시간 15분 후 광저우에 나를 내려 놓았다. 입국 수속을 마치고 국내선 터미널로 옮겨 중국 국내 항공인 차이나 써던(China Southern Air)을 이용하여 1시간 30분 만에 귀양(Guiyang)에 들어올 수 있었다. 낯선 도시를 들어갈때는 낮 시간에 도착해 만약의 사태에 대비해두는 것이 매우 중요하다. 낮에는 일하는 사람들의 도움을 받기가 쉽기 때문이다.

물론 여러명이 함께 하는 여행이라면 좀 다르겠지만 개인이 홀로 하는 여행은 항상 비상사태에 대비하는 것이 안전하다. 이는 페루(Peru)의 리마 공항(Lima airport)에서의 사고와 중국 곤명(Kunming) 공항에서의 사고 이후 스스로 깨달은 것이다.

귀양(Guiyang)은 바로 이 귀주성의 성도(capital city)이며 항공편을 이용할때는 공항이 이 도시 밖에 없으므로 꼭 이 도시로 들어와야만 한다.

귀양 역시 중국의 다른 큰 도시와는 별반 다르지 않게 빼곡히 들어

박힌 고층 건물과 자동차 홍수로 이제까지 내가 가졌던 귀주성에 대한 기대감과는 사뭇 거리가 멀었다. 그러나 한 시간만 교외로 나가면 아름다운 산들로 둘러 쌓여있어 귀주성만의 독특하고 아름다운 자연을 볼 수 있었다.

운남(Yunnan) 귀주(Guizhou) 고원이 있는 서쪽은 언덕 같은 산이 많이 있는 반면 동쪽이나 남쪽은 제법 평평한 땅이 많다고 한다. 그러나 서강(Xijing)에서 용강(Rongjiang)까지 마치 산속에서 길을 잃어버려 헤매듯 레이산을 돌고 또 돌아 6시간 이상을 산속에서 보내고 나니 평평하다는 말이 도무지 믿어지지 않는다.

공항에서 호텔로 가는 길목에는 분명 지금이 가을인데도 들에는 푸성귀가 파릇파릇 자라고 있다. 그 옆에는 추수를 마친 볏단이 수북이 쌓여있고… 나는 갑자기 봄인지 가을인지 당혹스러워 졌다.

귀주성에서는 황과수 폭포(Huangguoshu fall), 천성교(Tianxingqiao), 그 옆에 있는 부이족(Bouyi) 마을, 고대 한족(Han)의 후예들이 살고 있는 천룡(Tianlong)마을, 묘족(Miao)들의 동네인 칼리(Kali), 다탕(Datang), 청만(Qingman), 용강(Rongjiang), 서강(Xijiang), 바사(Basha)를 들린다. 또 동족(Dong)의 동네인 삼강(Sanjiang), 사오상(Zhaoxing)과 요족(Yao)과 장(Zhuang)족이 사는 용성(Longsheng)을 들려 광시성(Guangxi)으로 넘어간다. 거기서 계림(Guilin)과 양수오(Yangshuo) 그리고 이강(Li River)에 배를 띄어 쉬엄 쉬엄 쉬어 가는 여정을 택했다.

미국에서 소수민족으로 40여년을 살아온 나에게는

다른 나라에 사는 소수민족들이 남의 일 같지 않다. 많은 소수민족을 만나보고 그들의 이야기 속에서 또 그들의 생활속에서 나는 무엇을 찾으며 무엇을 알아낼 수 있을까? 얼마나 그들에게 가까이 다가갈 수 있을까? 아마 더 가까운 동질감을 아니 어쩌면 같은 뿌리임을 알아 보고 싶은 나의 욕망이 내 속에 꿈틀거리고 있지는 않은지? 기대와 흥분으로 내 가슴은 팔딱거리기 시작한다.

언제나 여행의 시작은 그러했듯이….

귀양(Guiyang)

인구 300만이 살고있는 귀주성의 성도(capital city) 귀양은 중국의 다른 대도시와 별반 다르지 않았다. 얼마나 태양이 '귀'하면 도시 이름마저 '귀양'이라 지었을까? 그런데 사실 귀양은 '귀산' 남쪽에 있는 동네라고 해서 '귀양'이라 부른다고 했다. 하지만 귀양에 대한 설명이 전자에 훨씬 더 수긍이 가는 것이 나 뿐만일까?

비가 잘 오지 않는다는 10월에 왔는데도 나를 환영하려는지 비가 부슬부슬 내린다. 비에 이력이 난 귀양의 야시장(night market) 상인들은 아랑곳없이 야외 전등을 매달아 환한 간이 식당을 길가에 만들어 놓았다.

길가에 세워놓은 좌판 위로 수북하게 진열해 놓은 먹거리들은 보기만 해도 대단하다. 조그만 포장마차가 길 양옆으로 줄지어 서 있는데 끝이 보이지 않는다. 바다가 가깝지 않은 곳인데도 웬 굴이며 조개며 생선들이 이다지도 많은 건지! 특히 중국사람들이 좋아하는 돼지고기, 닭고기, 개고기 등 그야말로 없는 것이 없다. 과일 가게에도 먹음직스러운 과일들이 수북히 쌓여있고 아이들 머리통 만한 수박이 가게 앞 땅바닥에 뒹굴고 있다. 귀양의 이런 먹거리 야시장은 한 곳에만 있는 것이 아니라 여러 곳에 있는 것 같다. 서울에서 이곳까지 오는데 비행 시간은 5시간 밖
에 걸리지 않았지만 저녁이 되어서야 귀양에 도착했으니 하루 종일 비행기와 공항에서 시간을 다 소비한 셈이 되어 억울하기 그지 없었다.
광주 공항에서 처음보는 과자와 과일을 사서 먹고 또 서울에 사는 임중 언니가 싸준 떡보따리까지 풀어 실컷 먹어서인지 배도 고프지 않았다. 호텔 밖 길거리에서 금새 구워 아주 맛있어 보이는 군밤 한봉지를 샀다. 아직도 비는 부슬부슬 내린다. 내일은 개어야 할텐데….

천롱 마을 (Tianlong Tunbu Village)

아침에 일어나 창밖을 내다 보니 잔뜩 찌푸린 날씨에다 비까지 부슬부슬 내려 을씨년스럽기만 하다. 아침 출근 시간 복잡한 귀양의 중심지대를 빠져 고속도로로 들어오니 도시와는 대조적으로 매우 한산했다. 길 양 옆에는 둥근 요철 모양 같이 생긴 나즈막한 산들이 올망졸망 나타났고 들판에는 추수를 마친 노적가리들이 쌓여 있었으며 군데군데 농사를 끝낸 물소들이 한가롭게 휴식을 취하고 있었다.
귀양에서 서쪽으로 운난성의 곤명을 향해 나있는 고속도로를 이용해 안순(Anshun)으로 가는 길목에 있는 천룡(Tianlong)마을을 들렸다.

운난성을 침략하기 위해 원나라 주원장과 함께 온 300,000 대군 중 승전 후 고향으로 돌아가지 않고 그곳에 남아있던 명나라 군인들의 후손들이 살고 있는 동네인데 지금 약 200,000명 정도가 안순시에 흩어져 살고 있다.

천룡 즉 '하늘의 용'이라는 뜻을 가진 동네 이름은 운난성 사람들에게 자기들의 위력을 보여 주어 다시 쳐들어오지 못하게 함이라 했다. 이 도시 말고도 주위에 살고 있는 돈보인들은 현대를 살고 있는 중국 사람들조차 익숙치 않고 모르는 많은 풍속과 문화를 잘 보존하며 살고 있었다.

그래서 이곳은 잃어버린 많은 한족의 풍속이 여전히 존재하고 있다. 이들은 이곳에서만 나는 예암이라는 돌로 '석두채'라 불리우는 독특한 모양의 집을 짓고 산다.

벽도 지붕도 모두 이 예암을 사용하였는데 이 돌은 종이장처럼 얇아 기와처럼 사용할 수가 있다. 동네 골목길도 이 돌을 깔아 도로포장을 하였다. 비가 많이 오는 곳이기 때문에 이 돌이 없었다면 무엇으로 대용했을까?

여인들은 푸른 혹은 분홍 상의에 검은 바지 위로 앞치마를 입고 머리에는 검거나 하얀 머리띠를 둘렀으며 머리 뒤에는 옥으로 만든 머리핀으로 장식하였고 수를 놓은 신발을 즐겨 신는다고 한다. 또 그들이 만든 은 제품과 나무를 깍아 만든 여러 종류의 목각 장식품은 볼만했다.

오늘 누가 이사를 왔는지 동네 사람들이 다 모여 함께 밥을 먹고 있다. 찹쌀밥을 양푼에 담아가지고 식탁 상마다 다니며 빈그릇에 밥을 꾹꾹 눌러 담아 퍼준다. 새로 이사 온 집에서 음식을 장만하여 동네 사람들을 다 불러 잔치를 하는 것이 이네들의 풍습이라 한다.

박물관 뜰에는 진귀한 수석이 진열되어 있고 화석 전시관 안에는 수 백만 년 전 바닷속 화석이 몇 점 전시되어 있었다. 이곳에서 우리는 600년 전통을 가진 중국의 전통 가면을 쓰고 등에 깃대를 꽂은 무사들이 칼과 창을 들고 춤을 추는 일명 '무당춤'으로 불리우는 '그랜드 오페라(grand opera)'를 구경 할 수 있었다.

이들에게는 이 가면을 쓰는 순간 '신'으로 변하며 이 가면이야 말로 신의 상징이라 믿는다. 그래서 이 가면은 돈보인들에게 정신적인 지주일뿐더러 그들의 우상이다.

공연장 벽을 빼곡하게 채운 가면들에 그런 뜻이 있는지는 나중에서야 알게 되었다. 그러나 영어 설명이 없어 공연 자체는 무슨 뜻인지 알도리가 없어 답답했다. 관광철이 아니니 외국 관람객이 별로 없어서인지도 모르겠다.

오늘은 마침 일요일, 장이 서는 장날이라 비가 오는데도 장이 섰다. 밭에서 금새 뽑아 온 듯한 흙이 묻어있는 고구마, 싱싱한 야채, 과일, 고기 등 모두 생활 필수품들이였다. 두부는 생두부도 있고, 한 모를 통째로 기름에 튀긴 튀김두부도 팔고 사과 상자에 올려놓은 몇 알 안되는 홍시감은 만지면 터질 것만 같아 조심스러웠다.

비닐 종이를 우비처럼 입고 우산 하나만 든 채 장터에 서 계신 두 할머니는 야채 뿌리를 팔러 나오셨는데 장사에는 관심이 없고 친구 할머니와 수다만 떨고 계신 것을 보니 오랜만에 만난 친구일까? 아니면 시누 올케 사이일까? 어쩌면 이동네 사람들은 서로가 멀던 가깝던 다 친척이 아닐까?

중국 귀주성

안순(Anshun)의 용궁(Longgong cave)

안순에서 27km정도 남서쪽으로 내려가면 지하로 흐르는 강들이 서로 만나 이루어진 호수와 폭포, 그리고 배를 타고 종류석이 주렁주렁 매달려 있는 굴속으로 들어가서 용왕의 궁전이었을꺼라는 용궁에 가 볼 수 있다. 국도에서 내려 용궁으로 가는 길은 얼마나 아름다운지 입을 다물 수가 없다.

허기야 용왕님이 계신 용궁으로 가는 산길인데…. 아마 토끼와 거북이 이야기에서 토끼의 간이 필요한 용왕님의 병을 고쳐주기 위해 가는 길도 이처럼 아름다웠으리라. 드문 드문 박혀있는 돌산은 마치 동화속 마법의 나라에서나 나올법했고 산 아래 큰 호수는 온통

푸른 수초로 뒤덮여 푸른색을 띠어 마법의 호수처럼 신비스러웠다.

산 아래로 내려다 보이는 몇 집 안되는 작은 농가는 행복한 사람들만 모여 사는 또 다른 세상 같았고 이곳 주민들만 다닐 수 있다는 하늘이 파랗게 보이는 동굴도 산신령을 만나러 가는 길 같았다. 보이는 곳마다 아름다워 턱이 빠질 지경이니 이 절경을 어찌 글로 다 표현할 수 있을까? 바람에 흔들리는 잡초와 이름없는 들꽃마저도 신령스럽게 보인다.

주차장에 차를 세우고 입장권을 낸 후 기념품 가게들이 즐비한 입구를 지나 호수와 강 옆으로 만들어진 난간을 따라 아름다운 경치를 보며 걸어가다 보면 용이 승천했다는 용문 폭포를 볼 수 있

었다.

소수민족의 의상을 입고 관광객과 함께 사진을 찍어주는 대가로 돈을 받는 아이들의 빨간 의상은 푸른 산 속을 꽃처럼 수 놓았고 그 아이들의 해맑은 웃음 소리는 산새 소리처럼 경쾌하였다.

천지에서 흘러내리는 용문폭포의 물줄기를 보며 용문교를 지나 좁고 어두운 동굴 속에 만들어진 길을 따라 올라가면 정상에 세워놓은 정자가 나오고 다시 조금 내려가면 천지가 보인다. 이곳에서 배를 타고 용왕이 살던 종류굴 속으로 들어갈 수 있다. 약 60평방 키로 넓이인 용궁의 동굴 속 길이는 자그마치 15km나 되지만 관광객

들에게는 1km도 안되는 840m만 관람이 허락된다.

배를 타고 종류굴 속으로 들어가면서 제일 먼저 나타나는 곳이 용궁접대실, 포도원, 5마리의 용이 지키고 있다는 수정궁 등 약 6개 정도의 큰 방이다. 용궁에 가서 정작 용왕은 만나지 못했지만 여러 색깔의 조명으로 장식해 놓은 돌틈 사이로 걸어나오는 아니 물속에서 불쑥 올라오는 그 무엇이 있을 것 같은 착각만 들게 했다.

약 8명의 승객과 노젖는 사람, 설명하는 안내원을 태운 배는 천지 호수의 가장자리를 돌아 용궁 속으로 들어갔다가 관광 후 다시 들

어갔던 길로 되돌아 나온다. 물에 닿을 만큼 내려와 매달려 있는 거대한 석순들도 여기저기 보인다. 지금은 우기가 아니라서 물의 수위가 내려갔다고 하는데 아마 물의 수위가 올라가면 이 석순은 물속에 잠겨 위에 매달린 것인지 땅위에서 올라온 것인지 구별할 수 없을 것 같다. 이 동굴 속 천정의 가장 높은 곳은 80m, 넓이는 50m나 되며 물속 깊이가 28m나 되는 곳이 있다니 놀랄수 밖에….

안순의 황과수 폭포(Huangguoshu fall)

명나라의 지리학자며 과학자인 '서하게(Xiake)'가 발견하였다는 폭포, 중국은 물론 아시아에서 가장 크다는 이 황과수 폭포는 이곳에 산재해 있는 18개의 폭포 중 단연 으뜸이다.
이곳에는 오래전부터 오렌지과의 나무로서 낑깡보다 조금 큰 노란색의 열매를 맺는 나무가 많이 있는데 그 나무 이름이 황과수이다. 이 나무가 이곳에 많이 서식하고 있어 이 폭포를 황과수 폭포라 부른다.
높이가 79m 넓이가 101m나 되는 이 폭포는 이 강 상류의 770평방 키로에 있는 모든 물들이 합하여 백수강(Baihe river)으로 모여 내려오면서 이런 장관을 만들어 낸 것이다.
일초에 700큐빅 미터를 쏟아 붓는 이 폭포는 흔치않게 5면 즉 좌측, 우측, 정면, 후면 그리고 아래서도 볼 수 있는 유일한 폭포이며 폭포뒤에는 자연적으로 만들어진 134m 길이의 수렴동(Shuiliandong)이 있어서 동굴을 걸어가며 폭포의 물흐름과 소리를 만끽 할 수 있다.
사실 미국과 캐나다 경계에 있는 나이아가라(Niagara)폭포나 브라질, 알젠틴, 파라과이 사이에 있는 이과수(Iguacu)폭포가 규모면에서는 훨씬 크고 웅장 할지라도 이토록 예쁘고 아기자기하며 폭포 뒤를 걸어다니며 떨어지는 물을 만지고, 볼 수 있는 곳은 세상에 황과수 폭포 하나 밖에 없을 것 같다.

이 수렴동에는 6개의 창문이 있어 마치 비오는 날 창문을 열어놓고 창밖의 비를 보듯이 폭포물이 떨어지는 것을 볼 수가 있다. 또 수렴 동굴 속에는 5개의 조그마한 정원이 있어 쉬어 갈 수 있으며 3개의 샘과 한 개의 작은 폭포가 있고 중간 중간에 제법 큰 종류석과 석순도 만져 볼 수 있었다.

이곳을 지나가는 동안에도 천정에서 물이 떨어지고 창을 통해 폭포물이 튀겨 들어와 계속 우산을 쓰고 다녔다. 폭포의 물이 많을 때는 이 주위 5km 안에서 폭포의 소리를 들을 수 있고 물이 적을 때는 은구슬이 떨어지는 듯, 용이 하늘로 올라가는 듯한 형상을 볼 수 있다고 한다.

예전에는 이곳에 사는 주민들만이 들어 갈 수 있었는데 1982년부터 관광객들에게 관람을 개방했다고 한다. 내가 머무른 '황과수 빙관'은 폭포와는 아주 가까운 거리에 있다. 입구에서 폭포가 보이는 곳까지 가는 길은 분재와 북판(Beipan)강에서 가져온 어마어마하게 큰 수석으로 장식해

놓았다.

노인들이나 걷기 싫어하는 사람들을 위해 80m 높이를 단숨에 올라오고 내려갈 수 있는 에스컬레이터도 만들어 놓았으며 요금은 30인민폐이다. 입구를 따라 들어가면서 폭포의 정면을 볼 수 있고 계속 걸어 폭포의 좌측 입구 관망대에서 물이 흐르는 폭포를 본 후 서유기에 나오는 원숭이가 살았다고 하는 수렴동으로 들어가 폭포 후면에서 폭포물이 쏟아지는 장관을 볼 수 있다.

우측 출구로 나와 그곳 황과수 나무 옆에 만들어 놓은 관망대에서 다시 폭포를 보고 계단을 이용하여 폭포 아래까지 내려간다. 폭포 밑에서 물을 퍼부어 내리는 폭포를 올려다 보고 강 옆으로 만들어 놓은 산책로를 따라 강 하류로 내려가면서 이곳의 경치를 만끽할 수 있다.

30명 이상이 한꺼번에 건널 수 없다는 표시판이 붙은 출렁다리를 이용해 강을 건너 다시 폭포를 정면으로 볼 수 있는 지점으로 돌아와 출구가 있는 위로 올라오니 온 몸에 땀이 뒤범벅이다.

폭포 출구로 나온 후 시간을 보니 한 3~4시간은 걸어 다닌 것 같다. 장시간 걸어다녔기에 웬만하면 피곤도 하겠는데 공기도 맑고 시원한 폭포 물소리를 들으며 걸어서인지 피곤한 줄도 모르겠다.

출구로 나오니 양 길 옆에 기념품 가게들이 줄지어 서 있고 길 가운데는 포의족들이 집에서 따온 듯한 노랑 오이꽃이 매달린 싱싱해 보이는 오이, 석류, 드래곤 푸룻(dragon fruit), 홍시감 등을 팔고 있었다. 목이 말라 물대신 2인민폐를 주고 싱싱해 보이고 예쁜 오이꽃이 매달린 오이 하나를 골라 먹었다.

마음씨 좋아보이는 부인이 그자리에서 내가 고른 오이 껍질을 깎아준다. 한 입 꽉 깨무니 아삭하며 물이 왈칵 나오는게 여간 맛이 있지 않다. 한 개 더 사서 먹으며 호텔로 돌아왔다.

안순의 천성교(Tianxingqiao)

천성교는 황과수 폭포 주위에 있는 18개 폭포 중에 하나이다. 황과수 폭포에서 약 7km떨어진 곳에 자리잡고 있는데 많은 돌 기둥, 돌 다리, 종류석이 있어 수상석림을 방불케 한다.

강가에 서 있는 보리수 나무, 낮은 폭포 그리고 흐르는 강물 사이로 흐드러지게 널려져 있는 기암, 괴석, 그 돌 사이를 흐르는 물길을 따라 산책로를 만들어 놓았는데 약 2시간 정도 걸을 수 있는 아주 아름다운 산책 코스이다.

중간 중간에 만들어 놓은 쉼터에는 포의족들

이 사탕수수, 바나나, 오이 등을 팔고 있다. 특히 천성교를 지날때는 돌 문을 걸어 나왔다는 느낌밖에 없었는데 다 내려와 건너 온 다리를 올려다 보니 바위사이에 아슬아슬하게 걸려있는 게 아찔할 만큼 위태로워 보였다. 하늘에 떠 있는 다리가 마치 별과 같이 아름답다고 하여 '천성교'라고 이름 지었다 하는데 아마 선녀들이 목욕을 하러 이 천성교 아래로 흐르는 개울물로 내려오지 않았을까 할 만큼 숲으로 쌓여있어 아늑하였다.

산책로는 미끄러지지 않게 거친 돌을 사용하였고 위험해 보이는 곳에는 난간에 줄을 만들어 붙들고 다니도록 배려가 되어 있어 안전하였다. 특히 이곳에 있는 '은련추담' 일명 '은 목걸이 폭포'는 내가 지금까지 본 어느 폭포보다 아름다웠다.

여러 개의 둥근 이끼낀 바위 위로 수만 개 아니 수억 개의 은구슬이 흘러 내려오며 함께 합하기도 하고 또 갈라지기도 하는 모습이 마치 천상의 도시에서나 볼 수 있는 광경 같았고 흘러내리는 은 구슬을 바라 보고 있는 우리들을 환상의 도가니로 빠트리기에 충분했다.

물의 양이 너무 많아도 또 너무 적어도 이리 아름다운 모양의 은하수가 흐르는 듯한 폭포를 만들지 못할 것이다. '완전(perfact)'이란 바로 이럴 때 쓰는 단어가 아닐까?

이 폭포의 높이는 약 20미터라는데 그리 높지않아 더욱 더 아름다운 것 같다. 또 위에서 아래에 있는 폭포를 내려다 볼 수 있어 물이 흘러내려오며 갈라지고 바위에 부딪쳐 부서지며 은구슬을 만들어 굴러내려 오는 모습을 다 볼 수 있어 너무나 좋았다.

이런 멋진 경치는 사진을 잘 찍어 기회가 있을 때 사진 응모전에 내 보내 봐야지라는 생각으로 여러장을 찍어 보았지만 실지 폭포의 아름다움의 백 분지 일, 아니 천만 분의 일도 못담아 내는 것 같아 속이 상했다.

혹시 비디오 카메라로 찍으면 더 낳을까 해서 비디오 촬영도 해 보았다. 그러나 이 아름다운 산천경계를 어찌 한 장의 종이에 옮겨 담을 수 있단 말인가! 안타까움만 더 했다.

너무나 아름다운 곳에 와서 아름다운 산천을 보니 문득 고등학교 다닐 때 옛글(고어) 시간에 암송했던 '유산가' 한 구절이 생각난다.

"화란 춘성하고
만하 방창하니
때 좋다 벗님네야
산천경계를 구경가세
죽장 망혜 단표자로
천리 강산 들어가니….
………………….."
………………..
층암 절벽상의 폭포수는 콸콸
수정렴 드리운 듯
이골물이 주르르륵
저골물이 쏼쏼
열에 열골 물이 한데 합수하여
천벙져 지방져
소쿠라지고 펑퍼져
넘출대고 방울져
저 건너 병풍석으로

으르릉 콸콸 흐르는 물결이
은옥같이 흩어지니
소부 허유가 문답하던
가산영유가 예 아니냐"
어쩌면 이곳에 이리도 꼭 맞은 표현을 할 수 있었을까?
올라오는 길은 케이블카를 이용했는데 위에서 아래를 내려다 보는 경치 또한 좋았다.

포의족(Bouyie tribe)의 마을

황과수 폭포가 있는 산 중턱 큰 길가에 옹기종기 모여 벼농사를 하며 평화스럽게 살고 있는 포의족 마을을 찾아갔다.
도로밑으로 집들이 있고 그 밑으로는 황과수 폭포에서 내려오는 강물이 흐른다. 그들은 푸른 상의에 검은색 바지를 입고 푸른색과 흰색, 검은색 등을 넣어 짠 스카프로 머리를 장식한다. 이 스카프는 포의족들만 쓰고 다니므로 다른 족과는 쉽게 구별이 된다.

이곳에 사는 56가구의 포의족들은 예암으로 지은 돌집, 마치 우리네 기와집 같은 집에서 살고 있는데 100년이 넘은 집들이 제법 많이 있어 중국 정부에서는 이 동네의 전통가옥을 보호하고 있다. 집 지붕의 용마루 한 가운데는 동전 모양 또는 용 모양으로 장식하였다.

물론 집 주위의 담장도 모두 예암이라는 돌로 쌓았다. 그러나 집안은 통나무를 사용하였고 한켠에 이층을 만들어 침실로 사용한다. 대가족으로 여러 대가 한 집에 모여 살고 있었는데 이곳에 사는 사람들은 황과수 폭포를 찾아오는 관광객으로 인해 경제적으로 여유가 있어 보였다. 다른 소수민족들과는 달리 여인들은 살림과 길쌈을 하고 남자들은 힘든 농사일을 한다.

포의족 사이에 전해 내려오는 악기에 연관된 아름다운 전설이 있다. 옛날 단엽이라는 나무꾼이 있었는데 너무 가난하여 25살이 넘도록 장가를 가지 못했다. 어느날 나무를 하다가 잠시 쉬는데 그 옆에 있던 관문시라는 나무의 나뭇잎이 또르르 말리며 바람에 의해 맑은 소리를 내는 것을 듣게 되었다.

그래서 단엽도 그 말린 잎을 입에 대고 불며 매일매일 연습 하였는데 한 20일이 지나니 거의 20곡을 불게 되었다 한다. 단엽이 매일 부는 나뭇잎이 만들어낸 이 감동의 소리가 하늘 높이 울려퍼져 하늘에 사는 칠선녀의 마음을 움직였고 이 선녀는 하늘의 계율을 어기고 인간 세상에 내려와 단엽과 혼인을 하였다.

그 이후로 단엽은 더이상 산에 가서 피리를 불지 않고 대신 밭을 일구어 곡식을 심고 선녀는 길쌈을 하며 행복하게 살았는데 이들이 바로 포의족의 선조이고 단엽이 불던

여러 형태의 롱생

중국 귀주성 255

피리의 변형이 지금 이들 소수 민족들 사이에 사용되는 롱생이라는 악기의 원조가 되었다고 한다.

어디에서인지 따다다닥 딱총 쏘아대는 소리가 들렸다. 초상이 났을 때 이렇게 화약총을 쏘아댄다는 안내인의 설명이다. 이 동네 어르신 한분이 돌아가셔서 대 여섯명의 젊은이들이 장례식에 필요한 것들을 짊어지고 골목길을 내려간다.

이들은 슬픈일 즉 상을 당했을 때는 흰색을 많이 사용하고 결혼이나 새해와 같이 좋은일에는 빨간색을 많이 사용한다고 했다. 동양과 서양은 달라도 너무 다른 것 같다. 서양은 상을 당하면 검은색 드레스를, 결혼식에는 하얀 웨딩 드레스를 입으니 말이다.

수이족(Suoga tribe)

안순에서 서쪽으로 가면 기차역이 있는 육시(Luzhi)라는 동네가 나오고 여기서 한 60km 더 서북쪽으로 가면 용가(Longga)라는 작은 동네가 나오는데 이곳이 바로 묘족의 한 종족인 수이(Suoga) 족이 모여 사는 곳으로 12 부락 중에서 가장 많이 알려진 곳이다.

이들은 특수하게 머리를 장식하는데 물소뿔 모양의 나무 조각을 사용하기 때문에 일명 장교(long Horn) 묘족이라고도 부른다. 중국내에 있는 소수 민족 중 가장 숫자가 적은 종족이다. 안순에서 이곳까지 차로는 약 3시간 정도 걸린다.

그러나 귀양에서 직접 오려면 귀양에서 운난성 가는 기차를 타고 육시역에서 내리는데 기차요금이 30인민패이다. 그리고 역 앞에서 떠나는 동네 버스가 산 초입까지 데려다 주고 그곳에서 부터는 소달구지나 삼륜차로 마을 입구까지 갈 수 있다. 그렇지 않으면 걸어가야 한다. 이곳에는 숙박 시설이 없어 다시 산 입구 마을로 돌아와서 민박을 할 수 있다. 해발 1,600~2,000m인 다칭(Daqing)산 속에 자리 잡고 사는 이 수이족, 약 6,000여명은 12 부락에 흩어져 춥고 척박한 환경에 순응하며 문명의 이기를 멀리한 채 살고 있다. 그들이 살고 있는 동네 가까운 곳을 통과하는 귀양에서 운난성까지 가는 고속 도로를 만들고 나서야 처음으로 이들의 존재가 세상에 알려지게 된 것이다.

내가 이들을 처음 본 것은 파리(Paris)의 한 박물관 담벽에 전시해 놓은 그들의 사진을 보면서 였다. 사진에서 본 그들의 머리 모양과 의상이 너무나 독특해서 기억은 하지만 사실 그들이 어디에 사는 어떤 소수 민족인지는 알 도리가 없어 언제 한번 그들을 만나볼 수 있을까 하고 막연히 생각만 하고 있었는데 그들이 바로 이곳에 살고 있다는 것을 귀주성에 온 후에 알게 되었다.

이들은 남녀 모두 물소뿔 형태의 나무 조각을 머리 뒤에 실로 연결하고 자기의 긴 머리와 연결해 묶은 후 길이 3m, 무게가 8kg나 나가는 검은 실타래를 나무로 만든 물소뿔 모양의 끝부분에 감으며 '8'자로 감아올려 머리가 흘러내려오지 않게 고정한다. 그후 하얀

실로 이 머리가 흐트러지지 않게 무늬를 만들어 묶음으로써 독특한 머리모양을 만들어 낸다. 지금은 여자들만 이런 머리 모양을 하는데 10인민패를 지불하면 이 마을 여인들이 직접 머리를 빗어 올리는 것을 보여주어 처음서부터 끝까지 볼 수 있다.

이곳 여인들은 모두 허리에 손을 대고 서 있는 모습이 많이 눈에 띄는데 이는 머리 장식의 무게를 지탱하기 위해 허리에 힘을 주기 위함이라 한다.

여인들의 의상은 참으로 아름다웠다. 턱시도처럼 앞은 허리춤까지 오고 뒤는 다리 종아리까지 오는 자켓을 입는데 바틱으로 디자인한 천 위에 오렌지 색상의 몇가지 색실로 빼곡히 십자수를 놓아 아주 예뻤다. 수놓은 조각을 둥글게 말아 천으로 만든 목걸이도 끈에 끼워 달고 있다.

앞에는 까맣고 동그란 핸드백 처럼 생긴 것을 목에 걸고 있는데 추운곳에 사는 이곳 사람들이 사용하는 장갑 대용품이다. 검정색과 오렌지색 줄무늬가 있는 무릎까지 오는 주름치마를 입는데 이 치마에 있는 오렌지 색상은 모두 다 십자수를 놓은 것이다. 요새는 수를 놓지 않고 바틱으로 무늬를 만든 옷감을 사용하여 옷을 만들어 입는 사람들이 늘어간다고 한다.

연애하기는 쉬우나 결혼을 하기 위해서는 양가가 특히 여자집에서 요구하는 혼수 문제로 줄다리기가 장난이 아니란다. 다이아몬드 반지, 밍크 코트, 루이비통 핸드백도 없는데 말이다. 혼수 문제는 한국도 예외는 아니니 어쩌면 우리들과 많이 닮은 것 같다.

그러나 결혼 후에 사랑이 식어 이혼을 하고 싶으면 그냥 마을 촌장에게 둘이 가서 이혼하겠다고 통보만 하면 끝이란다. 코피 터지게 고생해서 결혼에 꼴인해 놓고 그리 쉽게 이혼을 하다니……

차는 꼬불꼬불 산길을 따라 안개가 끼어 잘 보이지 않는 길을 힘겹게 올라간다. 중간 중간 산길에는 삼삼오오 모여 시장에 가는 수이족들을 볼 수 있었다.

똑같은 옷을 입고 있으니 마치 유니폼 입은 여중학교 학생들이 학교 끝나고 집으로 가는 듯한 모습이였다. 산 정상에 다달아 옆으로 휘면서 좁은 골목길로 들어가니 주차 할 수 있는 장소가 나왔다.

가는 날이 장날이라 동네의 젊은 사람들은 다 장터로 가고 아이들과 할머니들, 아기 엄마 몇 명, 그리고 빗속을 뛰어 다니는 강아지만 텅 빈 동네를 지키고 있었다.

박물관이라는 건물속에 들어가 '내가 왔다 갔노라' 라고 사인을 한 뒤 잠시 3개의 방으로 된 전시관으로 옮겨 그들이 흩어져 살고 있는 12 마을의 위치가 그려져 있는 지도와 사진으로 보는 남녀 수이족의 의상 그리고 그들이 쓰는 맷돌, 벼틀, 농기구들이 전시되어 있는 곳을 관람했다. 이 건물은 노르웨이 정부에서 지었다는데 현재는 관리인 한 사람이 지키고 있을 뿐이다. 교통도 불편할 뿐더러 아직도 알려져 있지 않아 찾아오는 사람이 많지 않다고 한다.

중국 귀주성

칼리(Kali)

칼리는 많은 묘족과 동족이 모여 사는 곳으로 귀양에서는 약 200km 동쪽에 위치하고 있다. 이 도시는 30,000평방 미터 면적에 약 450,000명의 인구가 살고 있는데 다른 도시와는 달리 80%가 소수 민족이고 나머지 20%만이 중국 사람인 한족이다.

칼리는 이 주위에 사는 여러 소수민족들이 모이는 가장 큰 도시로서 많은 석회암으로 이루어진 동굴과 지하 강이 있어 볼거리가 풍성하며 또한 요철 모양의 산세는 강과 어우러져 마치 신선이 사는 곳에 머무는 듯한 느낌이 드는 곳이다.

특별히 이 도시에 머물며 주위에 사는 소수민족들의 마을들을 방문할 수 있다. 귀양에서 칼리로 오는 길목에 '금해설산'이라는 동네를 지났는데 봄에 이곳을 방문하면 노란 색깔의 꽃이 강처럼 피어 있고 배꽃이 하얗게 피어 눈산을 연상하게 한다는 아름다운 곳으로 포의(Buoyie)족의 보금자리이다.

칼리시는 깨끗하게 잘 정리가 되어 있었으며 교외에는 동족 건물 형식으로 만드는 대형 놀이 공원의 공사가 한창이였다. 귀주성에 도착한지 닷새만에 처음으로 비가 그치고 햇빛이 났다. 매일매일 오던 비가 그치고 햇빛이 나니 수증기로 인해 안개가 자욱해 안개 속에 우뚝 서 있는 동족의 고루는 마치 중국의 산수화의 한편을 보는 듯 했다.

1985년에 지었다는 현대식 운동장과 입구에 세워놓은 묘족의 동상들, 물소, 동족의 고루(drum tower)는 볼만했고 밤에는 오색 전깃불로 장식해 놓아 휘황찬란

하였다. 이곳에서 열리는 일요시장 (Sunday market)은 각 소수 민족들이 자기들이 만든 수예품, 공예품 등을 들고 나와 파는 아주 볼만한 시장이라는데 꼭 일요일에만 서기 때문에 날짜를 잘 맞추어야 한다. 소수민족 전시관을 관람 후 사전지식을 가지고 그들을 만나면 많은 도움이 된다.

묘족! 그러면 그들은 과연 어디서 왔을까? 중국에서는 묘(Miao)족이라 부르지만 인도차이나에 사는 그들은 흐몽(H'Mong)족이라 부르며 태국이나 미얀마에 사는 이들은 그냥 몽(Mong)족이라 부른다. 그런데 그들 사이에 전해 내려오는 신화에는 바로 나비가 그들의 조상이라는 것이다. 마치 우리들이 믿는 단군신화처럼….

이들의 신화는 단풍나무에서부터 시작된다. 단풍나무 속에서 애벌레 기간을 거쳐 깨어난 나비는 12개의 알을 낳았으나 이 알들을 부화 시키지 못한 채 기위조(phoenix)에게 알을 부화시켜 달라는 부탁만 남기고 죽어 버렸다.

12개의 알을 위탁 받은 기위조는 일년에 한 개씩 나비의 알을 부화시켰는데 12년째 되던 해에 제일 마지막 알에서 사람이 나왔고 바로 그 사람이 묘족의 선조라는 것이다. 그래서 묘족은 나비가 그들의 조상 어머니라고 믿는다.

묘족의 장식품이나 수예품에는 이 기위조(phoenix)나 나비가 꼭 들어 있는 것을 볼 수 있다. 지금 묘족은 중국에 9백만 명, 월남에 60만, 라오스에 45만, 태국에 16만 그리고 미얀마에 살고 있으며 묘족에서 갈라져 나가 이룬 부족이 통틀어 약 170개나 된다고 한다.

치마 길이에 따라 긴 치마만 입은 묘족, 짧은 치마만 입는 묘족, 미니 치마만 입는 묘족 또 사용하는 물소뿔 모양에 따라 긴 뿔 묘족, 짧은 뿔 묘족, 치마 색깔에 따라 흑 묘족, 백 묘족, 적 묘적 그리고 파사 묘족, 수이 묘족 등 수없이 많다.

인도차이나에 사는 몽족이나 흐몽족도 옷색깔에 따라 흑 흐몽(Black H'Mong), 플라워 흐몽

(Flower H'Mong), 적 흐몽(Red H'Mong), 청 흐몽(Blue H'Mong), 백 흐몽(White H'Mong)등이 있다.

그들은 이렇게 의상이나 장식품, 머리모양, 옷 색깔 등에 따라 갈라져 나와 다 각기 다른 동네에서 자기들끼리만 모여 산다. 그래서 그 부락 주민들은 다 똑같은 의상과 장식, 머리 모양, 벨트, 모자를 사용한다.

원래 묘족은 4700년 전 중국의 중부, 황하강 북쪽에 살았다. 그 당시 그곳에는 치유(Chi You)를 우두머리로 한 적묘(red miao)족과 염(Yan) 황제가 이끄는 중국인의 선조인 한족, 이렇게 두개의 부족이 서로 이웃을 하고 살았다고 한다. 그러나 두 부족 사이에는 늘 황하강 물을 놓고 서로 차지하려는 싸움이 끊이지 않았다.

81명의 용장인 형제를 둔 치유는 그 당시에 벌써 철로 만든 무기를 가진 막강한 군사력을 갖고 있었기 때문에 이 물 싸움에서 늘 이겼다. 그 당시 황하강 상류에는 황(Huang) 황제가 이끄는 또 다른 무리가 살고 있었는데 늘 지기만 하던 염 황제가 그들에게 도움을 청해 곧 연합군을 만들었다.

연합군은 적묘족을 침입하기 전 모든 묘족이 가족 같이 여기는 물소를 죽여 그 물소 껍질로 커다란 북을 만들어 그 북을 쳐 마치 많은 군인이 있는것처럼 가장해서 적묘족을 기죽게 만든 후 전쟁을 시작

했다고 한다.

결국 이 연합군에 의해 적묘는 패했고 연합군은 치유를 사로잡아 죽인 후 그의 몸을 갈기갈기 찢어 사방 팔방에 버렸다. 대장을 잃은 묘족들은 흩어져 황하를 건너 도망을 가야 했는데 배가 없었던 당시 그들을 안전하게 강을 건너게 해 준 것은 돼지도 말도 아닌 물소였다고 한다. 그래서 지금도 그들은 자기들의 생명을 지켜준 물소를 숭배하고 가족처럼 생각하며 함께 산다.

오죽하면 시골에서는 아이는 죽어도 괜찮지만 물소가 죽으면 큰일이 난다고 하니 이런 대접을 받으면 어느 누가 주인을 위해 충성하지 않을 수 있을까? 머리에 쓰는 묘족 여인들의 최상의 장식인 '은 모자(silver hat)'에도 물소뿔 또는 기위조을 장식한 것을 볼 수 있다.

또 집 대문에도 물소뿔을 걸어놓고 물소뿔로 만든 술잔, 머리빗, 머리핀 등을 사용하므로 물소와 매우 밀접한 삶을 살고 있는 것을 볼 수 있다. 이렇게 황하를 건너온 묘족들은 운난성으로, 라오스로, 월남으로, 버마로, 정처없이 방랑의 삶을 시작하였으나 많은 사람들이 귀주성에 정착해 주로 강을 낀 경사진 산비탈에 집을 지어 살고 있었다.

글이 없었던 당시 그들은 이 전쟁과 피난으로 인한 이주의 경로를 수(embroider)를 놓아 또는 은조각(silver piece)에 조각을 해 이 사실을 남겼다고 한다.

지금도 그들의 목걸이나 모자 장식에 텅 빈 사각형 무늬를 이용하는

1 묘족인의 동상
2 물소
3 묘족 여인의 은목걸이

데 이는 그들의 대장이였던 치유를 잃어버렸음을 표시한 것이라 한다. 그들의 치마 색깔에는 황하를 상징하는 노란색과 양자강을 상징하는 푸른색을 많이 사용한다고 하였다.

또 다른 이야기에는 치유에게 세 아들이 있었는데 이 전쟁에 패한 이후 큰 아들은 그를 따르던 무리를 이끌고 황하강 남쪽으로 내려갔고 둘째 아들은 북쪽으로 그리고 셋째 아들은 그곳에 그냥 머물렀다는 설이 있지만 그 전쟁 이후 '묘족의 민족 대 이동'이 이루어진 것만은 틀림없는 사실이다.

묘족 마을 - 청만(Qingman)

점심으로 길가 식당에서 볶은밥과 국수를 사서 먹었는데 5~6($1.00)인민패 정도로 매우 저렴했고 맛도 좋았다. 특히 국수는 쌀국수 였는데 면발이 굵고 시원한 국물맛이 일미였다. 소고기, 돼지고기, 닭고기, 야채는 주문하는데로 국수 위에 고명으로 얹어 준다. 식당 옆 가게에서는 과일을 샀는데 현지 생산품이 아닌 것 같은데도 $3.00어치를 샀더니 한 보따

리나 된다.

청만 묘족 마을은 칼리에서 한 25km떨어진 산 속에 있는데 이곳에는 약 350가족에 모두 1,500명이 주로 농사를 짓고 살며 짧은 치마를 입고 짧은 물소 뿔 모양을 장식으로 썼다.

아이들이 다니는 학교도 있었고 학교 앞에 조그만 광장이 있어 주민들은 이곳에다 시장처럼 좌판을 놓고 동전 주머니, 방석덮개, 벽걸이, 장식품 등 수예품을 관광객들에게 팔고 있었다. 관광철이 아니여서인지 관광객은 우리와 다른 한 외국인 부부 뿐이였다.

청만 묘족 마을의 여인들은 모두 머리카락을 위로 빗어 긴 머리로 앞 머리쪽에 둥글게 말아 올리고 머리 뒷편에는 빗을 항상 꼽고 있다가 머리카락을 다시 빗곤 했다. 화장기 하나 없는 얼굴이지만 몹시 고왔다.

마침 고구마철이라 집집마다 고구마 추수로 바빴다. 우선 잎을 먼저 거둔 다음 몇 일 후에 땅속에 있는 고구마를 캔다는 것이다. 들판에서 만난 아낙이 금새 캐낸 고구마를 주어 호텔에 와서 쪄 보니 '밤 고구마' 종류인데 여간 맛있지 않았다.

학교에 들러 운동장에서 놀고 있는 아이들을 만나보고 학교 앞으로 나 있는 길을 따라 동네로 들어갔다. 통나무를 사용해서 집을 짓고 지붕은 모두 얇은 예암(기왓장 같이 얇은 돌)을 사용하였다. 제일 아래층은 동물들이 살고 이층은 사람이 기거하며 삼층 시렁에는 곡식들을 저장하는 장소로 이용하였다.

묘족들은 이층에 발코니를 만들고 그곳에 앉아 차도 마시고 지나가는 사람들도 보며 여인들은 앉아 수도 놓는 장소로 쓰인다.

청만에서 멀지 않은 뽕나무로 종이를 만드는 '수찬마을(Suchan Village)'

을 방문 하였는데 이곳도 짧은 치마 묘족들이 사는 마을이다. 머리 모양이 청만에 사는 사람들과 똑같았고 나들이를 나갈때는 머리에 커다란 꽃도 달았다.

그곳에는 그들이 만든 종이로 우산을 만드는 집, 핸드백을 만드는 집, 등(lantern)만드는 집, 그냥 종이만 파는 집도 있었다. 동네를 휘감고 흐르는 조그만 개울에는 몇 아이들이 춥지도 않은지 빨래하는 엄마 옆에서 물장난을 하며 놀고 있다.

개울위로 만들어 놓은 다리(bridge)엔 지붕도 있고 앉아 잠시 쉴 수 있는 나무로 만든 긴 의자도 있는데 마침 노인 몇 분이 앉아 담소를 하고 있었다. 마치 시간이 멈추어 있는 듯한 느낌이 드는 마을이다. 빨래하는 아낙들의 빨래 방망이 소리가 정겹게 들려온다. 방망이 소리에 장단이나 맞추듯 깔깔거리며 웃는 아이들의 웃음 소리가 하늘 높이 퍼져간다.

서강(Xijiang)

칼리(kali)에서 남쪽으로 약 40km 내려가면 레공산(Leigong Mtn.)자락에 서강이라는 긴 치마 묘족(Long Skirt Miao)의 민속 마을이 나타난다. 이 마을로 오는 버스가 칼리에서 하루에 두 번 있는데 약 2시간 반 걸리며 버스요금은 15인민폐, 예산(Leishan)에서는 버스가 수시로 떠나며 약 한시간 반 정도 걸리고 요금은 9인민폐이다. 그러나 작년에 만든 직통로 덕분에 칼리에서 서강까지 자가용으로는 한 시간 밖에 걸리지 않는다.

강을 따라 만든 서강으로 가는 길목에는 갈대가 피어 있어 가을 바람에 흩날리고 아름다운 돌들이 길옆과 강가에 산재해 있었다.

다른 묘족의 마을을 찾아가면 농사 짓느라 밭일 하느라 그들의 의상을 입은 모습을 볼 수 없었지만 이곳에서는 그들의 의상, 전통 악기, 풍습을 모두 다 볼 수 있다.

동네 입구에 차를 세우고 입구에 만들어 놓은 대문을 통과하니 그 안에는 두 명의 묘족 남자가 롱생(lusheng)이라 부르는 6개의 대나무를 붙여 만든 피리같은 악기를 불기 시작하고 그 옆에는 화려한 의상 위로 커다란 은 목걸이로 치장한 묘족 여인들이 장식이 많고 은으로 만든 둥근 모자를 쓰고

중국 귀주성 267

합창을 하며 찾아온 손님들을 환영한다.

네줄로 섰는데 한줄에 네명이 서 있어 모두 16명 이었다. 노래를 마친 묘족 여인들은 물소뿔로 만든 잔에 쌀로 만든 술을 가득 담아 손님에게 권한다. 손님들은 안으로 들어가면서 계속 이 여인들이 권하는 술을 받아 마시고 나서야 비로소 동네 안으로 들어가게 된다. 이 동네가 바로 '서강 천호 묘족' 동네이다.

안으로 들어가면 오른쪽으로 개울이 흐르고 개울을 중심으로 양쪽 산비탈을 끼고 산으로 올라가며 지은 집들이 보이기 시작한다. 그들은 평평한 평지가 아닌 산비탈을 보금자리로 선택해서 살고 있기 때문이다.

1,000가구 모두가 동네 한 가운데 흐르는 개울을 중심으로 양쪽 산기슭에 통나무로 기둥을 세우고 타일로 지붕을 얹어 만든 전통 묘족의 고가옥으로 바로 이들 5,000명의 보금자리이다.

집으로 올라가는 좁은 골목길은 조그만 둥근 자갈을 박아 유럽의 어느 중세 도시보다 더 맵씨를 냈고 개울 위로 지붕이 있고 앉아 쉴 수도 있는 멋진 다리(bridge)도 만들어 놓았다.

개울에서 빨래하는 여인, 새로 짓는 집에 사용 할 기와 같은 타일을 실어나르는 말, 터전밭에서 일하는 여인들! 이곳은 이렇듯 그들이 일상생활을 하는 곳이다. 왼쪽으로는 기념품 가게가 줄지어 있는데 어떤 한 가게에서는 묘족이 수 놓은 옷들도 팔고 있었다.

칼리에서 떠나면서 삼과촌에 있는 '태양고 묘동 복장 박물관(Sun Drum Miao Dong Costume Museum)'에 들러 묘족과 동족의 의상, 장식품 등을 볼 기회가 있었다.

그곳에는 아주 진품들만 소장하고 있었는데 수(embroider)를 빼곡히 놓은 여러벌의 묘족과 동족의 의상은 아주 질이 좋았다. 박물관이라고 하였지만 원하는 물건을 그곳에서 직접 구입할 수 있는걸 보니 가게라는 느낌이 들었다.

우리는 그 상점의 주인인 수(Xu)여인의 안내로 묘족과 동족의 의상과 장식품을 구경했다. 영국 작가 지나 코리간 (Gina Corrigan)이 쓴 묘족에 관한 책도 팔고 있었고 오래된 종이를 접어 만든 바느질 고리도 소장하고 있어 많은 소수 민족들이 사용했던 진귀한 물건들과 의상들을 볼 기회였다. 그런데 물건들의 값이 너무 비싼 것이 흠이였다. 보통 자켓 하나에 수를 얼마나 정교하게 놓았는지 또 얼마나 많이 놓았는지에 따라 $400~$800을 매겨 놓았던 것으로 기억이 된다.

그런데 이곳의 다른 상점에 들어가 몇 개의 옷을 고른 후 입어보니 그런데로 내 몸에 맞는 것 같아 값을 물어보니 2,800위엔($400.00)를 부른다. 박물관 보다는 반으로 내려간 값이다.

그래도 새 것도 아닌 입던 옷인데 상위 자켓 하나 값 치고는 비싼 느낌이 들어 좀 깎아 보려고 했지만 말에 씨도 안 먹힌다. 이것 저것 만져서 손만 파랗게 물든 채 그냥 나와 버렸다.

이들은 직접 길쌈을 하고 염색을 해서 옷을 만들기 때문에 어떤 옷에서는 물감이 묻어나는 경우가 있다고 한다. 아무래도 $400은 주어야 하나 사 입을 수 있을 것 같다. 허기사 나무에서 실을 뽑아 천을 짠 후 색깔을 물들이고 그 천으로 옷을 만들고 한편으로는 다른 조각에 수를 놓아 먼저 만들어 놓은 옷에 붙여 완성을 하는 모든 작업이 수작업으로 이루어지니 그리 받을만 하다는 생각도 든다.

등판 가득히, 목 주위 앞 섶에 또 양 소매에 이 수를 달려면 몇 날 밤, 몇 달 밤을 지새우며 수를 놓아야 할까? 생각에 몰두하고 있는 나에게 '묘족 소수 민족의 쇼'가 12시에 공연하니 빨리 광장으로 가자고 한다. 이 쇼는 항상 하는 것이 아니고 미리 관광객이 공연을 신청하고 요금을 지불해야만 열리는 공연이란다.

그런데 마침 중국인 관광단체가 미리 예약을 하였기 때문에 오늘 공연을 한다는 것이다. 다행이 야외 공연장에서 하니 아무나 들어가서 볼 수가 있다며 꽁짜로 보게 되었다고 안내인이 생색을 낸다. 약 한 시간 동안 하는 이 공연은 남녀 묘족들이 북을 치고 여인들이 손님에게 술을 먹이며 환영하는 것으로 시작된다. 노래와 춤, 대나무로 만든 룽생 악기 연주, 남녀의 구애하는 모습 등을 재미나게 연출하였고 화려한 남녀의 의상과 장식들이 이 무대를 더욱 빛나게 만들었다.

조명도 없고 무대도 화려하지 않지만 그들이 하는 공연은 아주

훌륭했다. 공연 마지막엔 모든 관광객들이 무대로 나가 공연진과 함께 춤을 추는 시간도 있었고 그들과 함께 사진 촬영도 할 수 있었다.

공연 후 우리는 동네에서 가장 높은 곳에 올라가 공연장을 위시

해서 동네 가운데로 흐르는 개울과 마주 보이는 산동네의 아름다운 묘족의 집들을 보고 돌을 박아 한껏 멋지게 만들어 놓은 가파른 길을 따라 내려왔다. 이곳에는 관광객에게 집과 식사를 제공하는 곳도 있다고 하는데 미리 예약을 하고 가는 것이 안전하다고 귀뜸한다.

이곳에 사는 묘족의 아가씨들은 위로 틀어올려 둥글게 말아 올린 머리 앞쪽에 목단꽃처럼 큰 꽃을 꼽고 다닌다. 나랑 똑같이 생긴 예쁜 아줌마, 우리 조카처럼 생긴 미남 청년, 남편 친구처럼 생긴 잘난 아저씨, 처음 만나는 그들이 도무지 낯설지 않다. 아니 오래 전부터 알았지만 오랫동안 만나지 못했던 친구나 친척을 만난 것 같다.

그리고 힘든 타향 생활을 마치고 지쳐 돌아온 나를 포근히 감싸주는 고향 같은 그런 느낌이 들어 내 마음은 한없이 편안하였다. 비록 말은 통하지 않는데도 말이다.

묘족의 전통 의상을 곱게 차려 입고 은장식이 매달린 모자까지 쓴 어린아이에게 사탕을 물려주며 마치 손녀딸을 바라보듯 그렇게 옆에 서서 맛있게 사탕을 빨아먹는 모습을 바라보며 나는 참으로 마음이 푸근하였다.

파란 하늘, 푸른 산, 실개천, 빼곡한 기와집 그리고 아름다운 사람들! 그들을 마음에 담고 떠나려는데 나비 한마리가 팔랑거리고 날아와 내 주위를 맴돌며 떠나려는 나의 발길을 붙잡는다.
나비여!
묘족의 조상 어머니시여!
그리고 묘족들이여!
모두 안녕….

단당(Datang)

서강에서 단당으로 가는 길은 지금 도로공사 구간이라 레공산을 돌아가며 산속으로 나 있는 비포장 도로를 이용해야만 했다. 우리를 태운 차는 험준한 산중턱에 가느다랗게 나 있는 길을 따라 흙 먼지를 날리며 힘겹게 달린다. 나무 위에는 빨간 흙먼지들이 쌓여 있다. 안내인은 우리들이 지루해 보였는지 쿵파오 치큰(Kung Pao Chicken)을 먹어본 적이 있느냐고 묻는다. '그렇다'고 하는 대답이 떨어지자 마자 그는 그 요리에 대한 유래의 이야기 보따리를 풀어놓았다.

청나라 때 귀주성에서 태어나고 이곳에서 자란 정보전(Ding Boa Zhen)이란 관리가 있었는데 조금 있다가 사천성의 성주, 지금 말로는 도지사로 승진되어 갔다고 한다.

그후 그는 다시 북경으로 전근해 가서 황실의 왕자와 공주를 돌보는 일을 맡게 되었는데 이 일을 하는 관리를 '쿵파오(Gong pao)'라고 부른단다. 그가 북경에 있는 동안 그의 집으로 찾아오는 손님들에게 닭고기에 땅콩을 넣고 빨간 통고추를 넣어서 만든 닭요리를 대접하였고 이를 먹은 사람들마다 맛있어하여 이 요리는 어느 사이에 이 집의 대표요리가 되어 버렸다.

그래서 사람들은 그의 관직인 '쿵파오' 집에서 만든 닭요리라해서 '쿵파오 치큰'이라 불렀고 이 집을 찾는 사람마다 이를 주문하고 먹었다는 것이다. 사실 중국요리하면 '탕수육' '팔보채' '청파 소고기', '쿵파오 치큰'이 우리들에게 잘 알려져 있고 늘 먹는 요리가 아닌가? 그리고 우리는 이 요리가 사천 요리로 알고 있었다.

그런데 이 쿵파오 치큰이 바로 이 귀주성의 관리인 정보전 집안에서 유래되었기에 귀주성에 사는 사람들에게는 더 이상 사천 요리가 아닌 귀주성 요리라고 자랑스러워 한다.

우리가 찾아온 이 단당 마을은 약 70가족이 사는데 이들은 모두 '왕'씨 성을 가진 사람들이었다. 집 밖 벽에는 그 집안에 살고 있는 가족 이름이 쭉 쓰여져 있었고 이름 주위에 붉은 표시를 해 놓은 사람이 가장이라 한다.

이 단당이라는 동네의 이름은 짧은 치마라는 뜻으로 짧은 치마 묘족들의 동네인데 치마길이는 보통 16cm라고 한다. 이렇게 짧은 치마를 입을때는 장단지까지 오는 천으로 다리를 감싸는데 춤을 출때 경쾌한 소리가 나도록 이 천에 은방울을 단다. 그러나 이런 옷은 축제 때만 입고 보통 때는 앞은 짧고 뒤는 길며 치마 밑단 쪽 사각 무늬 속에 다시

마름모꼴 모양의 무늬로 수를 빼곡히 놓아 장식한 치마를 입는다. 치마 밑으로는 검은 바지를 입었고 끝부분만 십자수를 놓아 장식한 허리띠를 뒤로 묶는다.

여인네들의 귀에는 구멍을 크게 뚫어 마치 재봉틀의 북실을 감는 실패(bobbin)같이 생긴 은 귀걸이를 끼고 있었고 머리는 위로 올렸지만 그 모양이 청만에서 만난 묘족들과는 조금 달랐다. 청만 여인들은 둥글게 머리를 말아 올렸고 이곳은 리본처럼 만들어 머리 위에 눕혀 놓았지만 머리빗을 머리 뒤에 꼽는 모양은 똑같았다.

사는 집 모양은 다른 묘족과 같이 나무로 집을 짓고 지붕에는 기와를 사용했다. 동네 아래 물을 가두어 저수지처럼 만들고 그 물위에 곡식 창고를 지어 불이 나도 안전하게 또 개미를 비롯하여 벌레들이 곡식을 먹으러 올 수 없도록 물을 이용했다. 그래서 한 가정이 한 개의 수중 창고를 갖고 있다는 점이 다른 묘족 동네와 다른점이었고 산속에 있지 않고 큰 길가에 있는 점도 다른 묘족과 달랐다.

이곳에 있는 많은 집의 대문에는 장군들의 포스터가 붙여져 있었다. 당 태종시대의 장군 진숙보와 위척공이 갑옷을 입고 무기를 들고 있는 포스터였다. 전쟁을 하면서 많은 사람을 죽인 당 태종은 밤마다 자기로 인해 죽은 영혼들에게 시달려 잠을 이룰 수 없게 되자 유명한 점쟁이들을 불러 이 고민을 말하며 상의한 결과 점쟁이들이 내어놓은 묘수는 장수들이 왕이 자는 동안 침실을 지키게 하는 것이었다.

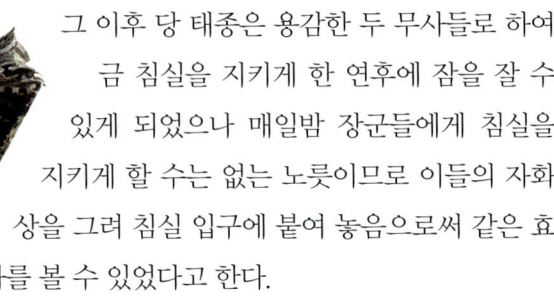

그 이후 당 태종은 용감한 두 무사들로 하여금 침실을 지키게 한 연후에 잠을 잘 수 있게 되었으나 매일밤 장군들에게 침실을 지키게 할 수는 없는 노릇이므로 이들의 자화상을 그려 침실 입구에 붙여 놓음으로써 같은 효과를 볼 수 있었다고 한다.

이것이 유래가 되어 평민들도 장군들의 자화상을
집 대문에 붙여 나쁜 영(spirit)이나 귀신이 집에
들어오지 못하게 한다고 한다. 간혹 대문에 붙여
놓은 관우와 장비의 자화상도 볼 수 있었는데 같
은 맥락이라 하였다.

도로 공사 중인 꼬불 꼬불한 산길을 한 5~6시간
달린 후 산 밑 가장 큰 도시라는 용강(Rongjiang)에 도착했을 때는 어둠
이 깊게 내리고 가게마다 전깃불이 켜져있는 밤이였다. 차에서 내리려니
다리가 펴지지 않고 엉덩이가 얼얼하였다.

용강은 귀주성 남쪽에 자리잡고 있는 동(Dong)족의 보금자리이다. 밖이
깜깜하여 아무것도 보이지 않고 저녁 식사를 하러 간 식당에서 맛있는 음
식이 나왔는데도 너무 피곤하여 뜨거운 물에 목욕을 하고 자고 싶은 생각
밖에 없다.

너무 피곤하여 바로 침대로 들어가 달콤한 잠을 자고 싶은 마음이 굴뚝
같은데 안내인은 이 동네에 맹인들이 하는 지압소가 있어 지압을 받고 자
면 피로가 확 풀릴거라고 안내를 해 주었다. 우리가 머무르는 숙소에서
걸어서 약 5분 거리에 있는 지압소인데 전부 맹인들이 서비스를 하는 곳
이였다. 정말 안내인의 말마따나 지압을 받고 나서 뜨거운 물로 샤워를
하고나니 온 몸이 확 풀리어 깊은 숙면을 취할 수 있었다.

물 위에 세운 곡식 창고

동(Dong)족 마을 - 용강(Rongjiang)

용강은 칼리에서 남쪽으로 172km 떨어져 있는 귀주성의 남쪽에 있어 지리적으로 오히려 광시성에 가까운 곳에 있는 도시다. 시내는 우리가 흔히 보리수라 부르는 반얀(banyan) 나무가 가로수로 서 있었고 길거리에는 머리에 수건을 두르고 푹 덮은 푸른색의 긴 상의를 입은 동족들이 걸어 다니는게 눈에 띄었다.

동족은 주로 강가의 평평한 땅에 자리잡고 살고 있었고 마을에는 꼭 고루(drum tower)와 광장이 있으며 마을로 들어가는 개울을 건너는 풍우교(wind and rain bridge)가 있다.

약 250만명의 동족이 귀주성, 광시성 그리고 후난성에 흩어져 살고 있는데 이 중 약 50%가 귀주성에 살고 있으며 주로 농사를 짓지만 임업에 종사하는 사람도 많다.

주로 같은 성(same last name)끼리 한 마을(one village)에 모여 살고 있는데 이때는 한 개의 고루(drum tower)만 세워 놓는다. 두 성씨들이 모여 살면 2개, 세 성씨가 살면 3개의 고루를 세워 놓는 것으로 봐서 고루는 동족의 상징이다.

자오싱(Zhaoxing)마을에는 5개의 고루가 있었는데 그 마을에는 5개의 다른 성을 가진 가족들이 살고 있다고 한다. 동족들은 태양을 숭배해서 그들의 장식품이나 수예품에 태양을 상징하는 둥근 모양을 많이 볼 수 있으며 태양이 뜨는 동쪽을 향해 제사를 지낸다고 하였다.

찹쌀밥과 좁쌀을 즐겨 먹고 특히 명절에는 까만 찹쌀로 만든 떡을 먹는다. 추수하는 방법도 독특하여 벼 밑단을 낫으로 베는 것이 아니라 손가락에 날카로운 칼을 쥐고 쌀이 매달려 있는 나락 윗단 부분만을 잘라 묶어서 말린 다음 타작을 한다.

묘족이지만 동(Dong)족이 모여사는 이곳에 사는 바사 묘족(Basha Miao Minority)들도 동족과 같은 방법으로 추수를 하였다. 동족 여인들의 옷은 평상복, 예복 등으로 나뉘어 서로 다른 모양과 색상의 옷을 입는다.

상의는 보통 영화에 나오는 고대 중국 사람들이 입는 옷 모양인데 푸른 색상의 소매 끝에 수나 리본으로 장식을 하였고 엉치를 가릴 만큼 내려오는 길이로 아래는 양 옆으로 넓어지며 양쪽 허리츰에서 갈라져 있어 활동하기에 아주 편리한 옷이다.

이 상의를 주로 쫄바지처럼 몸에 착 달라붙는 바지 위에 입는데 평상복이다. 또한 곤색 천에 화려한 색상의 수를 목 주위와 소매끝에 장식한 상의 위로 허리에 벨트를 매는데 벨트는 흰색과 검은 색으로 마름모꼴 모양의 문양을 넣어 정교하게 짠것으로 이 옷은 축제때 입는다고 한다.

그리고 예식때 입는 옷은 초로 먼저 바틱을 만든 후에 그 바틱위로 바틱의 문양에 따라 수를 놓았는데 주로 꽃과 태양의 무늬가 많이 들어가는 옷으로 그리 화려하지는 않으나 아주 아름다운 상의이다.

동족 여인들이 결혼할 때 꼭 장만하는 것 중 하나가 마치 고방을 잠그는 커다란 자물통 같은 은목걸이(silver necklace)로 두 개를 준비해 결혼식때 목에 건다고 하였다.

이 목걸이에는 조그만 깔때기 모양의 종을 달아 신부가 발걸음을 뗄 때마다 딸랑거리는 경쾌한 소리가 난다. 자물통의 앞 부분은 용의 얼굴과 나비를 조각하였는데 이 값비싼 예물을 준비하지 못하는 신부는 그야말로 자존심이 다 망가져 버리게 되어 "쪽 팔리게 된다"는 것이다.

용강에서 강 건너 도시인 시강(Cheijiang)동족 마을로 갔다. 시강에는 3개의 동족 마을이 있는데 윗 마을, 가운데 마을 그리고 아랫 마을로 불리우며 약 1,000가구가 살고 있다. '천하제일의 동족 마을'이라고 써 놓은 표지판 옆, '삼보 고루'라는 현판을 달아놓은 대문을 들어서자마자 마주보이는 고루가 위풍 당당하게 내 앞으로 다가왔다.

이 고루(drum tower)는 못하나 사용하지 않고 나무로만 만든 팔각형의 건축물로 약 20~30층의 기와 지붕을 만들어 높게 지어 아래에서 제일 위까지 훤히 볼 수 있는 열린 공간으로 탑 제일 높은 곳에는 북을 매어 놓았다.

산불이 났다거나 적이 침입을 했을 때, 동네의 급한 소집 등의 응급 상황시에 북을 쳐 주민들에게 알리고 또 동네의 모임 및 연회 등을 갖는, 말하자면 동네 중심이 되는 공회당 같은 곳이다. 여름 장마 동안 내린 비로 나무가 젖어 곰팡이가 쓸거나 벌레가 나무를 손상하게 할 수도 있기 때문에 고루의 한 가운데 땅을 얕게 파 놓아 불을 피워 이 건축물이 마르도록 만들어 놓았다.

고루 안에 들어가면 첫 번째 층 윗쪽에는 그들만의 독특한 풍습, 의상, 악기 연주, 가무현황 등을 그린 액자가 걸려 있고 나무 의자를 만들어 놓아 사람들이 앉을 수 있게 하였다. 고루 뒤로 광장이 있으며 그 뒤로 더 가면 끝에는 도류강이 흐르고 있다.

광장에는 추수를 마친 벼를 말리느라 사람들이 분주하다. 강가에서 빨래하는 아낙들의 모습, 나무에 묶여 강물에 흔들거리는 나룻배, 강물에 동동 떠있는 오리떼, 보리수 나무 아래서 담소하는 얼굴에 주름이 가득한 노인들, 조용하고 평화스러운 마을, 마치 할머니가 계시는 고향을 찾아온 듯하다. 관광철도 아닐뿐더러 우리들이 찾아간 많은 곳들은 그리 관광거리가 되지 못해서인지 찾아온 손님은 우리뿐 이였다.

조그만 가게들이 나란히 강가를 따라 줄 서 있었고 가게 안에는 동족의 고유 의상과 장식품들이 진열되어 있어 여러 종류의 동족들의 의상을 접할 수 있었다.

결혼할 때 동족 여인들이 꼭 가지고 가야한다는 목걸이도 그집에 있는 것을 보고 도대체 얼마나 비싼지 알아보고 싶어 물었다. 자기들이 갖고 있는 것은 골동품이라며 목걸이 한 개 값

이 $125, 쌍으로 두 개를 사려면 $250인데 좀 깎아 준다해도 $200은 줘야 하니 역시 비싼 물건이라는 생각이 들었다.

그러나 꼭 마련해야 하는 결혼 혼수라면 아무리 비싸도 준비해야만 하니 어쩔수가 없다는 생각을 하며 자세히 보니 약간 두툼한 은에 조각을 그려놓아 아주 독특한게 세공비도 만만치 않겠다는 생각이 들었다.

그 목걸이를 한 개만 걸어도 가슴을 다 가릴만큼 큰데 이걸 두개나 위 아래로 목에 걸면 가슴쪽은 온통 목걸이로만 치장하게 된다.

아! 그래서 이들의 상의(jacket), 등(back), 소매(sleeve)에는 예쁘게 수를 놓아 그토록 화려하게 장식하고 그에 비해 앞쪽은 별로 장식을 하지 않았구나 라는 생각을 해 보았다.

우리는 동족 마을을 떠나 이곳에서는 제법 큰 도시인 종강(Conjiang)에서 간단하게 점심을 먹고 바사(Basha)에 사는 묘(Miao)족들의 동네로 향하였다. 종강은 인구 40,000명이 사는 현의 소재로서 오렌지, 특히 종강의 돼지는 몸집은 작지만 고기맛이 일미여서 이곳을 방문하는 사람들이 꼭 먹어보아야 하는 음식이라 한다. 아마 우리나라 제주도의 '똥돼지' 만큼이나 유명한가 보다.

그들은 이 돼지고기를 '종강의 맛 돼지(Conjiang's Flavor Pig)'라 하며 중국의 독주인 마오타이하고 먹으면 제격이라고 한다. 술도 못마시고 돼지고기도 안먹는 나를 따라다니는 안내원은 매우 섭섭한 눈치다. 자꾸만 먹지는 않더라도 맛만 보라고 권한다.

만일 모시는 손님이 술도 마시고 고기도 먹는 사람이었다면 덕분에 자기도 푸짐하게 함께 이 요리를 먹을 수도 있었을 터인데…. 안내원이라도 시켜 먹으라고 하였지만 괜찮다고 하며 아쉬워 하는 얼굴이 아직도 눈에 선하다.

바사 묘족(Basha Miao Minority)

종강(Conjiang)에서 동쪽으로 약 6km떨어진 산속에 살고 있는 바사 묘족은 지금도 현대 문명을 외면한 채 그들 조상들이 살았던 그 방식을 고집하며 살고 있고 중국에서는 유일하게 공안이나 군인이 아닌 민간 남자들이 총을 소지할 수 있게 정부에서 허락하고 있는 곳이다. 입구에 장식해 놓은 소슬 대문 위에는 나무로 조각해 놓은 물소의 얼굴이 걸려 있고 그위로 태양을 상징하는 장식물을 올려 놓았다.

관광객들이 이곳을 방문하면 바로 이 대문에서 동네 남자들이 장총을 둘러메고 나와 두줄로 사열을 하여 반긴다고 한다. 물론 이들도 다른 소수민족의 동네와 마찬가지로 미리 예약을 하고 공연비를 지불 해야 한다고 하는데 나는 혼자서 그 비용을 감당할 수 없어 포기했다.

이 공연에는 사열뿐만 아니라 '루생 카이 탱(Lusheng Cai Tang)'이라는 바사 묘족만의 전통 노래와 춤 등을 공연 한다고 한다. 아무튼 이 문을 들어서는 순간부터 시간을 거꾸로 돌려 6~700년 전으로 돌아가 그 당시의 생활상을 보는 것 같다.

총 400가구에 식솔 1,000명이 자기들만의 고유 언어를 사용하며 남자는 사냥과 농사를 짓고 여자는 베를 짜고 수를 놓아 가사를 돌본다.

2000년전 자기 선조들이 떠나온 동쪽을 향해 제단을 쌓아놓고 제사를 지내는데 산 위에는 제사를 지내는 장소도 따로 만들어 놓고 제사를 지낼때는 그 주위에 자라고 있는 큰 나무 등걸과 나무 아래 향불을 피운다고 한다.

그들은 나무를 아주 신성시 하는데 그 중에도 단풍나무를 특별히 숭상한다. 묘족의 조상인 나비가 단풍나무에서 나왔다는 전설 때문인듯 하다. 거의 모든 것을 자급 자족하며 살고 있는 이들 특히 남자들의 머리는 다른 묘족과 매우 달랐다.

바사 묘족은 16살이 될때까지는 머리를 기르지만 성인식을 할 때 머리를 기를지 자를지는 본인이 선택을 할 수 있다. 성인식 때 머리를 자르기로 결정하면 동네 촌장이 머리 꼭지에서 약 10cm 반경의 머리만 남겨두고 나머지는 날카로운 낫으로 빡빡 밀어 버리는데 이때 비누나 크림을 사용하지 않는다.
그래서 가운데 남은 그 긴 머리를 묶어 올리기도 하고 또 길게 드리워 두기도 한다.
성인식이 끝난 후 이들에게는 자기들이 만든 장총이 주어지는데 이 총은 바사 남자의 용감하고 강력한 힘의 상징이며 이때부터 진정한 남자로서의 대우를 받는다.
그들은 멧돼지, 토끼, 새 등을 주로 사냥하는데 추운 겨울 눈덮인 산골짝을 신발도 신지 않고 맨발로 산을 누비고 다니면서 사냥을 하는 아주 용감하고 강인한 이미지를 갖고 있는 족이다. 그래서 사람들은 이들을 '살아 있는 병마용(Living Terra Cotta Warriors)'이라 부른다.

바사 여인들은 남편의 밭일을 돕고 가정을 돌보고 자녀 양육을 맡고 또한 길쌈을 해서 가족들의 옷을 만든다. 집집마다 여인들이 길쌈한 천에 나뭇잎을 삶아서 만든 물감으로 아주 진한 곤색이 나오게 물을 들인 후 말리기 위해 여기저기 걸어 놓은 것을 볼 수 있었다.

이 마른 천 위에 닭털을 붓대신으로 사용하여 계란 흰자를 바른다. 여러 차례 계란 흰자를 천에 바르면 천이 반짝반짝하게 빛이 나고 또 방수 작용도 한다. 이 천으로 여자들은 짧은 두루마기 정도 길이의 상의를 주름치마와 함께 입는데 상의 뒷면 밑단에 곱게 수를 놓았다.

또 치마 끝단에도 똑같은 수를 놓아 찰랑거리며 걸어가는 뒷모습이 참으로 아릅답다. 앞에는 목과 가슴쪽에 곱게 수놓은 화려한 색상의 앞을 가리는 장식용 의상을 곁들인다.

치마 길이는 무릎 정도 오는데 종다리에는 양말처럼 옷과 같은 색상의 천으로 감았다. 머리는 다 위로 올려서 옆으로 흘러 내리게 하고 빗을 꽂았다.

남자는 아무 장식 없이 하얀 계란으로 칠해 반짝반짝한 천으로 칼라가 없고 앞에는 단추가 위에서 아래까지 있는 상의에다 우리 한복 바

중국 귀주성 283

1 바사 남자들이 차고 다니는 연장
2 추수한 나락을 말리게 거는 라프트

지같이 느슨한 바지를 입고 머리에는 수건으로 동여맸다. 남자들은 겨울에도 신발을 신지않고 긴 장총을 어깨에 메고 다닌다. 뒷 꽁무니에는 대나무나 나무로 만든 칼과 낫을 넣는 통, 담배를 넣는 표주박, 담배 쌈지 그리고 부적인 듯 보이는 것을 차고 다녔다.

집은 나무나 대나무로 짓고 지붕은 나무 껍질을 사용한 점이 다른 묘족과 달랐다. 요사이 새로 짓는 집은 나무 껍질 대신에 기와를 사용한다고 한다. 그리고 동네의 공터에는 무엇을 걸어 말릴 수 있게 나무로 높게 만들어 놓은 라프트(raft)가 보인다.

여기에 추수한 벼 나락단을 묶고 걸어 바짝 마르게 한다. 추수가 끝난 바사 마을에는 누런 벼가 걸린 이 라프트가 높다랗게 서 있어 보는 이들마저 배가 부르다.

견우 직녀가 만난다는 칠월 칠석인 음력 7월 7일은 이들 묘족에게도 특별한 날이다. 규중의 여인들이 창포물에 머리감고 저녁에 달을 보며 모처럼 바깥 나들이를 나가 그네를 타는 우리들의 단오절 같은 명절인데 이곳도 온 동네 젊은이, 아이, 노인 할 것 없이 모두가 즐기는 명절이다. 특히 결혼 전 젊은이들이 사랑하는 사람에게 구애를 하는데 이 그네 타기를 이용한다고 한다.

미혼 남자는 자기가 좋아하는 미혼 여자 혼자 그네를 타면 같이 올라타 그네를 타면서 여자의 발을 살며시 밟아 '사랑한다'는 구애를 하는데 상대방 여자도 남자의 발을 밟으면 상대방의 구애가 수락된 것이므로 함께 계속해서 그네를 타며 사랑을 나눈다.

그러나 여자가 남자의 발을 밟지 않으면 구애가 받아들여지지 않았기 때문에 남자는 그네에서 뛰어 내린다고 한다. 또한 이들은 아이가 태어날 때 그 아이를 위해 나무를 심는데 이 나무는 나중에 그 아이가 자라 성년이 되고 늙어 죽을때 베어 관을 만든다고 한다. 그래서인지 이곳에는 울창한 숲이 많았다.

나는 이곳에서 70세와 80세가 되신 두 할머니를 만났다.
이빨이 두 개 밖에 없는데도 칫솔을 달라고 하셔서 치약과 함께 드리고 더 필요한게 없으신지 가방을 통째로 보여 드렸더니 연필과 사탕을 꺼내신다.
중국말을 못하고 알아듣지도 못하기 때문에 멀리서 구경만 하고 있던 젊은 아낙이 와서야 의사가 소통되었다. 얼굴에는 주름이 많이 잡혀 있지만 건강해 보이셨다. 나는 그들의 아름다운 의상을 만져 보며 그들 옷에 놓아져 있는 수가 사람의 손으로 놓은 것 같지 않아 감탄하고 있고 그들은 현대 문명이 만든 내 목걸이가 예쁜지 만지작 거리고 그리고는 서로 마주보고 깔깔대며 웃었다.
그러고 보면 산 속에서 사는 그들이나 도시에 사는 나 우리 모두가 다 아름다움을 추구하는 똑같은 여인들인 것이다. 깊은 산속에서 또 그들만의 울타리 속에서 살아가고 있는 그들에겐 정녕 걱정거리가 없이 행복하기만 할까? 그런데 정말 그들은 행복해 보였다.
해맑은 그들의 웃음소리가 바람을 타고 날라간다.

중국 귀주성

그들과 헤어지는 나에게도 그 웃음이 따라온다.
어깨동무하며 사진을 찍자던 바사의 용맹한 사나이들
그래보았자 내 아들 또래의 나이지만…
참새처럼 재잘거리며 나에게 다가오던 아이들
모두가 나에게는 보고 싶었던 얼굴들인 것을….
언제 다시 만나볼 수 있을까?
아마 다시는 볼 수 없는 그곳의 아름다운 모습들을 가슴에 새겨본다.
찡한 마음으로 마을을 내려오며 차창 뒤로 사라져 가는 이 바사 마을이 눈에 아른거린다.

동마을 자오싱(Zhaoxing)

바사에서 종강을 거쳐 자오싱까지는 70km, 약 2시간 반이 걸리는 거리이다. 자오싱으로 가는 길목에는 빨간 벽돌 굽는 공장이 붉은 흙산 밑에 있고 바로 그 옆에는 기와굽는 공장도 보인다.

용강에서는 버스가 40분 간격으로 떠나며 소요시간은 약 2시간 반 정도 걸리고 삼강에서는 하루에 두 번 떠나는 버스가 있는데 요금이 25위엔으로 4시간 반 정도 걸린다.

민박을 할 수 있는 집이 많고 아침 식사를 포함한 하룻밤 숙박 요금은 40위엔 정도라 한다. 자오싱은 가장 큰 동족들의 마을로서 5개의 고루(drum tower)가 있고 800가구의 유씨(Lu family)가족 4,000명이 살고 있다.

한 성(one family name)씨만 사는데 5개의 고루가 있는 것은 이 집안의 제일 어른이 이곳에 사람이 많으므로 몇 개의 부락으로 나누어 명령 하달이 잘 되게 나누었기 때문이란다. 이 다섯개의 고루는 자비, 정의, 친절, 지혜 그리고 믿음의 뜻을 가졌다고 한다.
동네를 들어서니 마치 오래전에 와 본적이 있는것 같이 아주 낯익은 그리고 마음이 차분히 가라앉는, 마치 오랫 동안 떠났던 고향에 돌아온 느낌이다. 삼면이 높은 산으로 포근히 둘러쌓여 있어 어머니 가슴에 안긴 형상이랄까? 그런 느낌이 드는 마을이었다.
마을 한 가운데로 흐르는 개울을 따라 줄을 서서 처마를 맞대고 서 있는 기와집들 사이로 나 있는 미로 같은 좁은 골목길은 자칫 길을 잃어버리기가 십중 팔구일게다. 이곳의 집 모양은 전나무를 잘라 사용해서 지은 삼층짜리 기와집에다 처마에는 추수한 벼를 단으로 묶어 잘 말리게 걸어놓아서인지 내 눈에는 그집이나 저집이나 모양이 똑같았다.
좁은 골목길을 마치 엄마를 놓치지 않으려고 안간힘을 쓰고 따라가는 아이처럼 열심이 앞장 서 가는 안내인의 뒷꽁무니만 따라 갔다.
사실 우리가 머무를 자오싱 여관은 큰 길가에 있는데 바사에서 너무나 시간을 많이 써서 예상보다 늦게 도착해 큰길 앞에 있는 방들은 모두

나가버린 후라 뒤에 있는 여관의 별관 객실을 배당 받았기 때문에 어디에 있는지도 모르는 별관 객실을 안내하는 사람만 따라가야 했다. 여관으로 가는 길은 견고하게 만든 나무 계단을 올라가야 하는데 일층이 여관 로비이고 내 방이 있는 3층까지는 또 나무 계단을 올라가야 한다.

"아이고 죽었다!"

엘리베이터가 있는 것도 아니고 3층까지 걸어다녀야 하는데 올라갔다 내려갔다 오르내리려면 오늘 밤 내 다리는 쥐(muscle cramp)가 날지도 모르겠다. 그런데 막상 3층으로 올라가 만들어 놓은 난간을 따라 걸으며 아래를 보니 온 동네가 다 눈 아래로 보인다.

여관은 집들보다 약간 높은 지대에 있어서 방 앞 난간에 놓인 테이블에 잠시 앉아 밖을 내려다보니 집 지붕에 이끼 낀 기와와 고루, 개울 위에 있는 다리 등이 한눈에 보이는 것이 역시 3층에 방을 준 것은 관광객을 배려해서 였다는 생각이 들었다.

향긋한 전나무 냄새가 가득한 방문을 열고 들어서니 깊은 산속에 있는 여관이라기에는 너무도 깔끔하게 잘 꾸며 놓았다. 물론 전화기나 텔레비전은 없지만…… 사실 이것들이 지금 나에게는 아무 필요없는 문명의 부산물일뿐….

높다란 5개의 고루가 위풍당당하게 서 있고 그 옆으로 마치 누각처럼 세워진 다리며 처마를 잇닿는 듯 지워 놓은 기와집 등 마치 중국 사극 영화 세트장이 아닌가 하고 착각 할 정도였다.

그러나 이곳은 사극 영화 촬영지가 아닌 바로 동족의 보금자리이다. 중국인 관광객 마저도 그리 선호하지 않는 외딴곳이지만 조용하고 이 동네만이 가지고 있는 전통 관습, 때묻지 않은 시골의 순박함, 그리고 자연의 아름다움 때문에 찾아오는 관광객의 발길은 해마다 늘어나고 있다고 하니 그리 오래 걸리지 않아 관광 도시로 변모할 것 같다. 그래서인지 아직은 자기들의 고유 풍습과 전통을 고스란이 지키고 있고 다른 어느곳보다 볼거리가 많았다.

동족! 중국에만 약 2백 9십만명 정도가 있는데 주로 중국의 남서부에 살고 있다. 청나라 때 귀주성과 후난성에 건축붐이 불며 집 잘 짓기로 소문난 이들 동족들이 뽑혀 이곳으로 이주해 왔고 그 이후 이곳에 그냥 눌러앉게 된 것이다.

이들은 주로 강가에 자리잡고 삼림업, 건축업을 하며 한편으로 농사를 짓는데 주로 쌀, 밀, 조, 강냉이, 고구마를 심고 목화, 담배, 메주콩 그리고 양배추의 일종인 레이프(rape)를 심어 식용유를 만드는데 사용한다.

아이를 낳으면 부모는 그 아이를 위해 전나무를 심고 그 아이가 자라 결혼을 하게되면 그 나무를 잘라 신혼 부부가 살 집을 지어 준다는 관습은 아직도 지켜지고 있다고 한다.

사실 전나무는 8~10년 생이면 잘라 쓸 수 있을 만큼 크지만 동족들은 18세가 되면 결혼을 하는 관습이 있기 때문에 이 전나무(fir tree)를 '18살 나무(18 years old tree)' 라 부른다. 결혼을 한 여인은 결혼 후 아이를 낳을때까지 시댁에 가지 않고 친정에 머무른다.

여자는 집에서 길쌈을 하고 수놓고 가사를 돌보는데 결혼 후에는 야채를 키울 수있는 조그만 터전밭을 가질 수 있어 밖으로 나갈 수 있다. 이렇게 지극히 남성위주이며 여성의 지위는 매우 낮은 '남존여비'가 존재하고 있는 곳이다.

그들은 문자가 없고 구전으로 전해 내려오는 이야기, 노래를 지금 중국 발음에 맞추어 표기하지만 아직도 할아버지, 할머니들은 그들의 자녀,

손자들에게 구전으로 가르친다고 한다.

봄축제(spring festival), 황소 씨름, 특히 용선주 경기(dragon boat race)를 즐기고 소금에 절인 야채와 찹쌀밥을 주식으로 먹는다. 이곳에는 의외로 많은 동족의 고전 의상, 수예품, 장식품, 또 중국의 골동품을 파는 상점이 많았고 다른 도시에 비해 값도 저렴했다.

나는 동족의 수예품, 바느질 통, 묘족의 상의를 한 개씩 이곳에서 살 수 있었다. 이 상점에서는 동족과 묘족의 의상 값이 별 차이가 나지 않았다. 그러나 바느질 한 것으로 보자면 묘족의 옷은 등판에 수를 빈 자리 하나없이 빼곡히 놓고 소매와 앞섶에도 같은 문양의 수를 놓아 붙였기 때문에 훨씬 비싼 것이 당연할 것 같은데도 말이다.

그래서 '때는 이때다' 싶어 두말 않고 사서 백속에 집어 넣었다. 이것저것 사고 싶은 것이 너무 많아 둘러보고 있는데 안내인은 쇼시간이 정해져 있으니 늦으면 안된다고 채근을 한다. 저녁 8시에 고루가 있는 광장에서 동족의 전통쇼를 한다고 해서 서둘러 갔다.

개울 위로 만들어 놓은 전각 같은 지붕이 있는 풍우교를 지나면 곧바로 고루(drum tower)로 이어지고 그뒤에 광장이 있으며 광장 뒤에 무대가 있다. 해가 서서히 그 빛을 잃어가고 어두움이 짙어지자 공연을 하는 장소에 있는 고루에는 오색 전등불을 켜 우리들은 공연장을 멀리서도 쉽게 찾아 갈 수 있었다.

동족의 쇼는 그들의 전통의상, 악기, 노래, 관습을 소재로 연극화 한 짧은 연극 등 재미있게 연출하였다. 쇼를 통해서 그들만이 입는 여러 종류의 의상을 볼 수 있고 악기나 음악을 접할 수 있기 때문에 그들을 이해하는데 많은 도움을 주었다.

쇼가 끝나자 무대를 비추던 환한 불들이 하나 둘 꺼졌다. 관객들은 흩어져 제각기 어디론지 가 버린다. 북적이던 무대는 아무일이 없었던 것같이 다시 조용해 졌다. 검정 물감을 풀어 놓은듯 어둠이 몰려온다.

밤하늘에 반짝이는 별들!
졸졸거리며 흐르는 시냇물 소리!
삼라만상의 모든 것이 어둠속에 깊이 파묻혀 버린 듯 산 속 동족의 보금자리 자오싱의 밤은 점점 깊어만 간다.

동족의 당안동(Chiang Dong) 마을

이른 아침에 일어나 밖을 내다보니 집집마다 굴뚝에서 연기가 올라와 하늘위로 퍼져간다. 산 중턱에는 엷은 안개가 걸려 있다. 어디에선가 닭이 '꼬끼오' 하며 우는 소리가 들린다.

아! 얼마나 오랜만에 보고 듣는 정겨운 풍경인가?

지금은 가스불이나 전기로 밥을 하기 때문에 연기는 더 이상 볼 수 없지만 내가 어렸을 때 우리는 나무를 때어 식사를 하였기에 집집마다 굴뚝에서 연기가 났다.

혹여 연기가 나지 않으면 그집은 밥을 짓지 않는 것이다. 쌀이 없다거나 아니면 엄마가 아프거나…. 아무튼 이웃 사람들은 굴뚝에서 연기가 나지 않으면 그 집은 '탈이 난거다'라고 알고 도움을 주려고 했다.

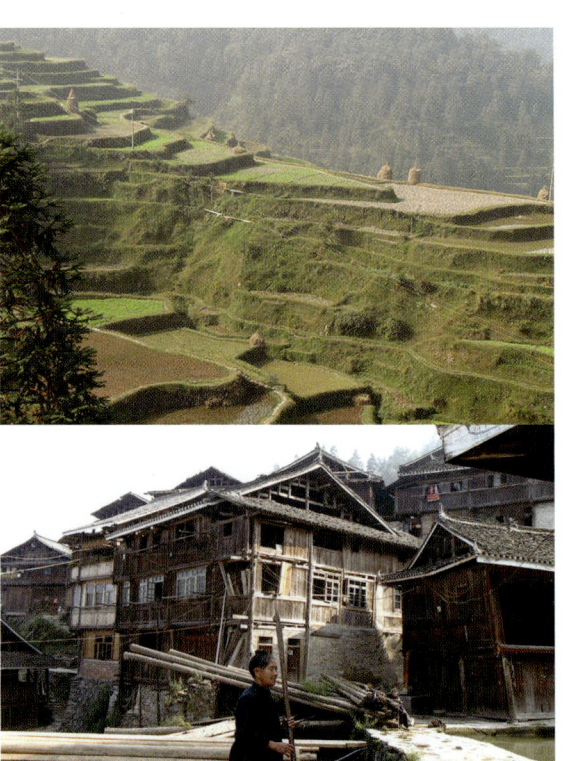

이처럼 굴뚝의 연기는 나에게 아련한 향수를 불러 일으켜주는 것 중에 하나다. 또 요사이 닭이 우는 소리로 새벽 잠을 설친다고 도시에서는 닭을 못 키우게 한다. 불면에 시달려 밤새 잠과 씨름하다 새벽녁이 되어서야 겨우 잠이 들려고 하는데 닭이 울어 잠을 못 잔다는 것이다. 그러면 옛날 사람들은 고민이 없어 밤에 잠을 잘 잤고 현대인들은 고민이 많아 잠을 설치는 것일까? 글쎄….

적당하게 서양식 아침을 먹고 우리는 산 꼭대기에 있다는 당안 마을로 향했다. 이 마을 역시 '유(Lu)' 씨 성을 가지고 있는 동족들이 사는 마을인데 160가구의 약 800명이 살고 있다.

자오싱에서 약 5km 떨어진 산 위에 있는 마을인데 700년 역사를 가진 유서깊은 마을이어서 노르웨이(Norway) 정부에서는 이곳에 자연 박물관을 지었다고 한다. 그런데 막상 박물관을 찾아 가보니 문은 잠겨 있었고 안내인에 의하면 별로 볼 것이 없어 그냥 문을 닫아 놓았다고 한다.

산 자락마다 내려가며 다락이 논을 만들어 놓았는데 이곳이 광서성 (Guangxi Providence)의 그 유명한 용지(Longji)보다 더 자연스럽고 아름답다고 안내인이 귀뜸해 준다.

아직 용지(longji)를 직접 가 보지못해 뭐라고 비교 할 수는 없지만 사람들이 그렇게 말할땐 그럴만한 이유가 있을꺼니 잘 보고 가야겠다고 생각을 했다.

마을 입구에는 기와를 얹은 큰 대문이 있고 그 대문을 들어가기 전 왼편에는 마을에 대한 설명과 지도를 그려놓은 나무판이 세워져 있다. 왼쪽 산 밑으로 집들이 모여있고 그 밑으로는 논들이 계단식으로 만들어져 있었다.

동네를 구경하는데 약 1km 정도 걷는다는데 사진을 찍으며 구경하고 걷다보니 그 정도도 안되는 작은 마을인 것 같았다. 이곳 역시 고루와 논 자락에 세워놓은 풍우교, 광장 그리고 마치 이태리 피사 (Pisa)의 사탑처럼 비스듬히 서 있는 나무로 만든 무대도 있었다. 내가 본 동족은 꼭 개울이 있는 평평한 곳에 자리잡아 집을 짓고 산다. 그래서 개울을 건너야만 동네를 들어가거나 아니면 동네 한 가운데 개울이 흐르니 이 개울 물을 건너기 위해 풍우교를 만들어 놓았다. 그런데 이곳은 산 위어서 흐르는 개울은 보이지 않았고 저 아래 논 자락에 풍우교를 세워놓은 것이

다른 동네와 달랐다.

고루(drum tower)아래에는 촌로들이 앉아 담소를 하고 그 옆 우물터에는 빨래하고 야채 씻는 젊은 아낙네들이 무엇이 그리 재미있는지 깔깔대며 바쁘게 손을 놀린다.

우리뿐만 아니라 외국에서 온 관광객들은 다 이곳에 있는 박물관을 보기를 원하나 보다. 우리는 여기서 벨기에(Belgium)의 부르셀(Brussels)에서 온 맥주를 무척 좋아하는 사업가인 페트릭(Patrick)과 빌르(Veerle)부부를 다시 만났다.

페트릭 부부는 어제 저녁에 묵은 자오싱 여관에서 바로 우리 옆방인 304호에 묵었는데 발코니에 나와 앉아 함께 여행 이야기를 나누며 좋은 시간을 보냈었다. 특히 이들이 좋아하는 여행지가 나랑 비슷하기 때문에 서로 여행에 대한 정보를 나누며 인도 여행을 적극 추천하였고 인도에 사는 자기 친구를 소개해 주겠다는 약속도 했다.

벨기에라는 나라에 대해 생소해 하는 나에게 자기나라 소개도 하며 네델란드(Netherlands)와 가까워 북쪽에 사는 사람들은 네델란드 말을 쓰고 남쪽에 사는 사람들은 프랑스어를 쓴다는 이야기며 프랑스 올 때 꼭 한번 자기가 사는 곳에 오라는 초청도 하였다.

이 부부는 이번에 두 달을 여행하는데 인도차이나를 시발점으로 북쪽으로 올라가 계림을 거쳐 귀양으로 간 다음 시안으로 간다고 해서 난 아침 식사 후 그들이 북쪽으로 간줄만 알았는데 여기서 다시 만난 것이다.

또 그들을 안내하는 안내인 조우팽은 묘족에 대해 아주 많은 지식을 갖고 있어 그와 함께 이야기 하는 것이 여간 즐겁지 않았다.

박물관이 있는 곳에서 다시 동네로 들어오는
돌로 쌓은 담장과 좁은 골목 사이로 난 길을
걸으며 이 당안 마을은 참으로 아름다운 동네
라는 생각을 버릴수가 없었다.
구애를 받은 동족의 처녀가 자기의 허리띠를
남자의 목에 걸어주면 이는 그 남자의 사랑을
받아준다는 징표라는데 영원히 써 먹을 때는
없겠지만 그런 심오한 뜻이 있다는 그 허리띠

하나쯤은 동족 마을을 방문한 기념품으로 들고 가야겠다는 생각 또한
떨칠 수가 없다.
추수가 끝난 논에는 오리떼가 분주하게 주둥이를 물속에 넣고 모이
찾기에 여념이 없다. 산 아래로 연결되는 다랭이 논에 가득한 물이 태
양에 반사되어 반짝인다. 가게 주인이 맛보라고 준 꽃감을 먹으며 조
금이라도 더 이곳에 머물고 싶은 마음으로 천천이 걸으며 산 중턱까
지 내려온 후에야 차를 타고 삼강(Sanjiang)으로 향했다.
언제 다시 이곳을 찾아올 수 있을까? 나뭇단을 짊어지고 소와 함께 집
으로 돌아가는 촌부의 순수하고 맑은 얼굴이 눈 앞에 아른거린다.

여행에 미친 닥터 부부 ❷

1판 1쇄 인쇄 2012년 2월 1일 | **1판 1쇄 발행** 2012년 2월 5일
지은이 이하성·이형숙 공저 | **펴낸이** 윤다시 | **펴낸곳** 도서출판 예가
주소 서울시 영등포구 당산동 1가 191-10번지 | **전화** 02-2633-5462 | **팩스** 02-2633-5463
이메일 yegabook@hanmail.net | **바코드** | 978-89-7567-547-8 13980

인지는 저자와의 합의하에 생략합니다. 가격은 표지 뒷면에 있습니다.